한국교회 신앙고백으로써의
사도신경

임계빈 지음

하나님의 사람을 **엘맨**
만들어 가는 ELMAN

한국교회 신앙고백으로써의 사도신경

초판 1쇄   2020년 10월 15일

지 은 이   임계빈

발 행 인   이규종
디 자 인   최주호
펴 낸 곳   엘맨출판사
등록번호   제13-1562호(1985.10.29.)
주   소   서울시 마포구 토정로222 한국출판콘텐츠센터 422-3
전   화   (02) 323-4060,6401-7004
팩   스   (02) 323-6416
이 메 일   elman1985@hanmail.net

www.elman.kr

I S B N   978-89-5515-695-9 03230

값 13,000 원

한국교회 신앙고백으로써의

사도신경

하나님의 사람을
만들어 가는 **엘맨**
ELMAN

목차

도표 목차

1장

사도신경에 들어가면서

왜 사도신경인가

21세기 한국 교회는 교회 안팎으로 심대한 위기를 맞고 있습니다. 먼저 교회 외부적으로는 급격한 과학 문명의 발달로 인간의 가장 근본인 창조 질서까지 위협받고 있습니다.[1] 인류를 위협하는 인간 복제 기술은 창조주에 대항하는 단적인 문제로 급부상하고 있습니다.[2] 인간의 창조 질서마저 위협하는 현실 앞에 교회는 시대의 바벨탑을 쌓고 있는 자들 앞에 그 악행을 지적하고 인간이 서야 할 마땅한 자리를 제시하여야 합니다. 하지만 지상 교회의 부패와 성경적 안목 부족 등으로 올바른 해법을 제시하

---

1 인간의 유전자 지도가 형성되어 가고 있다. 이로 인하여 인간의 생명이 약 1,200 년을 살 수 있다고 한다. 이 연구는 독일을 필두로 한 게놈 연구라고 부르고 있다.
2 짐승에 대한 복제는 완전한 성공을 거두었고, 사람에 대한 복제는 태아의 배양으로 시도되고 있으나 인간의 존엄성 문제로 곧 포기하며 더 이상의 진전에 대한 발표는 없다. 그러나 일반적으로 인간의 복제도 얼마든지 성공할 수 있다고 말하고 있다.

지 못하고 있습니다.

이보다 더 심각성을 더하는 문제는 교회 내부로부터의 도전입니다. 교회는 과거 2천 년 역사 가운데 교회 자신의 정체성을 간과하였습니다. 그리스도인은 예수를 자신의 삶에 주님으로 고백하는 자입니다. 마찬가지로 그리스도의 교회는 신앙을 고백하는 공동체입니다. 신앙고백이 없는 교회는 존재할 수 없습니다.[3] 그리스도 교회의 시작에 우리는 세 개의 대표적 신앙고백을 알고 있습니다. 사도신경, 니케아-콘스탄티노플 신조 그리고 아타나시우스 신조입니다. 그리고 종교개혁을 계기로 개혁교회는 다양한 신앙고백서를 발전시켰습니다. 그러나 현대교회는 신앙고백을 잃어버린 교회와 같습니다. 교회에서 사도신경을 고백하는 일도 많은 경우 무시되고 있고 설령 예배 중 사도신경을 고백한다 해도 그 의미와 중요성이 제대로 강조되지 못하고 있습니다. 이러한 문제는 비단 한국 교회만의 문제가 아니라 한국인 선교사에 의해 선교된 피선교지에도 동일하게 적용되는 문제입니다.

교리와 신학이 무시되고 실종된 시대, 무조건 믿기만 하면 된다는 맹신주의나 단순 무지의 열광주의적 신앙만으로 현실을 버텨내기 어려운 시대가 되었음을 부인할 수 없습니다. 이전보다 훨씬 더 지성으로, 반 기독교적 사상으로 무장된 세상과 교회 안으로 밀고 들어온 세속화의 거센 물결 속에서 핏기 없는 엉성한 신앙고백으로는 기본조차 유지하기 어려워졌습니다. 그렇기 때

---

3 정홍열, 『사도신경 연구』 (서울: 대한기독교서회, 2005), 5.

문에 그리스도인의 손에 들려진 예배 때마다 고백 되는 사도신경은 그 어느 때보다 중요해졌습니다. 이것은 믿음의 선진들이 목숨 바쳐 지켜온 가장 소중한 가치였습니다. 작금의 한국 교회는 정로를 이탈하여 전혀 다른 방향을 요구받는 심각한 도전에 직면하였습니다.

다시 말하면 선지자들과 사도들의 신앙을 계승한 교회는 성경에 기초한 올바른 신앙을 고백하고 지켜나가야 합니다. 이 일을 위해서는 먼저 신앙고백(신조)을 정립해야 합니다. 이것을 시간과 기회가 주어질 때마다 부지런히 남녀노소에게 교육하여 교회의 자기 정체성을 지켜 왔습니다. 그러나 성경 신학(Biblical Theology)이 우세하여 오직 성경 자체만 교육해야 합니다. 소위 성령의 은사를 충족하게 받는 것이 신앙의 본질이라 하여 교회 내부에서 신조의 자리를 더욱더 위태롭게 만들고 있는 것이 현실입니다.

그 결과 교회는 대내외적으로 두 가지 모습이 되었습니다. 하나는 교회 자신의 부패와 죄악에 관해서 바르게 대처하지 못했습니다. 다른 하나는 급변하는 사회의 도전에 결연히 대처하지 못하고 침묵하는 것입니다. 이것이 사필귀정인 것은 바른 성경 신앙을 정립하도록 신조가 재정립되지 못했기 때문입니다.

하나님 말씀에 입각한 바른 신앙관을 확립하면서 신조의 자리를 바르게 회복하고 정립하는 것은 판이한 작업이 아니라 동전의 양면과 같습니다. 교회의 안과 밖으로 혼란한 시대 바른 성경적 개혁신앙을 이어가려는 신조의 자리를 확고히 하는 일이 필요합니다. 그러므로 본 저자는 지난 기독교 2000년 동안의 신조 역사를 숙고해 보고자 합니다.

사도신경을 살피는 목적

하나님에 대한 지식이 가장 잘 요약된 것은 초대 교회 신앙의 선배들이 세례받기 전에 고백했던 사도신경입니다. 당시 기독교인들은 핍박과 죽음을 무릅쓰고 기독교인이 되었기 때문에 이때 그들이 고백했던 내용을 정리하여 만든 사도신경은 하나님에 대한 진정한 지식이라 할 수 있습니다.[4]

사도신경은 요리 문답의 맨 앞에 등장합니다. 사도신경은 성경의 중요한 교리를 가르치는 요리 문답의 맨 앞에 나올 만큼 중요하기 때문입니다. 요리 문답을 작성한 신학자들이 사도신경을 맨 앞에 배열한 것은 참된 신앙이란 우리가 믿는 대상과 내용을 바로 알아야 하기 때문입니다. 그렇지 않으면 믿음의 대상이나 내용을 모르고 무턱대고 믿는 맹신이 될 수 있습니다. 또한, 중세에 성상 숭배나 성인 숭배에 빠졌듯이 미신 혹은 샤머니즘에 빠질 수 있습니다.

사도신경은 십계명(출애굽기 20:3-17)이나 주기도문(마태복음 6:9-13)처럼 성경 본문에 나온 것이 아닙니다. 성경에 없는

---

4 라은성, 『이것이 교회사다』 (서울: 페텔, 2012), 366.

사도신경이라는 말은 성경에 하나의 본문으로 나오지 않는다는 뜻이지 성경 내용을 사도신경이 담고 있지 않다는 뜻이 결코 아닙니다.

그뿐 아니라 사도신경은 교회가 생산한 가장 오래된 신앙고백이자 교회가 사용해온 가장 오래된 세례 준비자 교리 문답서였고 우리가 믿는 신앙을 함축적으로 요약한 문서입니다. 그러나 이 신조의 기원이나 발전, 내용에 대한 우리들의 이해는 여전히 부족한 현실입니다. 매 주일 예배 가운데 성도들은 신앙고백 시간이 되면 사도신경을 암송합니다. 이것은 한국 교회의 대단히 좋은 전통 가운데 하나입니다. 사도신경은 간략하면서도 가장 중요한 기독교 신앙을 표현한 것이기에 사도신경 하나만 분명히 이해하고 제대로 믿고 고백한다면 그 사람은 구원받은 사람이라 할 수 있습니다. 공동 예배 시간이나 개인 예배 시간에 즐거이 고백하면 우리의 신앙을 다시금 확인하고 북돋을 수 있는 귀한 내용입니다.

그러나 그리스도인으로서의 정체성을 확인하는 매우 소중한 시간임에도 기계적으로 사도신경을 암송하는 경우가 허다합니다. 사도신경의 한 구절 한 구절의 신앙고백이 가진 역사적 배경과 신학적 의미를 우리는 과연 얼마나 이해하고 이를 신앙으로 고백하고 있습니까? 사도신경을 암송하지만, 형식적 수사에 그쳐 진정한 내면의 고백이 되지 못한 것 또한 한국 교회의 현실입니다. 이러한 현실 앞에서 사도신경을 알아야 하는 이유는 신조의 기원과 발전, 내용과 교훈 그리고 교리적 가르침을 위한 안내가 필수 불가결한 일이기 때문입니다.

성경은 하나님의 특별계시로 정확하고 오류가 없는 책이지만 남녀노소 누구라도 쉽게 이해할 수 있는 책입니다. 이러한 성경을 성도들이 좀 더 바르게 알 수 있도록 지난 2000년 동안 많은 고백서나 신조나 교리들이 작성되었습니다. 사도신경처럼 성경의 핵심적 내용을 간결하게 잘 표현한 글은 없습니다.

사도신경은 참된 신앙과 거짓 신앙을 구분하는 리트머스 시험지와 같습니다. 이대로 믿으면 참된 신앙이요, 이 중에 어느 것 하나를 부인해도 이단입니다. 성경적 신앙생활을 위해서는 세 가지 영역에서 균형 잡힌 믿음으로 자라야 합니다.[5] 성경적 교리(Biblical Doctrine), 성경적 세계관(Biblical World View), 성경적 생활(Biblical Life)이 그것입니다. 요즘은 세계관과 생활은 강조하지만 교리는 많이 강조하지 않습니다. 이는 매우 위험합니다. 루이스(C. S. Lewis)는 "교리를 가르치지 않는 것은 물 탄 기독교가 되는 것이라"[6]고 하였습니다. 교리교육의 약화는 기독교의 본질을 약화한다는 뜻입니다. 이런 의미에서 우리는 오늘날 다시금 사도신경의 중요성과 그 의미를 되새겨 볼 필요를 절실하게 느낍니다.

신앙생활 할 때 기독교의 진리인 교리를 아는 것은 매우 중요합니다. 우리 신앙의 본질을 재발견하고 예배 때 하는 신앙고백

---

5 박성규, 『사도신경이 알고 싶다』 (서울: 넥서스, 2019), 14.
6 C. S. Lewis, *Mere Christianity*, 장경철 역, 『순전한 기독교』 (서울: 홍성사, 2005), 75.

이 무의미한 암송이 아니라 삼위일체 하나님께 나의 신앙을 고백하면서 감사와 송축을 드리는 시간, 우리의 신앙의 본질을 찾는 시간이 되어야 합니다.

오늘날 신조의 필요성을 가장 많이 요구하는 교회는 개혁파교회가 아닙니다. 신정통주의인 칼 바르트 주의자들입니다. 최근 신조의 가치와 역사성을 지속해서 연구하여 발표하는 학자들은 대부분 신정통주의자입니다. 이들의 문제는 신조의 역사와 가치를 개혁파교회가 근간으로 삼았던 성경보다 현재의 문화적 요구나 시대적 요구에 편승하는 것입니다.

이런 영향을 받은 장로교회는 개혁파교회 신조 중에 으뜸을 차지하는 웨스트민스터 신앙고백서를 몇 차례 수정하였습니다. 비(非)개혁적 신앙 정신으로 수정하였습니다. 지금 개혁파교회에 소개된 웨스트민스터 신앙고백서의 내용은 본래의 형태에서 많이 변질한 것들입니다.

무엇보다 심각한 문제는 웨스트민스터 신앙고백서의 수정된 역사를 제대로 알리지 않는 것입니다. 그뿐 아니라 이 신조를 교단 헌법에 공식적으로 채택하는 데 있습니다. 단순히 웨스트민스터 신앙고백서를 채택하는 것이 개혁파교회의 전통을 지키는 것이 아닙니다. 이제 매우 중요한 관건은 어떤 번역본을 채택하는 가입니다. 그 이유는 이미 지적한 것처럼 웨스트민스터 신앙고백서가 비 개혁적으로 수정되었기 때문입니다. 만일 바르트 주의와 알미니안 주의에 의하여 수정된 번역본을 채택한다면 비(非)개혁 신앙으로 나갈 수밖에 없습니다.

본 저자는 오늘의 개혁파교회의 신조의 가치와 역사를 다시 정립하고자 합니다. 더 나아가 한국 교회 예배 시간에 사용하는 사도신경이 어떻게 채택됐고 바르게 사용할 것인가? 하는 것을 더욱더 명확하게 정립하는 데 목적이 있습니다.

사도신경의 의의

본 저자는 먼저 개혁 교회에서 신조의 중요성을 살펴보기 위하여 다양한 신조를 개관합니다. 또한, 각각의 신조가 가지는 교리적 독특성을 살펴보기 위하여 초기 사도 이후부터 신조의 역사와 교리적 독특성을 밝힙니다. 그러므로 개혁교회가 신조와 함께 태동 된 교회임을 밝히려고 합니다.

특히 고대 신조들이 어떤 역사적인 형편 속에서 형성되었는지를 살펴봅니다. 또한 이 신조가 초대 교회에 어떤 영향을 가져다 주었는지를 살핍니다. 또한 신조마다 핵심적으로 문제가 되었던 교리적 내용을 살핍니다. 이런 고대 신조가 오늘의 개혁교회와 어떤 연관성이 있는지를 살펴봅니다.

다음으로 종교개혁 시대는 신조의 전성기였습니다. 중세 1천 년 동안 타락한 교회가 회복될 때 개혁파교회에 신조가 끼쳤던 중요한 점들을 살펴봅니다. 또한 신조마다 가진 핵심적 교리의 특성이 어떻게 확립되었는지를 살핍니다. 그리고 이런 신조가 오늘의 개혁교회와 어떤 관계가 있는지를 고찰합니다.

결론적으로 신조가 과거 2천 년 교회사 속에서 어떻게 진행되어 왔는지를 언급할 것입니다. 그리하여 이런 신조가 어떤 중요성을 현재 개혁 교회에 가지고 왔는가를 확증할 것입니다.

앞선 사도신경 관련 책들

박일민은 "개혁교회의 신조"[7]에서 초대 교회와 개혁 교회가 받아들인 16개의 대표적인 신조들을 한눈에 볼 수 있도록 정리합니다. 먼저 서론적으로 신조가 무엇인지를 설명합니다. 신조의 정의, 신조의 기원, 신조의 가치, 신조의 분류입니다. 그리고 각 신조가 작성된 배경 설명과 더불어 그 본문을 우리말로 번역, 소개합니다. 16개의 신조 중에 초대 교회의 신조 첫 번째가 사도신경입니다. 사도신경의 작성 배경, 사도신경의 본문, 영향 및 평가, 그리스도의 지옥 강하에 관한 문제를 다룹니다. 그다음에는 그 신조가 지닌 특징, 그 신조가 당시나 후대에 끼친 영향을 간단하게 덧붙입니다. 맨 마지막은 1907년에 작성된 한국교회의 12신조의 작성 배경과 영향 및 평가를 다룹니다.

이승구는[8] "사도신경"에서 교회의 가장 보편적인 신조인 사도신경을 자세히 설명합니다. 사도신경이 예수를 믿는 이들이 모두 다 같이 받아들여서 고백하는 기독교회의 가장 보편적인 신

---

7 박일민, 『개혁교회의 신조』 (서울: 성광문화사, 2002), 549.
8 이승구, 『사도신경』 (서울: SFC출판부, 2004), 384.

조로 소개합니다. 물론 사도신경은 그 자체가 영감 된 문서이거나 성경과 같은 수준의 것은 아닙니다. 그러나 오래 전부터 교회는 사도신경의 내용을 성경의 가르침을 잘 요약한 것으로 여기며 매우 존중해 왔고 사도신경을 사용해서 신앙을 고백해 왔습니다. 부록에서 사도신경은 2세기 로마교회의 세례 예식문으로 사도신경은 거의 모든 교회에 받아들여져서 가장 보편적인 신조 역할을 하고 있습니다. 그러므로 사도신경을 잘 알고 고백한다는 것은 매우 중요한 일입니다. 이 책은 사도신경을 정확히 이해하고 설명하는 책입니다. 성경에 근거해서 우리의 믿는 바의 내용을 정확히 표현하면서 우리 정황에 맞게 설명합니다. 하나님은 어떤 분이신가, 삼위일체 하나님과 하나님의 창조와 섭리에 대한 믿음의 고백을 다룹니다. 그리스도는 누구시며 그분의 생애와 사역이 무엇인가. 성령님과 교회를 다루며 사도신경의 역사적 배경을 기술합니다.

최영인은 "사도신경, 역사 속에 숨겨진 보물"[9]에서 사도신경의 의미를 기술합니다. 사도신경은 성경에 없지만, 십계명과 주기도문만큼이나 기독교 신앙의 핵심이며 중요한 부분으로 인식합니다. 사도신경은 작성자가 사도이기 때문이 아니라 내용이 사도적이기 때문입니다. 사도신경은 사도들의 가르침, 사도들이 고백했던 내용이며 그 신앙의 핵심을 요약하고 그 내용이 바로 성경에서 나왔고 성경 전체 내용을 요약한 것입니다. 사도신경의

---

9 최영인, 『사도신경, 역사 속에 숨겨진 보물』(서울: 예사람, 2019), 13-37.

역사적 유래를 다루며 사도신경의 발전 과정을 도표로 정리합니다. 종교개혁자들이 사도신경을 중요하게 여긴 사실도 간과하지 않습니다. 사도신경의 가치와 고백의 중요성을 기술합니다. 사도신경의 12개 조항을 세밀하게 성경적으로 해설합니다.

용환규는 "한국장로교회 신앙고백 연구"[10]에서 교회와 신앙고백의 상관성에 대해 설명합니다. 세계공의회 신경들과 개혁교회 신앙고백서를 살핌으로 신앙고백이 없는 교회는 위기에 빠질 수밖에 없다는 사실을 확인합니다. 한국장로교회의 신앙고백 형성 이전의 신앙을 살피기 위해 전도 문서 그리고 원입 교인과 세례 교인 교육문서를 연구합니다. 장로교 최초의 공적인 신앙고백인 독노회 12신조를 연구합니다. 한국장로교회의 신앙고백의 근간이 된 웨스트민스터 신앙고백서의 제정과 채택과정을 살핍니다. 한국장로교회 중 대표성을 띠고 있는 4개 교단의 신앙고백 역사와 내용을 살핍니다. 지금까지의 신앙고백들의 문제점을 살핀 후 새 신앙고백의 필요성과 방향성을 제시합니다.

최성헌은 "한국장로교회 신앙고백서 연구"[11]에서 한국장로교회가 공식적으로 채택한 신앙고백서를 연구합니다. 한국의 대표적인 장로교단인 대한예수교장로회(합동), 대한예수교장로회(고신), 한국기독교장로회, 대한예수교장로회(통합) 이렇게 네 교단

---

10 용환규, "한국장로교회 신앙고백 연구" (박사학위 논문, 백석대학교 기독교전문대학원, 2010), 1-15.

11 최성헌, "한국장로교회 신앙고백서 연구" (박사학위 논문, 총신대학교 대학원, 2010), 1-4.

헌법에 공식적으로 채택한 신앙고백서를 연구합니다. 네 교단이
공통적으로 채택한 12신조의 채택 과정과 역사적 변천에 대하여
연구합니다. 미국장로교회의 웨스트민스터 신도게요에 대한 수
정의 역사와 내용을 살핍니다. 미국연합장로교회(UPCUSA)의
1967년 신앙고백서를 살피고 교단별 신앙고백서를 살핍니다.

주요 용어의 정의

1. 기독교 교리

신앙생활의 각 주제에 대한 성경의 가르침입니다. 그러므로 기
독교 교리는 성경의 가르침에 기초합니다. 기독교 역사에 성경
해석은 신학적 입장에 따라 다양한 이해가 있었습니다. 교회는
그 시대마다 공의회를 열고 특정한 교리에 관한 바른 판단을 내
렸습니다.

2. 교의

교의는 교회가 성경적 가르침과 뜻을 같이한다고 믿고 결정한
것입니다. 교의는 공의회가 결정한 내용을 일컫습니다. 교의는
결정 내용이 교회의 신앙을 요청하는 것입니다. 교의는 성경을
대변하는 진리의 선포입니다.

3. 신앙고백

　성경 교리에 대한 다양한 해석과 논의가 있을 때 공의회를 열어 결정한 내용을 신앙고백이라 합니다. 신앙고백은 공의회의 결정을 성경 교리로 믿고 받아들인 것입니다. 신앙고백은 공의회의 결정에 대한 교회의 응답입니다.

　신앙고백이라는 말은 불가타역과 교부의 문헌에서 볼 수 있는 바와 같이 라틴어 콘피테오르(Confiteor)에서 왔습니다. 아우구스티누스의 고전 '고백록'의 의도는 과거의 죄과를 인정하는 것뿐만 아니라, 하나님이 그의 영혼을 위해 해주신 일에 관해, 하나님께 숨김없이 감사와 찬양을 돌리는 것입니다. 그리하여 그는 스스로 그의 고백을 '한탄하는 자의 고백'이요, '찬양하는 자의 고백'이라고 묘사합니다.[12] 흔히 신앙고백은 신조보다 그 내용이 장황하며 더 세밀하고 조직적입니다. 신앙고백은 낭송하기 위한 것이라기보다는 참조하기 위한 것입니다.[13]

　필립 샤프(P. Schaff)의 "성경은 하나님의 것이지만, 신앙고백은 하나님의 말씀에 대한 인간의 대답이다. 성경은 Norma Normans요, 신앙고백은 Norma Normata이다. 성경은 신앙의 규범(Regula Doctrinoe)이요, 신앙고백은 교리의 규범이다. 성경은 신적이요 절대적이지만, 신앙고백은 단지 교회적이고 상

---

12 Enarrationes, ⅲ, on Ps. 95 (Ps. 94, Vulg) 이것은 정인찬, 『성서백과대사전 제7권』(서울: 기독지혜사, 1987), 186에서 인용한 것을 재인용한 것임.
13 위의 책, 186.

대적인 권위를 가지고 있을 따름이다."[14]는 말은 신앙고백의 정의에 결정적인 역할을 할 것으로 기대됩니다. 또한 계속해서 그는 신앙고백을 정의하기를 "공적으로 사용하기 위한 신앙고백, 또는 신앙의 내용을 언어 형태로 표현하되 그것에 특별한 권위를 부여하여 구원을 위해서는 필요 불가결한 것으로 여기거나 최소한 건전한 기독교회를 유지하기에 없어서는 안 될 것으로 간주한 것을 의미한다."고 말하고 있습니다.[15]

이처럼 신앙고백이란 보통 그리스도의 질문에 대한 인간의 대답이며, 하나님의 말씀에 대한 인간의 수락이며 또한 신앙에 대한 실제적인 표현입니다.[16] 그렇기 때문에 이것은 선택의 사항이 아니라 신앙을 고백하는 자는 반드시 해야 함을 알 수 있습니다. 이처럼 하나님의 말씀에 대한 인간의 반응으로서 신앙의 고백과 이 신앙의 고백을 정리해서 다시 하나님의 말씀에 맞추어 보아서 바른 신앙의 고백인지를 확인하는 과정은 서로 떼려야 뗄 수 없는 아주 긴밀한 관계를 맺고 있는 것을 알 수 있습니다.

교회 초창기부터 신앙고백은 있어야 할 당위성을 갖고 있습니다. 신앙고백은 기독교가 가진 특별한 것으로 신앙의 내용을 교회가 갖고 있기 때문입니다. 바로 이와 같은 신앙의 입장을 조석

---

14 P. Schaff, *Creeds of Christendom*, 박일민 역, 『신조학』 (서울: 기독교 문서선교회, 1993), 11.

15 박해경 교수는 '공적으로 사용하기 위한 신앙고백(a Confession of Faith for Public use)'이며, 신앙의 내용을 언어 형태로 표현한 것이다'라고 지적하고 있다. 출처 ; 박해경, 『성경과 신조』 (서울: 아가페문화사, 1991), 102.

16 정인찬 편, 『성서백과대사전 제4권』 (서울: 기독 지혜사, 1987), 702.

만 교수는 그의 조직신학 머리말에서 "신앙고백은 해석학적 위치에 서 있으며, 성경을 그 근본으로 하는 것입니다. 다시 말하면 성경의 절대 권위를 믿는다고 하는 신앙고백에 의하여 성경을 연구하여 진리의 체계를 세워 나아가는 것입니다. 즉 신앙고백의 신학이라고 말하게 되는 것입니다. 그리고 언제나 신학은 신앙에 따라 다시 성경으로 돌아가서 신학을 확인하여야 합니다."[17] 라고 하였고, 신앙의 고백은 개인적인 의견 표명이나 결의가 아니라 공적으로 고백하여 신앙고백을 만들었다고 지적하고 있습니다.[18]

신앙고백은 작성 과정에 개인 스스로 작성한 신앙고백도 없지 않습니다. 하지만 신앙고백이 공포될 때는 매번 공교회의 이름으로 선포되었습니다. 그뿐 아니라 교회는 신앙과 생활에 유일한 표준으로 성경의 위치를 둡니다. 오직 성경에 기초하여 하나님을 믿습니다. 성경에 기초하여 신앙을 고백합니다. 고백한 내용이 성경적인가를 확인하기 위해 다시 성경으로 돌아갑니다. 이러한 과정을 지속적으로 반복합니다. 교회 전통을 숙고하여 성경 진리를 더욱 깊이 알고자 하는 시도가 신앙고백입니다. 그러므로 신앙고백은 하나님을 향한 찬양과 기도, 그리스도인의 생활, 예배를 통하여 신앙을 표현한 것을 지칭합니다. 문서 형식을 가지고 있는 신앙고백서는 전체 신앙고백 중에 극히 일부에 불과합니다. 교회는 어떤 상황에서도 전통의 노예가 되면 안 됩니

---

17 조석만, 『조직신학』 (서울: 한국기독교교육연구원, 1984), 4.
18 위의 책, 19.

다. 더욱 심사숙고하는 태도로 성경이 이 시대 가운데 보여주고자 하는 내용을 신앙고백서로 표현해야 합니다. 하지만 신앙고백은 한 단체의 문제가 아닙니다. 신앙하는 각 사람의 문제입니다. 신앙 공동체는 공식적인 효력을 발생하는 신앙고백서를 통해 전통을 수용합니다. 그뿐 아니라 새로운 정황과 시대에 맞는 성경의 진리를 표현합니다.[19]

하지만 신앙고백은 결과적으로 분열을 조장합니다. 교단 간에 두꺼운 벽을 만드는 것은 인위적인 신앙고백입니다. '규범 하는 규범'이 신앙고백이 아닙니다. 신앙고백은 오히려 '규범화된 규범'입니다. 결론적으로 절대적 완전성을 가진 신앙고백은 없습니다. 켈리(J. N. Kelly) 박사는 "일정하게 고정된 신앙고백은 기독교의 필수적 항목들을 요약하고 있으며 교회의 권위를 재가하고 있다."[20]고 했습니다. 그 내용을 살펴보면 구원에 관한 진리의 언급으로 성경은 신경들과 유사한 용어로 '사도의 가르침'(행 2:42), '생명의 말씀'(빌 2:16), '교훈의 본'(롬 6:17), '바른 교훈'(딤후 4:3) 등으로 언급되어 있습니다.[21] 뉴펠드(Vernon H. Neufeld)는 "신약성서의 모든 신앙고백을 검토한 결과 '예수는 그리스도시다'(막 8:29)라고 한 제자들의 고백이다."라고 했습니다.[22] 공교회가 '예수 그리스도는 주다'라는 신앙고백을 하는데

---

19 김균진, 『기독교 조직신학 1』 (서울: 연세대학교 출판부, 1984), 175.
20 J. N. D. Kelly, *Early Christian Creed*, (London: Longmans, 1950), 1.
21 Ralph P. Martin, *Worship in the early church*, 오창윤 역, 『초대교회 예배』 (서울: 은성출판사, 1986), 83.
22 E. Meuer, *Ursprung und Anfange des Christentums 3*, (Berlin:

이는 합당한 신앙고백입니다. 이 고백을 통해 새로 믿는 자가 그리스도에게 향한 자신의 신앙을 증거합니다. "예수 그리스도는 주다"(빌 2:11)라는 신앙고백은 이 땅의 모든 피조물이 그분의 다스림 앞에 굴복함을 보여줍니다.

스칸디나비아의 젤벨(J. Jervell)은 두 가지를 말합니다. 첫째, 그리스도가 주시라는 고백은 어둠의 영의 굴복인 동시에, 그리스도의 승리입니다. 둘째, 그 '이름'은 믿고 돌아온 자가 세례 받을 때 그리스도의 이름을 부르는 것과 관계가 있습니다.[23] '예수 그리스도가 주시다.' 하는 말은 초대 교회의 예배와 그리스도인의 삶 속에서 자리 잡았습니다. 알트하우스(Paul Althaous)는 신앙고백의 내용은 계시된 성경과 합치된 통일성을 갖도록 바르게 요약되어야 한다고 했습니다. 즉 성경의 진리가 감추어지거나 변질되지 않도록 하는 신앙고백이 필요합니다. 슐링크(E. Schlink)에 의하면 "신앙고백은 '성서의 종합'과 같습니다." 루터교회는 죄의 고백, 공적인 증언을 신앙고백서의 중요한 의미로 봅니다.

4. 신조

엣센스 국어사전은 신경(信經)이란 '기독교의 신조를 기록한

Christientums, l923), 210.
23 J. Jervell, *in der Gnosis und in den Paunlinischen Briefen*, (Berlin: Gotting, l960), 206-209.

경문'[24]을 말합니다. 이재철은 신경이란 '굳게 믿고 지키려는 생각 혹은 신념을 의미한다.'고 봅니다.[25] 옥스퍼드 영어사전의 정의에 의하면 '신조란 기독교 신앙의 간략하고 형식적인 요약'이라고 말합니다. 그러나 신조라는 용어의 어원이나 확정된 각 신조의 본질이 암시하는 바는 '하나님에 대한 인격적 신뢰'가 가장 중요한 요소라는 사실입니다. 그러므로 신조는 단순히 인정된 신앙의 요약이나 하나님에 의해 계시된 진리의 개요라기보다는 오히려 그 이상의 것으로 보고 있습니다. 신조는 신조를 고백하는 자의 하나님께 대한 실존적 귀의를 함축하는 것으로 보고 있습니다.

영어 명사 'Creed'는 라틴어 동사 'Credo'(크레도 : 나는 믿는다)에서 유래되었으며, 이 크레도라는 단어는 사도신경과 니케아 신조의 라틴어판 첫머리에 나오는 단어입니다. 이 동사의 본래 의미는 '나는 …을 확신한다.' 또는 '나는 …에 의지한다.'라는 뜻입니다. 또 이 동사는 헬라어 신약성경에 나오는 피스튜오(Pisteuσ)라는 동사와 일치합니다. 그리고 피스튜오라는 동사에 하나님 아버지나 그 아들 그리스도라는 말이 목적어로 올 경우에는 흔히 에이스(Eis)로서 수식된 것처럼 크레도는 인(In)으로서 수식됩니다. 나는 한 분 하나님을 믿는다(Credo in unum Deum)는 진술에는 오로지 한 분이신 참된 하나님이 존재한다는 단순한 인식 그 이상이 함축되어 있습니다. 이 진술은 예배자

---

24 편집부, 『엣센스 국어사전』 (서울: 민중서림, 2006), 1586.
25 이재철, 『성숙자반』 (서울: 홍성사, 2007), 267.

를 자아의 무조건적 복종으로써 표현되는 하나님과의 신앙적 관
계로 인도합니다.

　융만(Jungmann)이 지적했듯이 초대교회의 교부들은 이런 관
점에 그다지 큰 관심을 기울이지 않았던 것 같습니다. 그러나
아우구스티누스 시대 이후로 '크레도 인 우눔 데움'(Credo in
Unum Deum)이라는 진술은 하나님께 대한 지적 집착과 동시
에 하나님께 접근하고자 하는 사랑의 애착을 함축하는 의미로 해
석돼 왔습니다.[26]

　신조의 어의를 어원학에 따라 보충 설명하자면 다음과 같습니
다. 신조의 어원은 '신용(Credit)' 또는 '쉽게 믿음(Credulity)'의
어원과 동일하지만, 후자보다는 전자에 더 가깝습니다. 푸르만
(P. T. Fuhrmann)은 이렇게 설명합니다. "신조를 하나님의 예
배 행위로서 올바로 이해한다면 신조의 사용은 쉽게 믿음보다는
신용에 더 가깝다. 왜냐하면 신조는 경신, 즉 검토되지 않은 신앙
의 진술을 표현하는 것이 아니라 하나님께 대한 신용을 표현하기
위한 진술이기 때문이다. 이러한 의미에서 신조는 신앙고백과 하
나님의 영광에 대한 감사의 언명이다."[27]

---

26 J. A. Jungmann, *The Early Liturgy*, (Notre Dame: Univ of Notre
　Dame, 1959), 95f. 이것은 『성서백과대사전 제7권』에서 인용한 것을 재
　인용한 것임.
27 B. LeRoy Burkhart, *Intro to the Great Creeds of the Church by Paul
　T. Fuhrmann*, (Journal of Bible and Religion, 1962, 30권 1호), 9. 이것
　은 『성서백과대사전 제7권』 186에서 인용한 것임.

/ 2장 /

신조의 성경적 근거

a. 구약 성경의 근거

신조보다 신앙고백은 그 내용에 있어서 조직적이고 세밀합니다. 구약 성경에서 신앙고백의 기원을 볼 수 있습니다. 시편 7편 1절, 시편 63편 1절 등입니다. 이들은 자발적인 신앙의 탄성으로 간략한 신앙고백입니다. 십계명(출 20:1-17; 신 5:6-21) 안에도 신조적 표현이 발견됩니다. 쉐마(Shema, 신 6:4-9; 11:13-21; 민 15:37-41)에도 신조적 표현이 발견됩니다. 이것을 로빈슨 (H. W. Robinson)은 "유일신 신앙에서 나온 유대인들의 원초적 신앙고백"이라 합니다. 이것을 "신조적 언명"이라고 포오티어스(H. W. Porteous)는 명명했습니다.

최근에 학자들은 실제로 신명기 26장 5절~9절의 후반부에 대하여 '작은 신조'로 명명했습니다. 하나님의 본질 추구보다는 하나님의 구원 행위를 더 강조하기에 '작은 신조'라고 명명했습니다. 신약성경에서 구약 신조의 원형으로 볼 수 있는 구절들이 있습니다. "신약성경 속에서 권위적 교리의 전달에 강조점을 두고 있다는 사실을 알 수가 있다."고 켈리(A. N. D. Kelly)가 말했습니다.[1]

이런 신앙고백 정신이 성경에 이미 제시되어 있음을 알아야 합니다. 우리는 전체 성경에서 하나님의 말씀에 대한 인간의 응답을 찾을 것입니다. 다시 말하여 '신앙고백'이 얼마나 중요한 것인가를 살펴볼 것입니다. 그 결과 '신앙고백'의 중요성을 알 수가 있습니다. 그러나 먼저 유의해야 할 사실이 있습니다. 구약이나 신약은 우리가 현재 가지고 있는 것처럼 기록이나 문서의 형태가 아님을 전제해야 합니다. 당시의 특징은 주로 고백적 형태로 제시되고 있습니다.[2]

a. 1. 출애굽기 19장 7~9절

"모세가 내려와서 백성의 장로들을 불러 여호와께서 자기에게 명령하신 그 모든 말씀을 그들 앞에 진술하니 백성이 일제히 응답하여 이르되 여호와께서 명령하신 대로 우리가 다 행하리이다 모세가 백성의 말을 여호와께 전하매 여호와께서 모세에게 이르시되 내가 빽빽한 구름 가운데서 네게 임함은 내가 너와 말하는 것을 백성들이 듣게 하며 또한 너를 영영히 믿게 하려 함이니라 모세가 백성의 말을 여호와께 아뢰었으므로"

---

1 정인찬 편, 『성서백과대사전 제7권』, 187.
2 박해경, 『성경과 신조』, 105.

* 구조 분석 : 여호와의 거룩하심(출 19:3-25)[3]

a **여호와께서 이스라엘에게 언약관계를 제시하심**(19:3-6)

　○ "모세가 하나님 앞에 올라가니"로 시작함

b **이스라엘이 여호와의 제의를 받아들임**(19:7-8a)

　○ "모세가 (돌아)와서"로 시작함

c 백성들을 성결케 한 후 **여호와께서 백성들을 부르심**
　(19:8b-13)

　○ "모세가 백성의 말로 여호와께 회보하니(돌아가서 고하
　니)"로 시작함

d **모세가 백성들에게 성결케 할 것을 지시함**(19:14-15)

　○ "모세가 내려가"로 시작함

e **여호와의 영광이 시내 산을 덮음** : 여호와께서 모세만 올라
　오라고 명하심(19:16-20b)

　○ "모세가 하나님을 맞으려고 백성을 데리고 나오니"로 시
　작함

f **하나님이 모세에게 백성을 멀리 있게 명함** : 제사장들만 가
　까이 나오게 함(19:20c-24)

　○ "모세가 하나님 앞에 올라가니"로 시작함

g **모세가 내려가 백성들에게 고함**(19:25)

　○ "모세가 내려가"로 시작함

---

3 David A Dorsy, *The Literary structure of the Old testament*, 류근상 역,
　『구약의 문학적 구조』 (서울: 크리스챤, 2003), 103.

이 사건은 시내 산에서 모세가 십계명을 받은 사건입니다. 이스라엘 백성들에게 나타나신 하나님은 두려운 하나님이십니다. 그분의 임재는 모든 백성들로 하여금 놀라움과 경외함을 갖게 하였습니다. 그는 전능하신 분으로 감히 사람들이 근접할 수 없는 존재입니다. 이것은 매우 장엄하고 신중한 사건 속에 신조의 형태가 제시됩니다. 위의 내용은 "너희가 내게 대하여 제사장 나라가 되며 거룩한 백성이 되리라 너는 이 말을 이스라엘 자손에게 전할지니라."(출 19:6) "모세가 내려와서 백성의 장로들을 불러 여호와께서 자기에게 명령하신 그 모든 말씀을 그들 앞에 진술하니 백성이 일제히 응답하여 이르되 여호와께서 명령하신 대로 우리가 다 행하리이다."(7-8절) 모세의 말을 들은 백성들은 곧 자신들의 순종의 의사, 즉 하나님과 복된 언약 관계의 수립에 적극적으로 찬성하였습니다.[4] 이는 이스라엘 백성들의 하나님 말씀에 대한 반응 즉 신앙고백입니다.

a. 2. 신명기 26장 5~9절

"너는 또 네 하나님 여호와 앞에 아뢰기를 내 조상은 방랑하는 아람 사람으로서 애굽에 내려가 거기에서 소수로 거류하였더니 거기에서 크고 강하고 번성한 민족이 되었는데 애굽 사람이 우리를 학대하며 우리를 괴롭히며 우리에게 중노동을 시키므로 우

---

4 강병도 편, 『카리스 종합주석 9번, 출애굽기 16-22장』 (서울: 기독 지혜사, 2003), 310.

리가 우리 조상의 하나님 여호와께 부르짖었더니 여호와께서 우리 음성을 들으시고 우리의 고통과 신고와 압제를 보시고 여호와께서 강한 손과 편 팔과 큰 위험과 이적과 기사로 우리를 애굽에서 인도하여 내시고 이곳으로 인도하사 이 땅 곧 젖과 꿀이 흐르는 땅을 주셨나이다."

* 구조 분석 : 기타의 규례들(신 20-26장)[5]

a **전쟁에 관한 규례**

b **가난한 자와 불쌍한 자에 대한 사랑**(21:1-22:12)

　○ 하자 있는 혼인의 금지

　○ 동물(소나 새)에 대한 보살핌

　○ 피살된 사체에 대한 관심

　c **혼인에 관한 문제들**(22:13-30)

　d **이방인에 대한 언급 : 암몬, 모압, 애굽, 에돔인**(23:1-14)

　　○ 거세된 자

b' **가난한 자와 불쌍한 자에 대한 사랑**(23:15-25:4)

　○ 하자 있는 결혼으로 얻은 아내

　○ 동물(소)

　○ 피살된 사체

　c' **혼인에 관한 문제들**(25:5-10)

　d' **이방인에 대한 언급** : 아말렉(25:11-19)

---

5 David A Dorsy, 『구약의 문학적 구조』, 132.

○ 거세된 자

결론(26:1-19)

본문 5절 "너는 또 네 하나님 여호와 앞에서 아뢰기를"을 원문에 맞게 다시 번역하면 "그리고 너는 대답하고 말할 것이다"입니다. 이러한 표현에서 보듯 자기 임의대로 일방적으로 말하는 것이 아니라 그 무엇에 대한 반응으로서 대답하는 것임을 알 수 있습니다.[6] 위의 말씀은 시내 산 사건을 기억한 모세가 다시 그 중요성을 이스라엘 백성들에게 언급하는 내용입니다. 그는 이스라엘 백성이 가나안을 차지하게 될 때 두 가지를 잊지 말라고 당부합니다. 하나는 하나님을 잊어버리지 말라는 것입니다. 다른 하나는 지금까지의 모든 일이 하나님께서 인도해 주신 은혜임을 알고 잊지 말라는 것입니다.

a. 3. 여호수아 24장

* 구조 분석 : 가나안 땅의 분배(수 13~24장)[7]
a 도입 부분(13:1-7)
○ 여호와께서 나이 많아 늙은 여호수아에게 땅을 분배하라고 하심

---

6 한성천 외 4인, 『옥스퍼드 원어성경 대전, 구약 14번, 신명기 12-26장』 (서울: 제자원 성서교재주식회사, 2006), 716.
7 David A Dorsy, 『구약의 문학적 구조』, 139.

○ 주제 : <u>남은 땅</u> - 그 땅 거민들을 쫓아내실 것임

b **요단강 동편 지파들**(13:8-33)

　○ 가나안 밖에서 분배

 c **레위 지파**(14:1-5)

　○ 레위 지파의 기업은 없으나 다른 지파의 성읍을 받을 것임

 d **<u>가데스의 영웅, 갈렙을 위한 특별 분배</u>**(14:6-15)

　e **라헬을 제외한 계보의 지파**(<u>유다</u>)**에 대한 분배**(15:1-63)

　f **라헬의 계보**(<u>요셉</u>)**의 분배**(16:1-17:18)

　g **핵심 부분 : 실로에 대한 분배** : 7지파가 여호와의 분배
를 받음(18:1-10)

 f' **라헬의 계보**(베냐민 : <u>요셉의 옆</u>)**의 분배**(18:11-28)

 e' **라헬을 제외한 계보의 지파**(시므온 : 유다의 안)**에 대한 분
배**(19:1-48)

 d' **<u>가데스의 영웅, 여호수아를 위한 특별 분배</u>**(19:49-50)

　○ 실로에 대한 분배가 마침(19:51-52)

 c' **레위 지파**(20:1-21:45)

　○ 레위 지파는 다른 지파의 성읍과 도피성을 받을 것임

b' **요단강 동편 지파들**(22:1-34)

　○ 가나안 밖에서 분배

a' **결론 부분**(23:1-24:33)

　○ 나이 많아 늙은 여호수아가 백성들에게 마지막 말을 당부

　○ 주제 : <u>남은 땅</u>-그 땅 거민들을 <u>쫓아내실 것임</u>

여기서는 모세의 후계자인 여호수아가 모세와 동일한 고백을 한 것을 소개합니다. 즉 가나안 땅 정복을 했고 이제 임종을 앞두고 있을 때, 이스라엘 모든 백성을 한 자리에 나오도록 하여 언약을 맺고 있습니다. 2절부터 하나님께서 베풀어주신 출애굽 하여 광야 생활을 소개 한 후 이렇게 묻습니다. "만일 여호와를 섬기는 것이 너희에게 좋지 않게 보이거든 … 아모리 사람의 신이든지 너희 섬길 자를 오늘날 택하라." 이 제안에 백성은 대답합니다. "백성이 대답하여 가로되 여호와를 버리고 다른 신들 섬기는 일을 우리가 결단코 하지 아니하오리니"(수 24:16). 이것이 이스라엘 백성의 당시 신앙고백이었습니다. 이 말은 어떤 행위에 대한 강한 부정 혹은 반대를 나타냅니다. 왕 혹은 고위직에 있는 사람 혹은 집합적으로 엄숙한 법률적 상황에서 사람들이 이런 말을 합니다. 서약의 의미를 지닌 더 강력하고 완전한 의사를 표현할 때는 하나님의 이름을 사용하기도 합니다(삼상 14:24;24:7). 이스라엘 백성들은 "너희 섬길 자를 오늘날 택하라"(15절)는 여호수아의 말에 대해서 이방 신을 섬기는 일을 강력하게 부정함으로써 하나님만을 섬길 것을 강조하고 있습니다.[8] 그리고 여호수아가 이날의 약속을 분명한 증거로 삼기 위하여 '돌'을 증거물로 소개하고 있습니다.[9]

---

8 강병도 편, 『카리스 종합 주석, 22번, 여호수아 13-24장』(서울: 기독 지혜사, 2003), 567.

9 여호수아 24장 26절 - 여호수아가 이 모든 말씀을 하나님의 율법 책에 기록하고 큰 돌을 취하여 거기 여호와의 성소 곁에 있는 상수리나무 아래 세우고, 모든 백성에게 이르되 보라 이 돌이 우리에게 증거가 되리니 이는 여호와께서 우

b. 신약 성경의 근거

신약 성경 전체가 한 문장으로 복음적 신앙고백이라 할 수 있습니다. 하나님의 아들 예수 그리스도가 중심이 되어 있는 것이 신조가 가진 한 특성이라 할 수 있습니다. "그리스도의 선포가 기독교의 전(全) 신앙고백의 출발점이다."라고 쿨만(Culmann)이 말하는데 이것은 신학적으로나 역사적으로 볼 때 사실입니다.

바울은 "성령으로 아니하고는 누구든지 예수를 주시라 할 수 없다"(고전 12:3)고 하였고 "네가 만일 네 입으로 예수를 주로 시인하며 또 하나님께서 그를 죽은 자 가운데서 살리신 것을 네 마음에 믿으면 구원을 얻으리니"(롬 10:9)라고 말합니다. 사도 바울은 이렇게 말하고 있는 정황을 정확히 언급하지 않습니다. 하지만 예수가 주이심을 입으로 고백하는 것이 주를 공개적으로 저주하는 행동과 대립합니다. 그러므로 이 고백을 하던 때가 기독교의 극한 박해의 시기임을 보여줍니다. 고린도전서 15장 3~7절에서 베드로의 찬양 형식으로 표현되는 사도행전식의 신앙고백을 바울이 말하고 있습니다. 이 신앙 고백의 내용은 "내가 너희에게 전한 복음을 너희로 알게 하노니 이는 너희가 받은 것이요, 또 그 가운데 선 것이라"(고전 15:1)고 합니다. 이것은 다시 말하면 바울이 스스로 만들어낸 것이 아닙니다. 그가 전해 받고 또한 전하여 주었던 신앙고백입니다. 하지만 이러한 고백을 과

리에게 하신 모든 말씀을 이 돌이 들었음이라 그런즉 너희로 너희 하나님을 배반치 않게 하도록 이 돌이 증거가 되리라 하고.

장하지 않도록 우리는 삼가 조심할 필요가 있습니다. 의미상으로 엄격한 의미에서 어떤 신앙고백적 표현도 신약 성경 안에서 발견할 수 없습니다. 다만 "예수는 주시다"라는 짧은 표현만은 예외입니다.[10]

b. 1. 마태복음 16장 15~16절

"가라사대 너희는 나를 누구라 하느냐, 시몬 베드로가 대답하여 가로되 주는 그리스도시요 살아 계신 하나님의 아들이시니이다"

* 구조 분석 : 예수님께서 너희는 나를 누구라 하느냐 물으심 (16:13-20)[11]

16:13 a 예수께서 빌립보 가이사랴 지방에 이르러

　　　　제자들에게 물어 이르시되

　　　　사람들이 인자를 누구라 하느냐

16:14 b 이르되 **더러는 세례 요한,**

　　　　더러는 엘리야,

　　　　어떤 이는 예레미야나 선지자 중의 하나라 하나이다

16:15 c 이르시되 **너희는 나를 누구라 하느냐**

---

10 장성우, "그리스도의 교회와 신앙고백에 대한 고찰", 이것은 인터넷 Http://www. kccs.pe.kr/thesis050.htm에서 인용한 것임을 밝혀둔다.

11 서영환, 『신약 구조 분석 (상)』 (서울: 경향문화사, 2007), 179-180.

16:16 d 시몬 베드로가 대답하여 이르되

　　　주는 그리스도시오

　　　살아 계신 하나님의 아들이시니이다

16:17 e 예수께서 대답하여 이르시되

　　　바요나 시몬아 네가 복이 있도다

　　　이를 네게 알게 한 이는 혈육이 아니요

　　　하늘에 계신 내 아버지시니라

16:18 d' 또 내가 네게 이르노니

　　　너는 베드로라

　　　내가 이 반석 위에 내 교회를 세우리니

　　　음부의 권세가 이기지 못하리라

16:19 c' 내가 천국 열쇠를 네게 주리니

　　　b' 네가 땅에서 무엇이든지 매면

　　　하늘에서도 매일 것이요

　　　네가 땅에서 무엇이든지 풀면

　　　하늘에서도 풀리리라 하시고

16:20 a' 이에 제자들에게 경고하사

　　　자기가 그리스도인 것을

　　　아무에게도 이르지 말라 하시니라

　a와 a'는 예수님이 인자를 누구라 하는지를 물으시는 것과 베드로의 바른 고백에 칭찬하시는 것이 병행됩니다. b와 b'는 제자들의 대답으로 세례 요한, 엘리야, 예레미야나 선지자 중의 하나

라고 대답하는 것과 베드로의 대답인 주는 그리스도시오, 살아 계신 하나님의 아들이라 대답하는 것이 병행됩니다. c는 예수님이 너희는 나를 누구라 하느냐고 물으십니다. 결국 이 내용은 베드로의 신앙고백입니다. "주는 그리스도시오, 살아계신 하나님의 아들이시니이다."

여기서는 제자들이 예수님 자신을 누구로 고백할 것인지를 묻고 또한 제자들 편에서 답한 신앙고백이 제시되고 있습니다. '그가 그들에게 말씀하신다. 그러면 너희는 나를 누구라고 말하느냐' '그러자 시몬 베드로가 대답하여 말했다. 당신은 그리스도, 살아 계신 하나님의 아들이십니다.' 한 마디로 예수는 살아 계신 하나님의 아들의 신분이며, 아버지께로부터 그의 백성에게 파송받은 메시아이시다.[12] 이 고백은 세례 받을 때 묻고 대답하는 전형적인 고백이 되었습니다. 그리고 이것이 후로는 삼위일체의 형태로 자리를 잡게 되었습니다.[13]

b. 2. 요한복음 1장 49절

"나다나엘이 대답하되 랍비여 당신은 하나님의 아들이시요 당

---

12 강병도 편, 『카리스 종합 주석, 신약 2번, 마태복음 10-19장』(서울: 기독지혜사, 2003), 632.

13 박해경, 『성경과 신조』, 106-107. 여기서 역사적으로 교회사의 중요한 논쟁이 된 '반석'이 제시된다. 즉 로마 가톨릭은 반석을 베드로 개인으로 해석해서 결국 교황을 만들어 내었고 개혁주의는 반석을 '신앙고백'으로 해석한다. 교회는 그 어떤 것보다 말씀에 근거한 참 신앙고백 위에 세워진다고 고백했다.(위의 책, 105) 그러나 반석은 베드로도 아니고, 신앙고백도 아닌 예수님 자신이다.

신은 이스라엘의 임금이로소이다"

* 구조 분석 : 당신은 하나님의 아들, 이스라엘의 임금이라 고백 (1:47-51)[14]

1:47 a 예수께서 나다나엘이 자기에게 오는 것을 보시고
　　　그를 가리켜 이르시되
　　　보라 이는 참으로 이스라엘 사람이라
　　　그 속에 간사한 것이 없도다
1:48 b 나다나엘이 이르되
　　　어떻게 나를 아시나이까
　　c 예수께서 대답하여 이르시되
　　　빌립이 너를 부르기 전에
　　　네가 무화과나무 아래에 있을 때에 보았노라
1:49 d 나다나엘이 대답하되
　　　랍비여
　　　당신은 하나님의 아들이시오
　　　당신은 이스라엘의 임금이로소이다
1:50 c' 예수께서 대답하여 이르시되
　　　내가 너를 무화과나무 아래서 보았다 하므로 믿느냐
　　b' **이보다 더 큰일을 보리라**

---

14 서영환, 『신약 구조 분석 (중)』(서울: 경향문화사, 2007), 21.

1:51 a' 또 이르시되

　　진실로 진실로 너희에게 이르노니

　　하늘이 열리고

　　하나님의 사자들이 인자 위에

　　오르락내리락 하는 것을 보리라 하시니라

　　a와 a'는 예수님이 나다나엘에게 참 이스라엘 사람이라 하심과 하나님의 사자들이 인자 위에서 오르락내리락 하는 것을 볼 것이라 하심이 대칭됩니다. b와 b'는 나다나엘이 어떻게 나를 아시나이까 라고 물음과 예수님이 이보다 더 큰일을 볼 것이다가 병행됩니다. c와 c'는 예수님이 네가 무화과나무 아래 있을 때 보았음과 내가 너를 무화과나무 아래에서 보았다 하므로 믿느냐고 물으심이 병행됩니다. d가 본문의 핵심입니다. 나다나엘이 당신은 하나님의 아들이시오 이스라엘의 임금으로 고백합니다.

　　예수님을 만난 빌립은 나다나엘에게 가서 "메시아를 만났는데 그가 바로 나사렛 예수라"고 하자, 나다나엘이 "나사렛에서 무슨 선한 것이 날 수 있느냐?"고 반문합니다. 빌립이 "와서 보라"고 권면하자, 나다나엘이 예수님을 만나게 됩니다. 예수님을 찾아오는 나다나엘에게 예수님이 "참 이스라엘이요 간사하지 않으며 무화과나무 아래에 있었다"는 것을 말하자 예수님에 대한 고백을 한 것입니다. 나다나엘은 "당신은 하나님의 아들"이라 고백하므로 예수님에게서 아무도 범접할 수 없는 신성을 본 것입니다. 예수님이 시편 2편 7절에 언급된 "너는 내 아들이라"는 기록이 바로 적용되는 자임을 확신했습니다.[15] "당신은 이스라엘의 임금이로소이다." 이 고백은 예수님이 지금까지 자신이 기다리고 고대하던 분이며 신명을 바쳐 섬길 대상임을 말하는 것입니다. 이 칭호는 정치적인 성격을 가진 유대인의 메시아에 대한 소망을 진술한 것입니다. 이 표현은 신약 성경에 세 곳에 등장합니다(마 27:42; 막 15:32; 요 12:13).

b. 3. 로마서 10장 9~10절

"네가 만일 네 입으로 예수를 주로 시인하며 또 하나님께서 그를 죽은 자 가운데서 살리신 것을 네 마음에 믿으면 구원을 받으리라 사람이 마음으로 믿어 의에 이르고 입으로 시인하여 구원에 이르느니라"

* 구조 분석 : 믿음의 말씀이 네게 가까워 내 입에 있음(10:8-10)[16]
10:8 c 그러면

　　　무엇을 말하느냐

　　　말씀이 네게 가까워 네 입에 있으며

　　　네 마음에 있다 하였으니

　　　곧 우리가 전파하는 믿음의 말씀이라

---

15 한성천 외 4인, 『옥스퍼드 원어성경 대전, 109번, 요한복음 1-6장』(서울: 제자원 성서교재주식회사, 2006), 154.
16 서영환, 『신약의 문학적 구조』(서울: 크리스챤, 2008), 277-278.

10:9 a 네가 만일

　네 입으로 예수를 주로 시인하며

　b 또 하나님께서

　그를 죽은 자 가운데서 살리신 것을

　네 마음에 믿으면 구원을 받으리라

10:10 b' 사람이 마음으로 믿어 의에 이르고

　　a' 입으로 시인하여 구원에 이르느니라

c는 우리가 전파하는 믿음의 말씀이며 a와 a'는 네 입으로 예수를 주로 시인함과 입으로 시인하여 구원에 이름이 병행됩니다. b와 b'는 하나님께서 그를 죽은 자 가운데서 살리신 것을 네 마음에 믿으면 구원을 얻을 것과 마음으로 믿어 의에 이름이 병행됩니다.

'예수를 주로 시인하며'는 예수님을 주님이라 고백하는 것입니다. '시인하며'는 사법적인 용어로서 법적인 효력을 가진 관계를 설정하는 구속력이 있습니다. 예수님이 주님이시라는 시인과 공포는 예수님이 한 분이시며 참된 하나님의 이름과 본성과 거룩함과 권위와 권세와 영원함을 공유하고 계심을 인식하는 것이며 사람들 앞에서 그분을 하나님으로 인정하는 것입니다.[17] 바울은 그리스도의 신성과 죽음과 부활을 설명하고, 입으로 시인 즉 고백하는 것이 인간과 하나님과의 관계를 보증하는 것으로서 필요

---

17 강병도 편, 『카리스 종합주석, 신약 16번, 로마서 9-16장』(서울: 기독 지혜사, 2003), 145.

하다고 하였습니다.

b. 4. 야고보서 2장 17절

"이와 같이 행함이 없는 믿음은 그 자체가 죽은 것이라"

* 구조 분석 : 행함이 없는 믿음은 그 자체가 죽은 것임(2:14-19)[18]

2:14 a 형제들아

　　만일 사람이 믿음이 있노라 하고

　　행함이 없으면

　　무슨 유익이 있으리요

　　그 믿음이 능히 자기를 구원하겠느냐

2:15 b-aa 만일 **형제나 자매가 헐벗고 일용할 양식이 없는데**

2:16 -bb 너희 중에 누구든지

　　　그에게 이르되 평안히 가라,

　　-bb' 덥게 하라,

　　-aa' 배부르게 하라 하며

　　-cc' 그 몸에 쓸 것을 주지 아니하면 무슨 유익이 있으리요

2:17 c 이와 같이

　　행함이 없는 믿음은 그 자체가 죽은 것이라

18 서영환, 『신약 구조 분석 (하)』 (서울: 경향문화사, 2007), 384.

2:18 b' 어떤 사람은 말하기를

너는 믿음이 있고

나는 행함이 있으니

행함이 없는 네 믿음을 내게 보이라

나는 행함으로 내 믿음을 네게 보이리라 하리라

2:19 a' **네가 하나님은 한 분이신 줄을 믿느냐**

잘하는도다 귀신들도 믿고 떠느니라

a와 a'는 행함이 없는 믿음이 자기를 구원 못하는 것과 하나님이 한 분인 줄 믿지 않는 것이 병행됩니다. b와 b'는 헐벗고 일용할 양식이 없는 형제에게 사랑을 베풀지 않는 것과 행함이 없는 믿음이 병행됩니다. c가 결론입니다. 행함 없는 믿음은 그 자체가 죽은 것입니다.

'행함이 없는'의 헬라어는 가정법을 수반하는 조건문의 형식으로 '만약 계속해서 행함이 없다면'으로 해석할 수 있습니다. 이는 믿음이 계속하여 마음속에 머물러 '행함'이라는 열매를 맺음으로써 죽지 않고 살아 있다는 증거를 보여주게 된다는 뜻입니다. 따라서 '행함'이라는 열매를 맺지 못하면 그 믿음은 죽은 것입니다. 이를 강조하기 위하여 야고보는 그 자체라는 재귀 대명사를 사용하여 내적으로나 외적으로 죽은 것, 즉 본질적으로 죽었음을 표현하고 있습니다.[19] 결국 성경은 신조의 근거가 신앙(믿음)

---

19 강병도 편, 『카리스 종합주석, 신약 24번, 야고보서, 베드로전후서』 (서울: 기독 지혜사, 2003), 167.

은 반드시 행함을 필요로 한다고 제시하고 있습니다.[20]

　이처럼 신, 구약이 보여주는 것은 이스라엘 역사 자체는 신앙고백의 역사라는 것입니다. 더 나아가 교회 역사는 신앙고백의 역사라 할 수 있습니다. 그러므로 교회는 신앙고백의 터 위에 세워집니다. 자연인은 신앙고백을 통하여 교회의 회원이 됩니다. 결과적으로 신앙고백 없이 신앙과 삶의 거룩함을 결코 지켜나갈 수 없음을 확인하게 됩니다.

---

20 위의 책, 105. 여기서 위 구절의 전체 해석이 행함과 믿음이라는 주제로 제시되고 있는데 이 의미도 포함되는 것으로 해석할 수 있다. K. Reed, 위의 책, 11. 그는 여기서 "예루살렘 회의의 교리들은 교회 안에서 구속력 있는 치리적 기능을 가졌다. 그 판결들은 유대주의자들의 거짓된 가르침을 부인하였고 교회의 성도들의 실제 생활을 다스리는 몇 가지의 간략한 가르침을 부여하였다(벧전 1:1;행 15:24,28-29)"라고 증거하고 있다.

/ 3장 /

신조의 역사적 근거

기독교는 결코 신조 없이 존재할 수 없습니다(Ecclesia sine symbolis nulla). 이 사실을 기독교 역사에 수많은 신학자와 목회자들은 제시합니다.[1] 그뿐만이 아닙니다. 신조가 없다면 신앙과 생활의 정조를 결코 지킬 수 없습니다. 신조 없이는 가장 훌륭한 교회도 쇠퇴할 뿐만 아니라 부패할 수밖에 없다고 신학자들은 한결같이 말합니다.[2]

초대교회는 공적 신앙고백서를 문서로 가지고 있지 않았습니다. 하지만 상당히 일찍부터 미숙한 신조들이 존재했다는 견해가 있습니다. 즉 성경이 우리에게 주어지기 훨씬 전부터 지금보다 훨씬 더 많은 내용으로 전승되고 있었다고 합니다. 그런데 이 전승의 정확성은 확인할 수 없습니다.

신약교회가 생긴 A. D. 33년부터 100년경까지는 사도들이 건

---

1 박해경, 『성경과 신조』, 105, cf) P. Schaff, 『신조학』, 8.
2 P. Schaff, 『신조학』, 14. cf) 박해경, 『성경과 신조』, 111.

재했으므로 사도신경 같은 것이 필요하지 않았습니다. 그 이유는 예수님을 목격한 사도들과 다른 목격자들의 상당수가 살아 있었습니다. 그들에게는 그 어떤 것도 필요하지 않았습니다.

그런데 사도들이 다 떠나고 사도들의 제자인 속사도, 또는 교부들 때에는 세례 문답 때 간단한 문답서 같은 안내서가 필요하였습니다. 그리하여 A. D. 100년~125년 사이에 사용했을 것으로 추정되는 신앙의 규율(Rules of Faith)이 오늘날의 요리 문답서와 비슷한 것이 있었을 것으로 봅니다.[3] 이것은 약 150년경에 나온 것으로 추측되는 고대 로마 신조(The Old Roman Creed)[4] 입니다.

---

3 오메가 편집부, 『성경의 진리냐 사람의 유전이냐. – 성경으로 돌아가자』 (서울: 오메가출판사, 1993), 176.

4 J. L. Nave, *A History of Christian Thought*, 서남동 역, 『기독교 교리사』 (서울: 대한 기독교서회, 1988), 116. 고대 로마 신조(Old Roman Symbol)의 전문 번역문, 나는 전능하신 하나님 아버지를 믿노라, 또 그 외아들 우리 주 예수 그리스도를 믿노니, 그는 성신으로 말미암아 동정녀 마리아에게서 나셨으며, 본디오 빌라도에게 십자가에 못 박히시고 장사 되었으며, 사흘 만에 죽은 가운데서 다시 일어나셨으며, 하늘에 오르사 아버지의 우편에 앉아 계시다가, 거기로부터 산 자와 죽은 자를 심판하러 오시리라, 또 성신을 믿으며, 죄의 용서를 믿으며, 몸(육)의 부활을 믿노라. 이형기는 그의 책 『세계 개혁교회의 신앙고백서』 (서울: 한국장로교출판사, 1996, 14-15.) 사도신경에 대해 A.D. 170~180년 사이에 로마에서 사용되던 로마 신경의 증보판이라고 하면서 로마서를 수신한 로마교회의 수세를 위한 교리문답 내지 초신자들의 교리문답으로 사용되던 것으로 질문형식으로 되어 있었는데, 4세기에 긍정문으로 바뀌고 '죄의 용서'라는 구절이 첨부되었다고 하면서 그 전문을 밝히고 있는데 그 전문은 다음과 같다. "당신은 전능하신 하나님 아버지를 믿습니까? 당신은 예수 그리스도께서 하나님의 아들이심을 믿습니까? 당신은 예수 그리스도께서 성령님의 능력으로 동정녀 마리아의 몸에서 나셨고, 본디오 빌라도에 의하여 십자가에 달려 죽으셨으며, 삼일 후에 죽은 자들 가운데서 부활하셨고, 하늘에 오르사 하나님 우편에 앉아 계시다가 장차 산 자들과 죽은 자들을 심판하러 오실 것을 믿습니까? 당신은 거룩한 교회를 믿습니까? 그리고 당신은 육체의 부활을 믿습니까?"

〈표1〉 각 신조에 표현된 강령 도표[5]

신앙고백	시기/국가	역사적 맥락	반대편	중심적 교리	신학자
니케아 신조	4세기 근동지역	콘스탄틴 제국의 통합	아리우스 주의자	예수 그리스도의 개체성 성령의 실체성	아타나시우스
사도신경	2세기-9세기 프랑스	새로운 기독인의 세례	희랍의 신들과 로마의 황제숭배	세 개체 안에 계시는 한 분 하나님 하늘과 땅의 창조자	미상
스코틀랜드 신앙고백	1560년 스코틀랜드	스코틀랜드 내전	중세 가톨릭주의	선택 교회	녹스
하이델베르크 요리문답	1563년 독일	아우크스부르크 평화의 붕괴	루터파	제자직 주의 만찬	우르시누스 올레비아누스
제 2 스위스 신앙고백	1566년 스위스	흑사병 하이델베르크의 원조	재세례파	계약 세례	블링거
웨스트민스터 신앙고백 및 요리문답	1647년 영국	영국의 내전	영국 고교회	하나님의 주권 성경의 권위와 해석	레이놀즈
바르멘 신학선언	1934년 독일	나치주의	국가주의	우상숭배 죄 그리스도의 주인되심	바르트
1967년 신앙고백	1967년 미국	시민권 확보운동	시민적 종교	화해 모든 사람의 평등성	다위

* Jack Rogers가 1984년에 구성함.

---

5 Jack Rogers, *Presbyterian Creeds*, 차종순 역, 『장로교 신조』 (서울: 한국 장로교출판사, 1995), 20-21.

고대 로마 신조의 라틴어 본문에 관련한 중요한 자료는 400년 경에 활약한 루피누스의 소논문입니다. 그는 아퀼레이아(Aquil-eia) 신조와 사도들 스스로 작성한 신앙의 표준으로 받아들인 로마교회의 신조를 비교했습니다.[6]

a. 고대 신조

a. 1. 사도신경

a. 1. 1. 사도신경의 작성 배경과 논쟁 내용

사도신경에 대하여 우리는 존 칼빈과 헤르만 바빙크를 통하여 세밀한 내용을 배우는 것이 바람직합니다.

---

6 이것은 『성서백과대사전 제7권』, 191에서 인용한 것을 재인용한 것임. 이 신조의 헬라어 본문은 약 340년경에 로마의 대주교 율리우스에게 보낸 앙키라의 마르켈루스(Marcellus of Ancyra)의 변증론에서 찾아 볼 수 있는데 이 헬라어의 본문의 번역문은 다음과 같다.
"나는 전능하신 하나님(루피누스는 전능하신 아버지라고 쓰고 있음)을 믿으며 그의 독생자 우리 주 예수 그리스도를 믿으니 이는 성령과 동정녀 마리아로 나시어 본디오 빌라도 치하에서 십자가에 달리고 묻히셨다가 제3일에 죽은 자들로부터 다시 살아나시어 하늘에 올라가 아버지의 오른편에 앉아 계시다가 거기서부터 산 자와 죽은 자들을 심판하러 오실 것이라. 나는 성령과 거룩한 교회와 죄의 사함과 육체의 부활과 영생을 믿노라(루피누스는 마지막 구절을 생략하고 있음)"

a. 1. 1. 1. 존 칼빈(John Calvin)

칼빈의 "기독교 강요(1536년 판)" 중에 사도신경은 주기도문이나 십계명에 버금가는 중요한 위치를 차지하고 있습니다. 성경에 사도신경이 없다 하여 무시할 수 없음을 칼빈은 밝히 보여 주고 있습니다. 사도신경에 관하여 기독교 강요 1559년 판까지 칼빈은 그 내용을 버리지 않고 있음을 볼 수가 있습니다. 한 걸음 더 나아가 1536년 판보다 넓은 범위에서 다루고 있습니다. 칼빈이 사도신경을 얼마나 커다란 가치로 보았으며, 성경과 그 내용이 얼마나 일치하고 있는지, 1559년 판 내용을 인용하여 살펴보고자 합니다.[7]

"사도신경은 우리가 받은 구속의 중요한 점들을 요약한다. 그리스도에 대하여 우리가 주의할 점들을 낱낱이 그리고 분명하게 제시하는 일람표의 역할을 하고 있다. 나는 신조라고 부르지만, 누가 만들었는지 하는 문제[8]는 전혀 생각하지 않는다." 고대의 저술가들은 사도신경의 저자가 사도들이었다는 데 상당하게 의견이 일치했습니다. 사도들이 공동 저작하여 발표했습니다. 그렇

---

7 John Calvin, *The Christianae Religionis Institutio (I)*, 김종흡외 4인, 『기독교 강요 上』 (서울: 생명의말씀사, 1990), 724. 이하 "기독교 강요 上"이라 칭함.

8 사도신경의 기록에 대한 전설이 있다고 한다. ① 예수님이 승천하신지 열흘 만에 사도들이 작성한 것이다〈이장식 편역, 『기독교 신조사』(서울: 컨콜디아사, 1987), 9〉 ② 암브로스는 12사도가 함께 모인 자리에서 서로 대화를 나누고, 각자가 한 구절씩 말함으로써 작성되었으리라고 확신하였다고 한다.〈Phlip Schaff, 『신조학』, 73.〉

지 않다면 사도들 각자가 수행한 가르침을 충실하게 모아 요약한 것으로 당연히 사도들의 이름을 붙일 만합니다.

신조가 어떻게 형성되었든 초대교회 즉, 사도 시대에 모든 사람이 사도신경을 공중 고백서로 인정한 것을 나는 조금도 의심하지 않습니다. 어느 한 사람이 개인적으로 작성한 것 같지 않습니다. 사람들의 기억에 아주 먼 옛날부터 확실하게 모든 경건한 사람들이 사도신경을 신성한 권위로 인정했습니다. 사도신경에 관하여는 논란의 소지가 전혀 없습니다. 사도신경은 우리가 가진 믿음의 내용 전체가 간결하고 질서 정연하게 요약되어 있습니다. 성경의 순전한 증거에서 보장을 받을 수 없는 단 하나도 포함되지 않았습니다. 그러므로 본 신조의 저작 문제로 타인과 논쟁하거나 불안을 느끼는 것은 무의미한 것입니다. 물론 성경의 증거를 확실하게 파악하면서도, 그것을 누가 말했다거나 기록한 것까지 알지 못하면 만족하지 않는 것과는 사뭇 다른 문제입니다.

사도신경과 기독교 강요의 관계에 대하여 김영규는, "칼빈에게 있어서 참된 신앙의 구성요소에 하나님에 대한 지식(Notitia)을 포함하고 있다. 즉 사도신경이 기독교 강요 전체 내용의 저변을 이루면서 '우리가 믿는다(Credimus), 나는 믿는다(Credo)'는 것을 하나님을 아는 것을 포함하는 것으로 해석했다고 볼 수 있다."고 제시하고 있습니다.[9]

이상으로 사도신경이 성경적으로 뒷받침 받고 있음을 칼빈이

---

9 김영규, 『기독교강요 강독1』(서울: 안양대학교신학대학원, 1999), 25.

일찍이 깨닫고 그 순서를 따라 기독교 강요를 집필했음을 알 수 있습니다.

a. 1. 1. 2. 헤르만 바빙크(Herman Bavinck)

바빙크는 사도신경이 믿는 그리스도인들을 하나 되게 하는 끈의 역할을 했다고 우리에게 밝히 알리고 있습니다.[10]

"사도신경은 가장 오래된 신조다. 그것은 사도들 자신들이 규정한 것은 아니지만 일찍이 2세기 초에도 존재했다. 그리고 그것은 그리스도 자신이 주신 삼위일체적인 세례 명령으로부터 발전되었습니다(마 28:19).[11] 근원에서는 우리가 지금 알고 있는 것보다 더 짧지만,[12] 기초형태는 같았습니다. 즉 그것은 기독교가

---

10 Herman Bavinck, *Magnalia Dei*, 김영규 역, 『하나님의 큰일』 (서울: 기독교문서선교회, 1984), 108.

11 마 28:19 "그러므로 너희는 가서 모든 족속으로 제자를 삼아 아버지와 아들과 성령의 이름으로 세례를 주고"

12 이장식의 글에 의하면 이와 관련된 다음과 같은 내용을 소개한다. "대체로 밝혀진 것은 2세기 말경에 로마에서 이 신조가 발전하고 있었던 흔적이 있다고 한다. 히폴리투스(Hippolytus)의 『사도전승』(Traditio Apostolica)에 질문형식의 사도신경에 원시 형태가 기록되어 있는데 이 책은 약 215년경에 쓰인 것이다. 그 내용은 다음과 같다. 당신은 모든 것을 주관하시는 하나님 아버지를 믿느냐? 당신은 하나님의 아들이시며, 동정녀 마리아에게서 성령에 의하여 나셨고, 본디오 빌라도에게 십자가에 달려서 죽으시고(그리고 장사 되어) 사흘 만에 죽은 자 가운데서 다시 살아 나셔서 하늘에 오르사 아버지 우편에 앉아 계시다가 산 자와 죽은 자를 심판하러 오실 예수 그리스도를 믿느냐? 당신은 성령과 거룩한 교회와(몸의 부활을) 믿느냐?" (이장식, 『기독교 신조사』, 9.)

의존하고 있는 그 큰 사실들의 짧은 요약이었고 그와 같이 계속해서 그것은 공동체적인 근원이 되어 왔고 모든 그리스도 왕국의 통일의 끊을 수 없는 줄이 되고 있습니다."

바빙크는 사도신경의 첫 번째 논쟁 주제가 "당신은 그리스도를 누구라 하느냐?"로 봅니다. 이 질문은 하나님 말씀에서 세상에 대하여 교회가 대답해야 할 물음이었습니다. 이것 자체가 그릇된 형태입니다. 그 예는 다음과 같습니다.[13]

"유대주의자들은 예수를 하나님 보내신 한 사람의 인간이다. 선지자적 영으로 영감 된 인간이다. 특별한 재능을 가지고 태어난 인간이다. 말이나 사역에 탁월한 능력 있는 인간이다. 하지만 그 외에는 하나의 인간에 불과한 것으로 인식한다. 그리고 이교도 중에는 예수를 신들의 아들이다. 하늘로부터 온 신 형체(Godsgestalte)이다. 구약의 천사처럼 잠깐 땅에 나타난 몸의 그림자로 보는 자들이 있다. 하지만 이 사람 중에 그 누구도 그를 육신을 입은 성부의 독생자로 고백하지 않았다(이단)."

이 이단들을 대항하여 교회는 성경에 합당한 주장을 해야만 했습니다. 그리스도는 참 육신으로 오신 동시에 하나님의 참된 독생자이십니다. 교회는 이단과 길고 긴 싸움 중에 신앙고백서들을 고백했습니다. 하나님의 독생자가 육체로 오심을 부인하는 어떤 교리도 받아들이지 아니하였습니다(요일 2:18,22; 4:2,3). 이처럼 그리스도의 교회는 성경이 증거 하는 본질과 핵심을 시종일

---

13 Herman Bavinck, 『하나님의 큰일』, 109-110.

관 주장했습니다. 성경적 교회가 신조를 작성하게 된 이유는 두
가지입니다. 하나는 성경 진리를 바르게 이해하고 고백하기 위함
입니다. 다른 하나는 이단에 대항하여 기독교의 근본 원리를 바
르게 가르치기 위함입니다.

사도신경이 요약하고 있는 성경의 사실들, 하나님의 삼위적 본
질과 그리스도의 인격, 그리스도 교회들 사이에 존재하는 통일점
이 있습니다. 이 통일점은 성경적 교회가 이단들을 대항하는 일
에 하나가 되게 했습니다.

a. 1. 2. 사도신경의 특징 및 영향

사도신경의 특징은 신조 가운데 가장 오래된 신조입니다. 그
내용이 매우 단순하고 간결합니다. 남녀노소 빈부귀천을 가리지
않고 어떤 수준에 있든지 어떤 예배이든지 다 만족을 줄 수 있습
니다. 그리고 매우 수준급에 있는 신학자들까지 공적 교리를 규
정하는데도 매우 적절합니다.[14]

여타 신조들의 기초 역할을 한 것이 사도신경입니다. 그 단적
인 예로 니케아 신조는 사도신경의 그리스도 신성 교리를 보다
분명하게 확대했습니다. 아타나시우스 신조는 사도신경의 삼위
일체와 그리스도의 품위 교리를 더욱 확대했습니다.[15]

---

14 Phlip Schaff, 『신조학』, 20.
15 위의 책, 20.

a. 1. 3. 사도신경에 대한 평가

사도신경은 성경 내용과 일치한다고 칼빈은 평가합니다. 사도신경은 믿음 내용의 요약이요 총체라고 평가합니다. 즉 사도신경에서 믿음의 본질을 배울 수 있다고 하였습니다.[16] 그리고 사도신경은 우리의 구속의 중요한 점들을 요약합니다. 그리스도에 대하여 우리가 주의할 일들을 똑똑하게 보여주는 일람표와 같습니다.[17]

영국에서 소요리 문답을 처음 출판할 때 핫지(A. A. Hodge)는 십계명과 주기도와 사도신경을 첨가했습니다. 그 이유에 대해서 "사도들이 작성했다거나, 성경의 일부분으로 여길 것은 아니지만 기독교 신앙의 요약이며 하나님의 말씀과 일치하며 그리스도의 고대 교회들이 받아들였기 때문이다."라고 설명을 첨부했습니다.[18]

이 외에도 많은 평가가 있습니다. 하지만 우리는 지금까지의 평가만으로도 사도신경이 초대 교회와 종교개혁 시대, 그 이후 개혁 교회에서 오늘까지 얼마나 중요한 위치인지 알 수가 있습니다.

---

16 John Calvin, *The Christianae Religionis Institutio*, 양낙흥 역, 『기독교 강요』(서울: 크리스챤 다이제스트, 1998), 114. 이하 "기독교 강요(초판)"이라 약칭함.

17 John Calvin, 『기독교 강요 上』, 724.

18 A. A. Hodge, *An Exposition of The Confession of Faith – Westminster Assembly of Divines*, 김종흡 역, 『웨스트민스터 신앙 고백해설』(서울: 크리스챤 다이제스트, 1998), 15.

a. 2. 니케아(Nicaea) 신조 - A.D. 325

a. 2. 1. 니케아 신조의 작성 배경 및 논쟁 내용

니케아 신조는 성경 진리를 바로 이해하고 고백하기 위하여 작성되었습니다. 그뿐만 아니라 이단에 대처하여 기독교 본질과 원리를 바르게 가르치기 위함입니다.

니케아 신조가 작성된 배경을 살펴본 이장식은[19] "아리우스가 예수 그리스도의 신성이 성부의 신성과 동일하지 않다는 생각에서 말씀 곧 성자는 지으신 일종의 피조물로서 시작이 있었고 따라서 한때 그는 계시지 않았던 적이 있었다고 말했는데, 이러한 사상은 하나님이 사람이 되었다는 성육신 신앙에 어긋나는 것임을 아타나시우스(Athanasius)가 지적하고 아리우스와 논쟁을 하게 된 까닭이다. 이 논쟁은 자유를 얻기 시작한 기독교의 통일과 평화를 위협하는 것이었으므로 콘스탄틴 황제는 325년에 세계교회 회의를 니케아(Nicaea)에 소집하여 이때까지 이론(異論)이 많았던 기독론의 교리를 확정하여 올바른 신앙고백을 제정할 것을 기도하였다."

아리우스는 그리스도가 하나님이요 하나님의 아들이라고 고백했습니다. 하지만 그리스도는 창조되었으며, 다른 피조물들과 같이 시작을 가진다고 주장합니다.[20]

---

19 이장식, 『기독교 신조사』, 11.
20 John Calvin, 『기독교 강요』, 122.

A.D. 2~3세기 아리안주의자들은 그리스도가 단지 초자연적 방식으로 낳은 사람이라고 주장합니다. 단지 그가 세례 요한에게 세례 받을 때 성령의 기름 부음을 받으므로 주로 높임을 받았다고 합니다. 그들은 그리스도의 선재하심과 신적 본성을 부인하는 자들 편에 섭니다.

칼빈은 아리우스의 주장을 교활한 것으로 평가하고 있습니다. 그리고 아타나시우스와 당시 교부의 주장과 맥락을 같이하였습니다. 그리스도는 아버지의 영원한 아들일 뿐만 아니라 아버지와 동일본질(Homoousios)이라 선포했습니다.

삼위일체 교리는 기독교의 핵심으로 자리매김하였습니다. 삼위일체는 유대교만 아니라 하나님의 단일성을 거부하는 이교로부터 원칙적으로 구별합니다. 아타나시우스는 삼위성을 주장합니다. 다시 말하여 삼위성은 그 성격상 온전히 신적입니다. 그 결과 삼위성은 영원합니다. 그러므로 성부, 성자, 성령은 영원부터 영원까지 계십니다.

삼위는 참으로 구별됩니다. 삼위는 한 전체의 세 부분이나 동일한 한 대상에 대한 세 이름이 아닙니다. 성부만이 성부이시고, 성자만이 성자이시며, 성령만이 성령이십니다. 아타나시우스는 삼위가 그 실체와 속성과 본질에서 같다 합니다. 삼위는 서로 안에서 존재합니다. 그리고 서로를 통하여 존재합니다. 삼위는 그 행위에 있어서 하나라 가르침으로 삼위의 통일성을 주장합니다.

a. 2. 2. 니케아 신조의 특징 및 영향

니케아 신조의 특징으로는, "니케아 신조에서 가장 문제가 되었고 또한 가장 중요한 부분이기도 한 아버지와 본질이 '동일'(Homoousios)하다는 표현입니다. 이 표현은 니케아 이후 계속되는 논쟁의 발단이 될 정도로 당시의 삼위일체 교리의 핵심적인 내용이었습니다. 왜냐하면 이 표현을 통해서 아리안주의 뿐만 아니라 당시에 '유이'(Homoiousios)를 주장하면서 중도적인 입장을 취하려고 했던 유이설자들도 배격되었기 때문입니다."[21] 니케아 신조의 다른 하나의 특징은, 아리안주의에 주는 저주문이 있었으나 훗날 이것이 생략된 것입니다.[22]

니케아 신조의 영향으로는,[23] "이 신조 이후로 삼위일체 교리에 새로운 의미가 부가되었습니다. 니케아 공의회는 하나님의 존재 내의 위격적 구별을 주장하였고, 성부와 성자(그리고 성령)가 하나님이심을 고백하였습니다. 그 이후로 삼위의 구별을 믿는 이가 하나님의 통일성(단일성)에 관한 진리를 무효로 하지 않도록 주의하여야만 하였습니다. 니케아 공의회 이전에는 주된 쟁점이 어떻게 통일성(단일성)으로부터 삼위성을 끌어내는가 하는 것이

---

21 신원균, "초대 교부시대의 삼위일체에 대한 고찰" (청교도신학회 소논문, 1999), 11. http://blog.naver.com/makesoul1/220921768851
22 Philp Schaff, 『신조학』, 40.
23 Herman Bavinck, *The Doctrine of God*, 이승구 역, 『개혁주의 신론』 (서울: 기독교문서선교회, 2015), 412.

없는데, 그 이후에는 그 반대의 쟁점[24]이 나타났습니다. 이제 삼위일체론은 그 나름의 독특하고 독자적인 가치와 신학적 중요성이 있게 된 것입니다."

a. 2. 3. 니케아 신조에 대한 평가

니케아 신조에 대하여 바빙크는 다음과 같이 평가하고 있습니다. "교회는 니케아 공의회(A.D. 325)에서 오리겐의 종속론을 거부하고 그리스도의 온전하고도 참된 신성을 고백하였습니다. 이 고백은 그 성격이 전적으로 종교적이었습니다. 즉, 그것은 기독교의 구원론적 원리를 드러낸 것입니다."[25] 그 외에 "서방 교회에서 추가한 조항이 없는 니케아 신조는 희랍교회에서 큰 권위를 인정받아 사도신경이 라틴교회나 프로테스탄트교회에서 차지하는 것과 버금가는 지위를 차지하고 있다"는 평가를 받고 있습니다.[26]

---

24 삼위 성으로부터 통일성을 끌어내는 것에 대한 잘못된 이해의 대표적인 인물은 사벨리우스(Sabellius)이다. "사벨리우스는 성부, 성자, 성령의 명칭은 거의 중요하지 않다고 하면서, 이 명칭들은 구별을 위해서 설정된 것이 아니라 하나님의 여러 속성을 나타내는 데 불과하며, 이러한 종류의 속성은 아주 많이 있다고 주장하였다. … 당시의 훌륭한 학자들은 이 사벨리우스의 사악함을 무너뜨리기 위해, 한 하나님 안에서의 세 특성의 존재가 참되게 인정되어야 한다고 소리 높여 주장하였다. 그리고 그들은 한 분 하나님 안에 삼위가 존재한다는 사실, 같은 말이지만 하나님의 단일성 안에 삼위가 계신다는 것을 진심으로 확언하였다." (John Calvin, 『기독교 강요 上』, 207-208.)

25 위의 책, 412.

26 Phlip schaff, 『신학학』, 28.

하지만 "니케아 신조는 '동일'이란 표현을 통해서 일체성에 대해서는 극복을 했지만, 이 하나의 본질에서 어떻게 삼위가 바로 주장되면서 또한 어떻게 서로 구별되는가에 대한 문제가 남게 되었다. … 다음으로는 성령에 대한 표현이 좀 더 구체적이지 못하다는 것이다. 왜냐하면 '성령을 믿습니다'라고만 되어있기에 어떤 방식의 구조를 가졌는지 전혀 설명되지 않기 때문이다. 결국 이런 단순성 때문에 후에 '성령 피조설'을 말하는 이단들이 발생하였고 이 영향은 콘스탄티노플 감독에게까지 영향을 주게 되었다"는 평가를 받습니다.[27]

a. 3. 니케아 – 콘스탄티노플(Constantinoplis) 신조– A.D. 381

a. 3. 1. 니케아–콘스탄티노플 신조의 작성배경 및 논쟁 내용

이 신조는 콘스탄티노플에 A.D. 318년 150명의 감독이 모인 에큐메니칼 공회에서 채택한 신조입니다. 하지만, 이 신조는 A.D. 451년의 칼케돈 에큐메니칼 회의에서 승인받았습니다.[28] 콘스탄티노플 신조의 작성 배경에 대해서 칼빈은 다음과 같이 이야기하고 있습니다. "아리우스가 일어났을 때 니케아 회의가 소집되었다. 회의는 그 권위로 저 불결한 사람의 악한 노력을 분쇄해서, 그가 흔들어 놓은 교회들의 평화를 회복하며 그의 모독

---

27 신원균, "초대 교부시대의 삼위일체에 대한 고찰", 11.
28 이장식, 『기독교 신조사』, 13.

적인 가르침을 물리치고, 그리스도의 영원한 신성을 주장했다. 그 후에 유노미우스와 마케도니우스가 새로운 소동을 일으켰을 때 콘스탄티노플 회의가 그들의 미친 생각에 대해서 대책을 강구 했다(작성 배경). …사탄이 흉계를 꾸밀 때마다 교회는 처음부터 이런 방법으로 단결을 유지하는 것이 통례였다."[29]

니케아와 칼케돈 신조는 네 가지의 중요한 차이점이 있습니다.[30] ① "성부의 본질에서"라는 문구가 생략된 것입니다. 뒤에 "성부와의 동일"이란 표현으로 충분한 것으로 보입니다. ② "신에게서 나온 신"이 삭제된 것입니다. 그 이후에 "참 하나님에게서 나온 참 하나님" "빛의 빛"이란 표현이 나오므로 성자의 신성을 표현하는데 전혀 문제 되지 않습니다. ③ 성령론이 많이 보완되었습니다. 즉 성령의 신성이 강조되었습니다. ④ "성부와 성자와 함께 예배와 영광을 받으시며"라는 표현을 통해서 삼위가 동질일 뿐 아니라 동등하심을 드러냅니다.

---

29 John Calvin, 『기독교 강요 上』, 212. 칼빈이 이단으로 지목한 마케도니우스는 콘스탄티노플 회의 당시 준 아리우스파였다. 그는 콘스탄티노플의 감독이었다. 유노미우스는 감독직에 있지는 않았지만, 부동일 본질론(不同一本質論)을 주장하였다. 즉 아버지와 아들은 같지 않다는 주장의 대표자였다.
30 차영배, 『개혁 교의학(삼위일체론)』(서울: 총신대학출판부, 1990), 143-144.

a. 3. 2. 니케아-콘스탄티노플 신조의 특징 및 영향[31]

이 신조는 "초대교회의 예배 의식에서 사용되어 세례 예식 때에 고백 되었고 또 성만찬 예식의 고백으로서도 6세기부터 사용되다가 칼케돈 공회 후에는 모든 신조 가운데서 가장 널리 사용되고 있습니다."[32]

a. 3. 3. 니케아-콘스탄티노플 신조에 대한 평가

콘스탄티노플 신조는 "동방교회의 형식으로 된 초기의 신조이지만 니케아 회의 시대의 상황을 정확하게 반영하고 있으며, 그리스도의 신성이나 성령에 관한 언급에서도 사도신경보다도 더 명확하고 자세하게 밝혀놓고 있습니다. … 동질(Coessential), 동등(Coequal), 창조 이전의 발생, 참 하나님, 발생하고 피조 되지 않으심 등과 같은 용어들은 동방교회가 반세기 이상 끌어오던 아리안 이단과 피나는 싸움 끝에 얻어낸 트로피였습니다."[33] 더욱 이 신조는 니케아 신조를 그대로 이어받고 있습니다. 가장 특이한 점은 성령에 대한 문제가 극복된 것입니다.

---

31 Phlip schaff, 『신조학』, 25-29에 소개된 니케아 신조, 콘스탄티노폴 신조, 라틴 신조의 구별에 대한 이해가 부족하여 앞으로 더 연구해야 될 과제로 남겨 놓는다.
32 이장식, 『기독교 신조사』, 13.
33 Phlip Schaff, 『신조학』, 24-25.

a. 4. 칼케돈(Chalcedon) 신조- A.D. 451

a. 4. 1. 칼케돈 신조의 작성 배경 및 논쟁 내용

니케아 신조와 콘스탄티노플 신조는 예수 그리스도가 성부와 동일한 신성임을 밝혔습니다. 하지만 예수 그리스도가 하나님이 시면서 동시에 완전한 사람임에 대하여 격론이 있었습니다. 한 존재 안에 신인 양성이 어떤 모양으로 연합되어 있느냐는 문제입니다. 이러한 기독론의 역사적인 논쟁을 일괄적으로 해결하기 위해 황제 테오도시우스 2세는 칼케돈에서 451년 제4차 세계교회 회의를 소집하였습니다.

루이스 벌코프(Louis Berkhof)는 칼케돈 신조의 가장 중요한 내용으로 다음과 같이 4가지입니다.[34] ① 신인 양성의 특수한 속성은 일위에 속한다. ② 신인의 고난은 무한할 수는 있지만, 그 신성은 감각되지 않는다. ③ 그리스도의 인격적 기초와 근거를 이루는 것은 인성이 아닌 신성이다. ④ 로고스는 어떤 특별한 인간 개체와 연합한 것이 아니고, 인성과 연합한 것이다.

a. 4. 2. 칼케돈 신조의 특징 및 영향

본 칼케돈 신조는 동방 교회들, 특별하게 발칸반도의 저속화

---

34 Louis Berkhof, *The History of Christian Docteines,* 신복윤 역, 『기독교 교리사』(서울: 성광문화사, 1998), 141-142.

된 기독교를 정화하기 위한 초석이 되었습니다. 753년 콘스탄티노플 공의회가 결의한 '성상 반대'[35]에 근본정신입니다.[36]

---

35 그 전문(全文)은 다음과 같다. (이장식, 『기독교 신조사』, 23-24.) "아무튼 그들이(성상옹호론자들) 묘사해서는 안 되는 그리스도의 신성을 묘사하려고 시도하는 것 때문에 비난을 받을 때 변명하는 말은 우리가 보았고 또 전승된 그리스도의 육신만을 나타내려는 것이다. 그러나 이런 변명은 네스토리안들의 오류이다. 왜냐하면 그리스도의 육신은 말씀이신 하나님의 육신, 즉 신성과 분리되지 않으며 신성으로 완전하게 성육하여서 전적으로 거룩하게 된 육신으로 생각해야 하기 때문이다. 그런데 그 육신이 어떻게 이제 와서 신성과 인성으로 분리될 수 있겠는가? 마찬가지로 성자로서의 하나님과 둔한 육신 사이에서 중보의 역할을 하는 그리스도의 인간 영혼도 또한 그러하다. (그리스도의) 인간 육신이 동시에 말씀이신 하나님의 육신이듯이 (그리스도의) 인간 영혼이 말씀이신 하나님의 영혼이어서 그의 영혼과 그 몸이 다 같이 동시에 신화하였고, 따라서 그가 자발적으로 고난을 받았을 때도 그의 신격은 분열되지 않았다. 그 까닭은 그리스도의 영혼이 있는 곳에는 그의 신격이 있고 그리스도의 몸이 있는 곳에도 그의 신격이 있기 때문이다. 그리하여 만일 그가 고난을 받았을 때 신성이 그의 영혼과 몸에서 분리될 수 없이 그대로 있었다면 어찌하여 어리석은 자들이 감히 그의 육신을 그의 신격에서 분리하는 모험을 하여 그 육신을 마치 단순한 한 인간의 형상처럼 제시하려 드는가? 그들은 그리스도의 육신을 그의 신격에서 분리해서 그것을 단순한 육신의 본질에, 또 그 육신 자체의 인격에 돌려서 그것을 형상으로 묘사함으로써 그들이 삼위일체에다가 제4의 위격을 도입하게 되기 때문에 그들은 불경의 깊은 심연으로 빠져들어 간다. 더구나 그들은 신격에 의하여 성육되어서 신화된 그 육신을 마치 신화되지 않은 것처럼 제시한다. 그리하여 그리스도의 형상을 만드는 사람은 누구든 간에 묘사될 수 없는 신격을 묘사하여 그리스도의 인간성과 혼동시키거나(단성론자들 처럼) 혹은 그리스도의 몸이 신화되지 않고 분리된 듯이 네스토리안처럼 제시하는 사람이 된다. 아무튼 그리스도의 인간성을 합당하게 용납할 수 있는 유일한 형상은 성만찬 예식에서 나오는 떡과 포도주뿐이다. 이 형상만이, 또 이 형식만이 그의 성육신을 제시하기 위하여 그가 선택하신 것이다."

36 이러한 형상에 관한 정신은 1563년에 하이델베르크 교수인 Zacharius Ursinus와 Caspar Olevianus에 의해서 작성된 하이델베르크 요리문답에서도 잘 언급되고 있음을 알 수 있다. "문 97. 우리는 어떤 형상이라도 만들어서는 안 된다는 것인가? 답. 하나님은 어떠한 모양을 가진 분으로 그려질 수 없으며 그려져서도 안 된다. 피조물은 그림으로 그려질 수 있으나, 하나님은 피조물을 섬기거나 하나님을 섬기는 목적으로 사용하기 위하여 피조물의 모양을 만들거나 그것과 비슷한 것을 만드는 것을 금하신다"〈김의환 편역, 『개혁주의 신앙고백집』(서울: 생명의 말씀사, 1991), 245.〉 또한, 웨스트민스터 신앙고백서

a. 4. 3. 칼케돈 신조에 대한 평가

루이스 벌코프는 칼케돈 신조의 큰 공헌과 아울러 아쉬움을 다음과 같이 말합니다. "양극단의 견해를 전부 정죄하고, 위격의 단일성(Unity)과 양성을 함께 주장했다."[37] "니케아 회의가 삼위일체 논쟁을 종결하지 못한 것처럼 칼케돈 회의도 기독론 논쟁의 종결을 짓지 못하였다."[38]

8장 2절은 칼케돈 신조를 요약해 놓은 듯하다. "삼위일체의 제2위이신 하나님의 아들은 참되시고 영원하신 하나님이셔서 성부와 한 본체이시며 동등이시나, 때가 차매 인성을 취하여 사람이 되셨다. 사람에 속하는 모든 본질적 요소와 공통적 연약을 함께 취하셨으되 죄는 없으셨으니, 그는 성령의 권능에 의하여 동정녀 마리아의 몸에 잉태되어 그 여인의 몸에서 태어났다. 그러므로 온전하고, 완전하고 판이한 두 본성 즉 신성과 인성이 변질, 합성, 혼동 없이 한 위에 분리될 수 없이 결합하였다. 이분은 참 하나님이시오, 참 사람이시며 한 그리스도요, 하나님과 사람 사이에 유일한 중보자가 되신다."(위의 책, 32.) "753년 콘스탄티노플 노회의 성상 금지 결의는 큰 충격을 서방교회에 주었고 성상을 안치하고 그 앞에서 경건생활을 실천하던 신자들을 자극하였다. 그리하여 이 문제의 해결을 위하여 제7차 에큐메니칼 공회를 787년 니케아에서 소집하여 753년의 콘스탄티노플 노회의 결의를 무효화하고 성상을 숭배 또는 예배할 수는 없지만 존경하며 절하며 입맞출 수 있음을 결의하였다. 동방 정교회와 로마 가톨릭 교회가 다같이 이 결의를 받아들였으나 그것은 잠정적이었고 815년에 동서양교회는 성상문제로 다시 분쟁에 들어갔다. 결국 서방 로마교회는 동방의 로마제국과 정치적으로 분열되었고 그 결과 서방 로마교회는 새로운 세력으로 등장한 프랭크 제국과 유대를 맺게끔 되었다" 한다. (이장식, 『기독교 신조사』, 25.)

37 Louis Berkohf, *Systematic Theology (II)*, 고영민 역, 『조직신학 下』(서울: 기독교문사, 1999), 535.

38 Louis Berkohf, 『기독교 교리사』, 142. 유티케스와 시릴 지지자들은 칼케돈 회의 이후 일성론자(Monophysites)로 불렸다. 그 이유는 연합 후에 그리스도의 성을 혼성적인 것으로 보기 때문이다. 결과적으로 이들은 그리스도의 구별된 이성(二性)을 부인하였다. (위의 책, 142.)

a. 5. 아타나시우스(Athanasios) 신조 - A.D. 420-450

a. 5. 1. 아타나시우스 신조의 작성 배경[39]

이 신조의 내용은 두 부분으로 되어있습니다. 제1부는 삼위일체론입니다. 본 신조는 사도신경이나 니케아 신조가 비교되지 않을 정도로 분명하게 아우구스티누스적인 삼위일체를 고백합니다. 그리고 삼위 사이에는 어떤 종속도 없습니다. 그 결과 본 신조에서는 특징적인 용어를 사용합니다. 삼위를 'Trinitas'로, 품성(인격)을 'Persona'로, 본질을 'Substantia'란 말로 표현합니다. 제2부는 기독론입니다. 당시의 이단인 아폴리나리우스와 네스토리우스와 유티케스 등을 반격합니다.[40]

a. 5. 2. 아타나시우스 신조의 특징

아타나시우스 신조는 "제4차 에큐메니칼 회의 때까지(325-451)의 교리적 결정들과 삼위일체와 성육신에 대한 어거스틴의 사상을 매우 분명하고도 자세하게 요약하고 있으며, 간결한 문장들은 기술적으로 배열되었고 리드미컬하게 표현되었다."[41]는

---

39 아타나시우스 신조가 작성될 때도 그릇된 교리를 주장하는 이단들이 있었다. 본 논문은 신조의 역사적인 면만 언급하기에 연구과제로 남긴다.

40 이장식, 『기독교 신조사』, 15.

41 Phlip Schaff, 『신조학』, 37.

것이 특징입니다.

a. 5. 3. 아타나시우스 신조에 대한 평가

필립 샤프(Philip Schaff)에 따르면 니케아 신조 외에 다른 어떤 신조를 작성하거나 출판하는 것을 엄격하게 규제하였지만 제3차, 제4차 세계 교회 회의는 아타나시우스가 "정통 교리의 아버지"란 전 세계적인 권위를 인정받은 것으로 평가합니다.[42]

b. 종교개혁 신조

b. 1. 제네바 교리교육서(The Catechism of Geneva) A.D. 1537-1541

b. 1. 1. 제네바 1, 2차 교리교육서의 역사적 배경

b. 1. 1. 1. 1차 교리교육서[43]

---

42 위의 책, 36.

43 본 신앙교리의 원명은 다음과 같다: 『제네바 교회가 사용하는 신앙교육 요강 및 신조』[Instruction et Confession de foy dont on use en Leglise de Geneve (1537). 이하 1차 교리교육서라 함]. 이것은 칼빈의 제1차 교리 교육서라고도 한다. 한글판은 다음과 같다: 〈John Calvin, *Les Catechismes de L'Eglise de Geneve*, 한인수 역, 『깔뱅의 요리문답』 (서울: 경건, 1995)〉.

초기 목회 사역부터 칼빈은 교리교육에 온 심혈을 기울였습니다. 그의 시편 주석 서문에 이런 기록이 있습니다. "나는 개종한지 1년이 지나기도 전에 더욱 순전한 교리에 대한 열망을 가진 사람들이 나 자신이 초보자였음에도 불구하고 내게 배우기 위해 계속 찾아오는 것을 보고 매우 놀랐다." 사실 그의 최대의 역작인 『기독교 강요』(1536)도 사실상, 이 문제 해결을 목적으로 저술하였습니다. 그러므로 기독교 강요는 변증의 성격을 강하게 가졌습니다. 그뿐 아니라 신앙교육서의 성격을 포함하고 있음을 알 수 있습니다. 실제로 가장 중요한 칼빈의 사역은 제네바에서 있었습니다. 칼빈은 1차 사역 시기(1537)와 2차 사역 시기(1542)에 교리 교육서를 만들어 실천적인 교육을 끊임없이 모색하였습니다.

먼저 1차 교리교육서는 루터의 『대요리 문답서』(Grosser Katechismus)를 모본으로 하고 있습니다. 내용은 『기독교 강요』(1536년 판)의 요약입니다. 칼빈은 제1차 교리교육서의 본래 제목에 신앙고백(Confession)이란 단어를 부여하였습니다. 다시 말해서 1차 교리교육서의 내용은 신앙고백에 따르는 것입니다. 누구든지 그리스도의 참 교회에 일원이 되려는 사람은 이를 공적으로 선서해야 합니다.[44]

b. 1. 1. 2. 2차 교리교육서[45]

---

44 위의 책, 12-13.
45 2차 교리교육서의 본래 명칭은 다음과 같다: [*Catechismus ecclesiae Genevensis*(라틴판): *Le Catechisme de L'Eglise de Geneve*(불어판).

이 교육서는 1차와는 크게 다릅니다. 목사와 어린이의 대화체로 구성되었습니다. 총 55과로 이루어졌습니다. 매 주일 1년 동안 교육하도록 하였습니다. 우리는 칼빈의 1~2차 교리 교육서를 통하여 그가 얼마나 교리교육을 중요시했는가를 알 수 있습니다. 더 나아가 개혁교회 안에 신앙 체계가 바르게 정립되기를 얼마나 고대했는가를 볼 수 있습니다.

이런 칼빈의 기대가 한 영국의 성주에게 보낸 편지에 잘 드러나 있습니다. "하나님의 교회는 교리교육이 없이 유지될 수 없다. 이것은 선한 씨앗이 죽지 않고 새로운 생명으로 자라는 것처럼 왕성하여지도록 하기 때문이다. 당신은 오랫동안 붕괴하지 아니하고 튼튼히 서 있는 집을 짓기를 원한다면 아이들이 아주 인상 깊게 이 신앙 교육서를 통하여 믿음으로 이끌어지도록 염려하고 돌보시오."[46]

b. 1. 2. 제네바 1, 2차 교리교육서의 교리적 특징

먼저 1차 교리교육서는 구조가 루터의 문답서와 같습니다. 즉 십계명에 이어 사도신경, 주기도문의 형식을 취하고 있습니다. 하지만 2차 교리교육서는 순서가 바뀌었습니다. 사도신경에 이어 십계명, 주기도문의 형식을 취합니다. 칼빈의 율법에 대한 중

이하 2차 교리교육서라 함].
46 [Eduard Seymour에게 보낸 편지 중에서, 1548. 10. 22 : 정일웅, "칼빈의 교리교육과 교육교회", 신학지남, 1990 봄호(223권), 73. 재인용].

요한 이해를 2차 교리 교육서에서 찾아볼 수 있습니다. 즉 사도신경의 뒤에 십계명을 위치시킵니다. 그러므로 율법이 단지 구원을 받기 위해 필요한 것이 아니라 구원받고 난 이후에도 지속해서 이루어야 할 삶의 규범으로 이해합니다. 특히 칼빈은 그리스도인의 삶에 규범으로서 율법의 정신을 그리스도인의 삶이 세워지기를 간절히 바랐음을 알 수 있습니다. 이런 칼빈의 깊은 고민은 이후의 개혁주의 신앙에 초석이 되기도 했습니다.

b. 2. 스코틀랜드 신앙고백서(The Scotch Confession) A.D. 1560

b. 2. 1. 스코틀랜드 신앙고백서의 역사적 배경

장로교의 역사에 있어서 스코틀랜드 개혁교회는 매우 중요한 자리를 차지하고 있습니다. 후대에 장로교 정치 기틀을 마련해 주었기 때문입니다. 스코틀랜드 신학자들은 웨스트민스터 총회에서 깊은 영향을 끼쳤습니다.[47] 또한, 이 정신은 계속해서 신앙고백서를 채택할 때 가장 많은 영향력으로 자리 잡고 있기에 그 중요성이 매우 큰 것입니다.

스코틀랜드 교회는 여왕 기이즈 메리(Mary of Guise)가 죽고 프랑스 군대가 철수하는 정치적, 종교적 혼란 속에 1560년 8월

---

[47] Alexander Henderson, Samuel Rutherford, George Gillespie, Robert Baillie.

1일 에딘버러에 모여서 회의를 하게 되었습니다.

이들은 교회 문제와 관련해서 교황제도를 추방할 것, 예배와 권징의 순수성을 회복할 것, 교회의 수입을 마련하여 경건한 목사를 후원할 것, 학문을 장려하고 가난한 자들을 구제하는 방식을 수립할 것 등 청원서를 제출하게 되었습니다. 이 청원서에 대한 첫 대안으로 신앙고백서를 제정할 것을 건의했습니다.[48]

존 녹스(J. Knox)와 그의 동역자 다섯 명이 이런 요구에 응답하여 작성하였습니다. 본 신앙고백서는 "일점일획도 오류가 없는 하나님의 말씀에 근간을 둔 교리"라는 매우 탁월한 것으로 평가되었습니다.

1572년에는 모든 목사가 이 고백서에 서명하도록 하였습니다. 1647년 웨스트민스터 신앙고백서가 채택되기 전까지 본 신앙고백서는 스코틀랜드 개혁교회의 중대한 표준 역할을 해왔습니다.

b. 2. 2. 스코틀랜드 신앙고백서의 교리적 독특성

1560년 스코틀랜드 의회에서 인준을 받은 스코틀랜드 신앙고백서는 25개 조항으로 구성되어 있습니다. 본 신앙고백서는 신론으로 시작하여 교회론과 성례론과 국가론으로 끝납니다. 영국, 프랑스, 스위스, 네덜란드에서 채택되었으며 개혁교회 신앙을 일목요연하게 요약하고 있습니다. 전체적인 성격은 칼빈주의

---

48 Philip Schaff, 『신조학』, 225.

가 두드러지고 예언자적 성격을 강하게 띠고 있습니다. 투쟁적이고 전투적입니다. 단순하고 간단명료하지만, 개혁교회의 입장을 잘 대변하고 있습니다.

b. 2. 3. 스코틀랜드 신앙고백서의 특징 및 영향

본 신앙고백서의 서문은 고백하는 자들로 순교의 각오를 하도록 요구하는 아주 강경한 자세를 엿볼 수 있습니다. 즉 당시 스코틀랜드 개혁교회의 신앙고백서는 교회의 존폐 앞에서 교회를 지키는 큰 울타리였습니다.

이처럼 신앙고백서를 통해 성경의 바른 의미를 회복할 때 교회의 순수성이 회복됩니다. 참된 신앙이 교회 안에 자리잡게 됩니다. 결국 본 신앙고백서가 채택되므로 교황의 사법권 행사와 미사 제도를 강력하게 배격하는 결과를 가져왔습니다. 더 나아가 로마 가톨릭을 지지하면서 개혁교회 배척을 위해 만든 기존 법령들의 파기를 가속했습니다. 이처럼 본 신앙고백서의 채택은 성경에 근거한 순결한 신앙과 교회 회복을 이루도록 하였습니다.[49]

---

49 위의 책, 226.

b. 3. 벨직 신앙고백서(The Belgic Confession) A.D. 1561

b. 3. 1. 벨직 신앙고백서의 역사적 배경

남부 네덜란드의 벨기에 지역에서 본 신앙고백이 작성되었습니다. 벨직 신앙고백서는 기도 드 브레(Guido de Bres) 한 사람이 작성하였습니다. 특히 네덜란드는 1618년에 도르트 총회를 개최하는 중요한 개혁교회의 요람이었기에 더 큰 관심을 끌고 있습니다.

여기서 우리는 매우 중요한 사실 하나를 발견합니다. 개혁교회 신앙고백서는 신앙고백을 표명하기 위하여 저항하는 일입니다. 하나님 말씀이 참 진리라는 말씀의 순수성을 지키고 신앙을 파괴하는 것에 강력하게 저항할 때 저항하는 방식으로 신앙고백을 표명하고 드러내었습니다.

b. 3. 2. 벨직 신앙고백서의 교리적 특징

본 신앙고백서의 특징 중의 하나는 프랑스 신앙고백서와 매우 유사한 구조로 되어 있습니다. 몇몇 중요한 교리적인 특징들을 살펴보려고 합니다.

b. 3. 2. 1. 성경론

성경론은 2~7장까지 많은 분량을 할애하고 있습니다. 이 가운데 특별하게 7장은 "유일무이한 신앙의 규범인 성경의 충족성"을 제시합니다. "우리는 성경이 하나님의 뜻을 충분히 내포하고 있음을 믿는다. 성경은 인간이 구원을 얻는데 필수적인 모든 것을 충분히 그 속에서 지니고 있음을 믿는다."

b. 3. 2. 2. 신론(삼위일체론)

신론은 1장, 8장, 9장, 10장, 11장에서 제시합니다. 본 장에서 삼위일체는 철저하게 성경적 신앙에서 이해해야 할 것을 못 박고 있습니다. 즉 8장에서 "우리는 진리 되신 하나님 말씀에 따라서, 성부, 성자, 성령을 믿는다."라고 고백하고 있습니다. 9장에서는 좀 더 구체적으로 "이 모든 것을 볼 때 신적인 본질에 있어서 한 분이신 세 인격이 있음을 분명히 알 수 있습니다. 또한 이 가르침이 모든 인간의 이해를 넘어선다고 할지라도 하나님의 말씀에 의하여 우리는 이것을 믿으며, 장차 이 온전한 가르침을 깨닫고 하늘나라에서 이로 인해 즐거워할 것을 믿는 바이다"라고 지적합니다.

b. 3. 2. 3. 교회론

교회론은 27장, 28장, 29장, 30장, 31장, 32장, 33장, 34장, 35장에 걸쳐 상당히 많은 분량을 차지합니다. 여기서는 교회의 본질이 무엇인가, 이루어야 할 행정 직무는 무엇인가, 교회의 직책으로서 목사와 장로와 집사가 제시됩니다. 이 중에서 29장은 "참 교회의 특징 및 거짓 교회와의 차이점"을 제시합니다. 어떤 교회가 참된 교회인가, 그 시금석으로 말씀과 성례와 권징이 제시됩니다.

b. 3. 2. 4. 국가관

먼저 본문 내용을 살펴보면 아래와 같습니다. "우리는 믿는다. 인간의 타락으로 말미암아 은혜로우신 하나님이 왕과 군주, 그리고 행정 장관을 세우셨음을 믿는다. 이는 특정한 법과 정책에 의해 세상이 다스려져서 인간의 방종이 억제되고 이루어지는 모든 일이 정한 질서와 순리에 따라 움직여지도록 하기 위함이다. 그들의 직무는 국가의 평안에 관심을 두고 이를 먼저 보호하는 것이다. 그뿐 아니라 신성한 직무를 잘 지켜나가 그리스도의 왕국을 이루도록 하는 것이다. 따라서 그들은 복음의 말씀이 언제 어디서나 전해지도록 격려해야 한다. 그 결과 누구나 주께서 명하신 대로 하나님을 경배하고 높이게 한다. 그리고 국가를 다스리는 자들에게 순종하는 것은 형편과 자격 또는 조건을 떠나 주어진 의무이다. 하나님의 말씀에 벗어나지 아니하는 매사에 그들을 존중하며 순종하고 높여야 한다."

b. 3. 3. 벨직 신앙고백서의 영향

본 신앙고백은 개혁 교회 안에서 크게 중요한 가치를 가지고 있습니다. 왜냐하면 본 신앙고백서는 엔트웹 회의(1566년)와 베셀 회의(1568년)에서 공식적으로 채택이 되었기 때문입니다. 더 공적으로 채택이 된 것은 엠덴 총회(1571년)와 전국 도르트 총회(1574년), 미델부르그 총회(1581)와 1618~1619년에 있었던 도르트 회의입니다. 이때 개혁교회의 중요한 신앙고백으로 하이델베르그 요리문답과 함께 채택되기도 하였습니다. 특히 도르트 총회는 이 신앙고백서를 개혁교회의 규범 교리의 하나로서 채택하였습니다. 그리고 전 교회의 책임자는 반드시 본 신앙고백서에 서명하도록 규정하였습니다.[50]

---

50 김의환, 『개혁주의 신앙고백집』, 175-176.

b. 4. 하이델베르크 교리문답(The Heidelberg Catechism) A.D. 1563.

b. 4. 1. 하이델베르크 교리문답의 역사적 배경.

하이델베르크 교리문답은 독일에서 만들어진 개혁주의 신앙고백서입니다. 독일은 이미 루터를 통해 종교개혁신앙을 받은 지역입니다. 하지만 하이델베르크 지역은 1540년에 새로운 신앙을 제안 받게 됐습니다. 멜랑히톤은 계속해서 프레데릭 2세에게 영향을 끼쳤습니다. 그 결과 하이델베르그에서는 루터와 칼빈의 신학을 조화하려는 시도가 있었습니다. 이런 영향으로 교리적인 기초로 루터의 아우구스부르그 신앙고백서가 제시되었습니다. 예배 의식은 쯔빙글리의 방식이 채용되었습니다.

그런데 '공제설'에 대한 입장 표명이 문제의 발단이었습니다. 각기 분파가 심하게 충돌하는 양상을 보였습니다. 바로 이런 혼란스러운 분위기 속에서 프레드릭 3세(Frederick Ⅲ)는 신학적 혼란을 제거하고 또한 후손들의 종교교육에 건전한 기초가 될 신앙교육서 제정 작업을 시작했습니다. 프레드릭 3세(Frederick Ⅲ)가 요리 문답의 작성을 우르시누스(Zacharius Ursinus) 하이델베르크 대학의 교수에게 명령하여 작성되었습니다.[51]

---

51 Philip Schaff, 『신조학』, 191-192.

b. 4. 2. 교리문답서 제정과 채택의 결과

이것은 1600년 국가 종교회의에서 교회의 통일된 교리 규범으로 채택되었습니다. 이것은 1618~1619년 도르트 회의 때에 중요한 개혁주의 신앙고백서로 인정받았습니다.[52]

본 신앙고백서의 가치는 성인이나 청소년의 종교교육 또는 교회의 통일된 신앙고백을 목적으로 작성되었습니다. 네덜란드 개혁파 교회에서는 이것을 주일 저녁 설교로도 사용하였습니다. 네덜란드의 개혁 교회와 라인강 하류 지방 그리고 헝가리, 폴란드, 체코, 개혁 교회가 1568년에서 1571년까지 이것을 사용했습니다. 이것은 1609년 미국에 나타난 최초의 개혁교회 신앙고백서입니다.

본 신앙고백서의 가치는 당시 성경적 신앙을 가진 사람들에게 단순한 교리가 아닙니다. 그들의 실천적인 삶의 현장에서 깊은 고백적 성격을 가지고 있습니다.

본 신앙고백서의 가장 중요한 작성 목적은 독일 내에 철저한 '성경적 요리 문답'을 세우는 것입니다.

b. 4. 3. 하이델베르크 교리문답의 교리적 특징

구조에 있어서 특별한 점은 사도신경과 십계명과 주기도문입

---

52 김의환, 『개혁주의 신앙고백집』, 209.

니다. 그리고 이어서 성례를 나누어서 설명합니다. 칼빈의 제네바 2차 교리문답서와 똑같은 순서로 제시하고 있습니다.[53]

칼빈이 제네바 2차 교리 교육서에서 천명하듯이 복음과 율법의 깊은 신학적 이해가 그대로 살아 있음을 발견합니다. 본 요리 문답서는 삶의 규범인 율법을 마지막 부분에서 다룹니다. 즉 십계명과 주기도문입니다.[54]

---

53 요리 문답의 질문 자체에 이런 구조가 이미 주어져 있다. "제2문 : 이러한 기쁜 위안 속에서 살고 죽기 위하여 당신이 알아야 할 것은 무엇입니까? 답 : 세 가지가 있습니다. 첫째 나의 죄와 그 비참함이 얼마나 심각하며 둘째 어떻게 그 죄와 비참함에서 벗어나며 셋째 어떻게 구원을 주신 하나님께 감사를 드릴 것인가 하는 일입니다."

54 Gruster 교수는 이러한 하이델베르크 요리문답의 구조를 아주 상세하게 설명해 주고 있다. 이러한 구조를 좀 더 이해하고자 하면 그의 『하이델베르크 요리문답에 나타난 기독교 신앙』중에 부록으로 첨가된 부록 15의 (감사와 십계명에 대한 제3부의 구조)를 참고하는 것이 좋을 것이다. 그는 본 신앙고백서 구조의 특별함을 다음과 같이 밝히고 있다 : "기독교적 감사의 삶의 규범과 규칙으로서의 율법의 제3기능은 대부분의 개혁주의 요리 문답과 신앙고백서들에서 인정되고 있으나, 하이델베르크 요리 문답의 저자들처럼 창조적인 방식으로 이 중요한 관점을 사용한 적은 없다." 또한 "제 92-115문답에 있는 율법의 제3의 용법에 따른 십계명 설명은 현대 삶의 많은 측면을 다루고 있는, 목사들로 하여금 하나님께 감사함으로 사는 삶의 모든 영역에 대한 하나님 나라의 이상을 증진시키는 귀중한 기회를 얻도록 한다"고 밝혔다〈F. A. Gruster, *A Mighty Comfort : The Christian Faith*, 이승구 역, 『하이델베르그 : 요리문답에 나타난 기독교 신앙』 (서울: 여수룬, 1993), 147.〉

b. 5. 제2스위스 신앙고백(The Second Helvetic Confession) A.D. 1566.

b. 5. 1. 제2스위스 신앙고백의 역사적 배경

블링거(Henry Bullinger) 한 사람에 의해서 작성된 것이 제2 스위스 신앙고백서입니다. 이것은 1562년 라틴어로 초본이 작성되었습니다.[55] 본 신앙고백서는 하이델베르크 요리 문답을 제외하고 가장 널리 인정을 받고 있습니다. 본 신앙고백서는 1566 년 아우구스부르크 회의 시 프레드릭 3세가 자신의 신앙적 입장을 주장하는데 절대적인 역할을 담당했습니다.[56] 본 신앙고백서는 철투 철미하게 사도의 신앙과 니케아 신조가 바탕입니다. 그리고 이단 사상들을 배제하고 380개 황제 칙령을 따르고 있습니다.

b. 5. 2. 제2스위스 신앙고백의 교리적 특징

본 신앙고백의 가장 뚜렷한 특징은 교회와 목회의 실제적인 문제를 소상하게 다루는 데 있습니다. 즉 구조적으로 크게 2부분으로 나눌 수 있습니다. 1~16장까지는 신학적인 문제를 다루고 있습니다. 17~30장까지는 교회와 성례 등 실제적인 문제를 취

---

55 Philip Schaff, 『신조학』, 128.
56 위의 책, 128-129.

급하고 있습니다.[57]

본 신앙고백서는 이단 사상에 대한 정립과 교회를 이단 사상으로부터 보호하고자 하는 목적을 잘 드러내고 있습니다.

b. 6. 도르트 신조(The Canons of Dort) A.D. 1619.

b. 6. 1. 도르트 회의 이전까지의 신학적 배경

1609년 휴전이 성립되었습니다. 그 이전, 신학 논쟁으로 인해 개혁교회는 큰 혼란을 겪었습니다. 문제의 발단은 야콥 알미니우스(Jacob Arminius, 1560-1609)의 가르침이었습니다. 그는 보편적 은총과 구원에 있어서 의지의 작용을 주장하였습니다. 그는 선택과 유기의 작정을 부인합니다. 원죄 교리를 약화했습니다. 알미니우스는 하이델베르크 요리문답과 벨직 신앙고백의 수정을 주장하였습니다. 이처럼 알미니우스와 개혁교회의 논쟁은 1609년 알미니우스가 사망함으로써 잠시 중단되었습니다. 실제로 교회 내에서 그의 추종자들은 자신들의 주장이 받아들여지도록 단호하게 싸웠습니다. 그들은 하이델베르크 교리문답과 벨직 신앙고백이 자신들의 주장을 따르도록 변경해야 한다고 청원했습니다.[58] 알미니안 신학은 개혁주의 입장에서 볼 때 펠라기안주

---

57 김영재, 『교회와 신앙고백』 (서울: 성광문화사, 1994), 148.
58 David N Steele, Curtis C. Thomas, *Five Points of Calvinism*, 『칼빈주의의 5대 강령』 (서울: 생명의 말씀사, 1990), 15.

의의 재현입니다.

b. 6. 2. 도르트 신조의 신학적 가치

도르트 총회는 개혁신앙의 입장을 명확하게 표현했습니다. 그 결과 비(非)개혁 신앙을 주장하던 자들은 당시 목회자가 목회할 수 없도록 파면하였습니다. 정치적인 입장을 명확하게 표현하였기에 국가 지도자들은 이들을 감금하는 체포령을 내리기도 했습니다. "도르트 신조"[59]는 프랑스를 제외한 모든 유럽 교회들이 정립한 신앙고백서입니다. 이 신조는 개혁주의 칼빈 총회의 결정체이며, 꽃이라 할 수 있습니다. 이 모임의 원인은 알미니안주의의 항변에 대해 답변을 하기 위함이었습니다. 그러나 신조의 내용은 복음의 본질 선포이며, 바른 구원관을 정립한 아주 중요한 교리입니다.

필립 샤프는 도르트 총회를 이렇게 평가하고 있습니다. "도르트 총회는 개혁교회의 역사 중에서 유일하게, 준(準) 세계교회의 총회의 성격을 가진 회의였다. 이런 점에서 보면 도르트 총회는

---

[59] 많은 신앙고백서들 – 아우구스부르크 신앙고백: 루터와 멜랑히톤, 하이델베르그 요리문답: 우르시누스와 올레비아누스, 스코틀랜드 고백서는 존 낙스외 5명, 영국 39개 신조는 1562년에 영국교회의 감독들이 준비했지만, '에드워드 6세의 42개조'를 수정한 것이다. 이 문서는 1551년 감독 리들리와 대주교 크랜머가 기초한 것이다. 이 문서는 지극히 개인적인 성격을 가지고 있다. 반면에, 도르트 신조와 웨스트민스터(영국과 스코틀랜드) 신조는 전체 회의적 성격을 갖추었다. 특히 도르트 신조는 더 나아가 국제적인 성격(프랑스를 제외한 유럽)을 띠고 있다.

신학자들의 모임이었던 웨스트민스터 총회보다 훨씬 더 중요한
의의가 있다. 왜냐하면 웨스트민스터 총회는 매우 중요한 교리적
표준문서들을 제정하긴 하였으나, 그 참석자들이 영국과 스코틀
랜드의 신학자들에 국한되어 있었기 때문이다. …학식이나 경건
함에서 사도시대 이후 어떠한 회의보다 뛰어났다."[60]

b. 6. 3. 도르트 신조의 교리적 독특성

도르트 신조의 내용은 4개 조항 아래 93개 항목으로 구성되었
습니다. 그중에 59개 항은 반항변파의 입장을 기술한 것입니다.
남은 34개 항은 항변파의 잘못을 지적한 것입니다.

b. 7. 웨스트민스터 신앙고백(The Westminster Confession) A.D. 1647.

b. 7. 1. 웨스트민스터 신앙고백의 특징

본 신앙고백서는 개혁주의 교회에서 매우 중요한 위치를 차지
하고 있습니다. 그 이유는 칼빈의 신학적 사상을 거의 완전하게
표현하고 있기 때문입니다. 그 결과 칼빈 주의적 성격의 신앙고
백서라 부릅니다. [61]

---

60 Philip Schaff, 『신조학』, 179-180.
61 김영규, "17세기 개혁신학", (서울: 안양대학교 신학대학원, 미발간논문,

대륙에서 엘리자베스 여왕 때 돌아온 개혁주의자들은 청교도 (Puritanism) 역사를 창출하였습니다. 이렇게 형성된 청교도들은 몇 가지의 요소들에 저항하였습니다. 영국 국교의 가톨릭적 요소와 국가주의와 민족주의입니다. 기존 영국 교회의 도덕적 탈선과 바르지 못한 교리, 교역자의 부도덕에 저항하였습니다. 더 나아가 순수한 개혁주의에 입각한 교회 정치와 정, 교 분리원칙 그리고 더욱 순수한 칼빈 신학을 수립하려고 하였습니다.[62]

본 신앙고백서는 이 같은 시대적인 상황 속에서 작성되었습니다. 그 작성 목적이 철저하게 개혁주의 신학에 바탕을 두어 작성이 되었습니다. 특히 당대에 주류를 이루고 있던 아르미니안 사상을 철저히 배격합니다. 그리고 바른 성경적 입장을 세우고자 했습니다.[63]

웨스트민스터 신앙고백서는 왕조와 분리된 의회가 명령을 통하여 작성되었습니다. 1643년 7월 1일 신학자 총회를 소집하여 1649년 2월 22일까지 총회가 이어졌습니다. 이 총회는 영국교

1996), 50. http://blog.daum.net/7gnak/15718136. 또한 웨스트민스터 신앙고백의 큰 특징은 Dort신조의 핵심적 내용들이 모두 포함되어 있는 것이다.

62 이형기 편역, 『세계 개혁교회의 신앙고백서』, 301.

63 A. A. Hodge, *The Confession of Faith*, (Pennsylvania: the Banner of Truth Trust, 1992), 8, 17. 아르미니우스 사상은 도르트 회의 이후에 지속적으로 영향을 끼쳤다. A.A. Hodge는 당시 왕실파가 칼빈 사상을 버리고 이 사상을 받아들였다고 하였다. 또한 당대의 주된 세력으로 등장한 로마 가톨릭 신앙 표준서들의 신학적 입장이 아르미니우스 사상이라 지적한다.

회가 하나님의 말씀에 기초하여 의식과 권징과 정치를 할 수 있도록 하였습니다. 대륙의 개혁 교회나 스코틀랜드 교회와 일치하도록 보다 완전한 개혁을 단행하라는 명령이 내려졌습니다.[64]

이뿐 아니라 요리 문답이 매우 중요합니다. 주로 성인과 목사의 교리교육과 설교에 도움을 주기 위하여 대요리 문답이[65] 작성되었습니다. 특히 각 조항이 자세하게 주석하고 있어서 그 가치가 매우 큽니다. 대요리 문답의 주제를 간략하게 정리하여 아이들의 교육용으로 소요리 문답이 작성되었습니다.

---

64 J. L. Carson/ D. W. Hall [eds], To Glorify and Enjoy God. A Commemoration of the 350th Anniversary of the Westminster Assembly, (Edinburgh: Banner of Truth 1994), vii. 다음은 구체적인 회의 일정이다. 1643. 6. 12. 회의소집법령이 최종적으로 의회에서 통과됨. 1643. 7. 1. 회의가 웨스트민스터 교회에서 모임. 1643. 9. 25. 의회와 회의가 정식으로 "엄숙한 동맹과 계약"(Solemn League and Covenant)에 서명함. 1644. 8. 20. 신앙고백서 작성 위한 위원회 임명. 1644. 12. 11. 회의가 교회정치양식의 최종자료를 의회에 보냄. 1645. 1.4. 공예배를 위한 지침서 (Directory of Publich Worship)를 의회가 인정함. 1646. 12. 4. 신앙고백서가 완성되어 의회에 제출됨. 1647. 4. 29. 신앙고백서의 성경인증이 의회에 제출됨. 1647. 8. 27. 신앙고백서가 스코틀랜드 교회의 총회에서 인정 받음. 1647. 10. 22. 의회에 대요리문답서를 제출함. 1647. 11. 25. 소요리문답서가 의회에 제출됨. 1648. 4. 14. 요리문답서들이 최종적으로 의회에 제출됨. 1649. 1. 30. 찰스 1세 처형함. 1649. 2. 22. 회의가 최종적으로 공식 집회함. 1652. 3. 25. 회의 해산함.

65 Philip. Schaff, 『신조학』, 269. 이 작업에는 캠브리지 대학의 부총장이요 신학교수 Dr. Anthony Tuckney의 공로가 컸다. 이 대요리 문답은 다른 어떤 요리문답도 따르기 어려운 요리 문답적 기술을 발휘한 역작으로, 신학의 전 체계를 대중적인 형식으로 표현해 놓은 것이 큰 특징이다. 여기에 관련된 발표된 논문은 다음의 것이 있다. 〈오덕교, "웨스트민스터 총회에서의 안소니 터크니의 역할과 대, 소요리 문답 작성에 미친 그의 영향", 신학정론, 1987(5월)〉. 그는 여기서 터크니의 입장과 영향을 잘 소개해 주고 있다.

b. 7. 3. 웨스트민스터 신앙고백서의 교리적 특징

본 신앙고백서의 주된 특징은 전체가 조직신학 체계를 가진 것
입니다. 많은 개혁주의 신앙고백서들이 있지만, 성경 전체의 주
제를 체계화시킨 본 신앙고백서 같은 고백서는 드뭅니다. 그러
므로 본 신앙고백서를 체계적으로 학습하고 정리하면 성경 전체
를 이해하는 데 큰 도움을 얻게 됩니다.

/ 4장 /

사도신경 연구

a. 신앙고백의 필요성

독립적이던 교회들이 하나의 공동체로 묶이게 되면서 주교(Bishop)들의 권한이 대폭 강화되었고, 공인된 신약성경이 출현했으며, 신조가 형성되었습니다.

독일의 호이시(Heussi)는 다음과 같이 요약했습니다. "50년경에는 세례와 성령을 받고, 예수를 주라 부르심으로써 교인일 수 있었으나, 180년경에는 신조(신경)와 신약성경의 정경과 주교의 권위를 인정함으로써만 교인이 될 수 있었습니다."[1]

즉 사도적 근거 위에 선 교회의 중요성이 크게 주목받음과 주교직의 권한과 더불어 영지주의 위기를 거치면서 서방에 신조의 형성에 괄목할 만한 발전이 있게 되었습니다.

---

1 Williston Walker, *A History of the Christian Church*, 강근환 외 3인 공역, 『세계 기독교회사』(서울: 대한기독교서회, 1998), 69.

특히 세례는 이 신조가 공적 성격을 띠게 되는 것과 큰 관련이 있습니다. 처음에는 세례식에서의 고백이 "예수는 주(Lord)이십니다."와 같은 아주 간략한 것이었지만 로마의 히폴리투스(Hippolytus, 170-235) 시대에 이르러 신조는 확대되었습니다. 히폴리투스가 쓴 『사도적 전승』(Traditio apostolica)에 따르면 수세자는 다음과 같은 삼중 질문을 받았습니다. "당신은 전능하신 아버지 하나님을 믿습니까?", "당신은 예수 그리스도를 믿습니까?", "당신은 성령을 믿습니까?" 이 세 가지 질문이 던져지고 이를 확인한 후에라야 물 속에 들여보냈습니다.[2]

때때로 그때그때의 이단들을 막아내기 위한 첨가 구절이 이 문답에 덧붙여지곤 했습니다. 그리고 문답형의 신조들은 점차로 "내가 믿사오니"라는 우리에게 낯익은 구절로 시작되는 선언 형으로 바뀌어 갔습니다. 지금 우리가 잘 알고 있는 사도신경은 원래 로마식의 문답형 신조였습니다. 그 기원은 400년경 지금과 같은 형태와 비슷하게 발전하다가 8세기에 이르러 최종적인 형태를 보이게 되었습니다.[3]

이처럼 의도된 신조의 목적과 용도의 내용으로 다음과 같이 요약할 수 있습니다.[4]

---

2 Hippolytus, *Traditio Apostolica*, 이형우 역, 『사도전승』(서울:분도출판사, 2014), 53-55. *Sancti Thomae de Aquino, Sancti Thomae de Aquino Expositio in Symbolum Apostolorum*, 손은실 역, 『토마스 아퀴나스 사도신경 강해설교』(서울:새물결플러스, 2015), 264.
3 Williston Walker, 『세계 기독교회사』, 71.
4 정인찬 편, 『성경 대 백과사전 제7권』, 189-190.

a. 1. 요리 문답으로서

신조는 입교 지망자를 교육할 목적으로 고안되었습니다. 세례를 받고 싶다고 하여 다 받는 것도 다 주는 것도 아닙니다. 세례는 예수님을 구주로 믿어야 하고 적어도 기독교의 핵심 진리를 믿어야만 받을 수 있습니다. 따라서 그들이 믿어야 할 핵심 진리를 가르쳐주기 위해 사도신경이 필요했습니다. 세례 받을 때 세례 지원자는 신앙고백에 대답해야 했습니다.

루피누스에 의하면 로마교회에서는 "세례의 은혜를 받으려는 사람들이 공중 앞에서 신조를 낭송해야 하는 고대의 풍속이 널리 행하여졌습니다. 즉 세례 지원자들은 그 자신의 신앙심에 관하여 회중이 들을 수 있도록 신조를 낭송했으며, 그들보다 앞서 신앙을 갖게 된 자들의 신조에 어떤 종류의 말을 덧붙이는 것도 용납하지 않았습니다."[5]

a. 2. 입교의 증거로서

신조는 교회의 회원으로서 자격을 가름하는 시금석이었습니다. 이것은 그의 신원을 확증하는 표시입니다. 심볼이라는 개념과 깊은 관련이 있습니다. 고대에는 이웃사람을 먼 곳에 있는 친구에게 보낼 때 굴 껍질을 취해 그것을 두 조각으로 자른 다음,

---

5 De fide et symbolo 3.

그 중 한 조각을 친구에게 전송하고 한 조각은 이웃사람에게 주는 것이 풍습이었는데, 이 이웃사람이 목적지에 도착했을 때 그는 자신의 신원을 확인시키는 표시로서 그가 지니고 간 조각을 내 보였습니다. 이때 두 조각이 맞으면 그의 신원이 입증되는 것이었습니다. 텟세라(Tessera)라는 패도 비슷한 용도로 사용되었는데 요한계시록 2장 17절의 흰 돌도 역시 이러한 역할을 했던 것으로 추정합니다.

초대 교회에서는 신조의 낭독이 그 자신의 신원을 입증하는 표시로서 더 자주 사용되었습니다. 사도신경은 4세기에 처음 등장한 이후로 그리스도인들의 예배에서 줄곧 암송되어 왔습니다. 누구든지 참 신자가 되려면 사도신경을 믿어야 하고 바로 그런 이유로 많은 사람은 사도신경이 기독교의 일치를 위한 기본 토대라고 말합니다. 사도신경은 우리 모두를 하나로 묶는 기독교의 핵심입니다.[6]

사도신경은 우리의 신앙을 고백하며 선포하는 고백문입니다. 그래서 우리는 모여 예배를 드릴 때마다 가장 먼저 사도신경을 고백하는 것으로 예배를 시작합니다. 사도신경이 중요한 까닭은 하나님의 백성인 우리가 과연 무엇을 믿는지 고백을 통해 분명하고 명확하게 알기 때문입니다.[7] 예수 그리스도를 주로 믿고 따르는 모든 교회는 바로 사도신경에 나와 있는 내용을 자신의 신앙고백

---

6 Albert Mohler Jr, *The Apostles' Creed*, 조계광 역, 『오늘 나에게 왜 사도신경인가?』 (서울: 생명의말씀사, 2019), 10.
7 김승욱, 『나는 믿습니다』 (서울: 규장, 2015), 13.

으로 삼고 있습니다. 믿음은 막연한 것이 아닙니다. 성경은 분명히 "하나님의 아들을 믿는 것과 아는 일에 하나가 되어"(엡 4:13)라고 권면합니다. 믿음의 내용을 알아야 합니다. 그래야 믿음을 굳건하게 세울 수 있습니다.

a. 3. 교리의 기준으로서

한 위대한 교회 사학자가 말한 대로 교리는 '교회가 하나님의 말씀에 근거해 믿고 가르치고 고백한 것'을 의미합니다.[8] 교리 없는 기독교는 그리스도의 말씀과 크게 상충합니다. 또한, 교리 없는 기독교는 그리스도께서 사도들에게 명령하신 일과도 충돌을 일으킵니다. 믿고 가르치고 예배하는 교회라면 어느 교회든 교리가 있게 마련입니다.

교회가 가지고 있는 진리를 표명하는 게 간단하면서도 명료한 진술이 신조입니다. 사도신경은 시대를 초월한 기독교 신앙의 정수입니다. 사도신경이 곧 기독교입니다. 이것은 그리스도인들이 믿는 것 곧 모든 그리스도인이 믿는 것입니다. 사도신경은 시간과 공간의 경계를 초월해 거룩하고 사도적인 하나의 믿음으로 모든 참 신자를 연합시킵니다. 이 신조는 성경이 가르치는 것을 간결하게 요약하고 하나님의 구원적 사랑을 일목요연하게 진술하며 기독교의 핵심을 간단하게 압축합니다. 모든 그리스도인은

---

8 Jaroslav Pelikan, *The Emergence of the Catholic Tradigion* (Chicago: Chicago University Press, 1971), 1.

사도신경에 진술된 내용보다 더 많은 것을 믿습니다. 그보다 더 적은 것을 믿는 사람은 아무도 없습니다. 사도신경은 잘 알려진 기독교 신앙을 요약하고 있습니다. 우리는 개인이나 집단 차원에서 이것을 암송할 필요가 있습니다. 동료 신자들과 함께 사도신경을 규칙적으로 암송하면 '내가 믿사오니'라는 가장 깊은 고백의 말을 시작으로 우리의 신앙을 실질적으로 나타낼 수 있을 뿐 아니라 대대로 이어진 신자들의 대열에 동참할 수 있습니다.[9] 또한, 사도신경은 오류를 판가름하는 표준입니다. 사실 신조는 각자의 신앙을 표현하는 선언만이 아닙니다. 이단 사설을 변증하기 위한 것이었습니다. 그릇된 교리가 널리 퍼졌을 때 신조는 교회가 가진 참 진리를 표명하는 결정적 요소였습니다. 초대교회에는 많은 이단들이 나타났습니다. 그래서 이단과 바른 진리를 가진 교회를 구별하기 위해 사도신경이 필요했습니다.[10]

빈들리(Bindley)는 "교회의 진리는 의심할 바 없이 처음부터 견지되어 오고 있었지만, 이 진리는 말로서 표현되기보다는 오히려 기독교인의 의식 속에 잠재해 있었다. 그러다가 이 진리를 부인하는 이단이 등장하자, 교회가 자신의 신앙을 깊이 생각하게 되었고, 그 신앙을 조리 있는 말로서 표현하도록 했다."라고 했습니다.[11]

---

9 Albert Mohler Jr. 『오늘 나에게 왜 사도신경인가?』, 14.
10 손봉호, 『사도신경 강해설교』, (서울: 한국성서유니온, 1982), 10-11.
11 O. C. Quick, *Doctrines of the Creed*, 1938, 1.

a. 4. 예전으로서

실제적인 교회의 예배 의식으로서 신조가 구체적으로 표현되었습니다. 예배의 중요한 요소 중 하나는 나의 신앙을 고백하는 것인데, 사도신경은 우리가 믿는 신앙의 진리를 하나님께 고백하기 위해 만들어졌습니다.[12]

본래 신조는 세례식에 속해 있던 것인데 성찬식에 포함되었습니다. 11세기쯤 로마에서 니케아 신조가 성찬 의식에 삽입되었지만, 그 이전에 로마 이외의 어디에선가 삽입되었을 것으로 보입니다. 니케아 신조는 동방교회에서는 이미 그 관례가 존재해 있었지만, 서방교회에서는 스페인 교회에서 처음 소개되었습니다. 유스티누스파 사람들은 586년에 그것을 합법화했습니다. 고대 고올(Gaul)교회는 세례 예배 시 마지막 순서에 노래로서 이 신조를 함께 부르고, 로마교회도 동일했습니다. 사도신경은 영국 국교 수도회에서 처음 인정되었습니다. 하지만 서방교회가 예배 의식으로 사용한 년도는 확실하지 않습니다.

고대의 그리스도인들은 이 신조를 존중했고 순교자들은 이 신조를 암송했습니다. 종교개혁자들도 예배를 드리거나 신자들을 가르칠 때 사도신경을 활용했습니다. 홀로 혹은 공동체가 예배를 드리며 사도신경을 고백한다는 것은 초기 그리스도인들 특히 순교자들에게 죽음을 두려워하지 않는 용기와 희망을 주었던 바

---

12 J. D. Douglas(ed), *The New Bible Dictionary* (Grand Rapids: Wm. B. Eerdmans Publishing Co., 1978), 274.

로 그 언어로 기독교 신앙의 진리를 선언한다는 의미입니다.[13]

예배에 참여하는 사람들은 기본적으로 사도신경을 고백하여 세례를 받은 이들입니다. 또한, 세례를 아직 받지 않은 사람들도 앞으로 사도신경을 통해 세례를 받아야 합니다. 그러니 사도신경은 자동으로 오늘날처럼 공예배 시간에 신앙고백으로 정착되었습니다. 사도신경은 예배의 한 순서가 되었습니다.[14]

a. 5. 신앙 체험으로서

신조는 개인적인 신앙고백입니다. 동시에 기독교인의 체험을 반영합니다. 그 경험에 실제적인 도움을 줍니다.

쿨만(Cullmann)은 역대에 선언된 신조들이 현재 시제로 되어 있으므로 은혜의 현재성을 주장합니다.[15] 계속된 현재성이 전통적 신조의 실존적 성질에 이바지합니다. 그뿐 아니라 신앙체험을 요구하거나 불러일으킵니다.

교회는 하나님 앞에서 필연적으로 신앙고백을 해야 합니다. 또한 그 신앙이 변질하거나 희석되지 않도록 계속하여 지켜야 합

---

13 Albert Mohler Jr. 『오늘 나에게 왜 사도신경인가?』, 14-15.
14 손재익, 『(사도신경) 12문장에 담긴 기독교 신앙』(서울: 디다스코, 2017), 30.
15 기독교 신앙은 단순히 과거에 대한 긍정으로 축소될 수는 없다. 만약 그렇게 본다면 그런 견해는 직선적 시간이라는 성경적 개념을 손상시킨 역사주의의 오류에로 빠지게 될 것이다. 기독교 신앙은 단순히 미래에 대한 긍정으로 축소될 수도 없다. 이러한 견해는 성경적 종말론과는 대조적으로 희망과 신앙을 구별하는 경향이 있는 하나의 묵시적 신앙으로 빠지게 될 것이다. 기독교는 철저히 기독론적인 구원계획에 있어서 은혜의 시간으로서의 현재를 우선적으로 중요시한다는 점에서 그 자신의 기원에 충실하다. O. C. Quick, 64.

니다. 성도는 신앙고백을 생명 걸고 고백합니다. 교회는 신앙을 고백한 자들로 구성됨을 알 수 있습니다. 이렇게 볼 때 신조 또는 신앙고백의 중요성은 아무리 강조해도 지나치지 않습니다.

그러므로 신앙고백에는 특별한 권위가 부여됐습니다. 구원을 위한 필수 불가결한 것으로 여겨왔고 교회는 귀중하게 보존됐습니다. 이처럼 신앙고백은 하나님 말씀에 대한 고백의 성격이 있습니다. 교회적으로는 교회를 보호하는 목적으로 반드시 신앙고백이 필요하게 되었습니다.

사도신경은 단지 기독교의 교리 요약에 머무르는 것만이 아니라 이를 통해 성경을 이해하는 길잡이가 됩니다. 사도신경의 모든 단어와 구절은 성경으로부터 유래된 것입니다. 우리의 믿음의 정수인 사도신경을 통해 우리가 성경을 올바로 이해하게 될 때, 비로소 진정한 의미에서 성경을 벗 삼는 신실한 신자를 기대할 수 있습니다.

종교개혁자 칼빈이 『기독교 강요』를 쓰게 된 이유도 신자들에게 성경을 잘 이해할 수 있는 안내자가 필요함을 느꼈기 때문입니다. 그런데 칼빈 자신이 성경을 신자들에게 효과적으로 소개해 주기 위해 선택한 도구가 바로 사도신경입니다.[16] 그의 『기독교 강요』는 사도신경의 순서를 그대로 따르면서 성부, 성자, 성령 그리고 교회를 다루었습니다.[17] 종교개혁자 마틴 루터는 "사도신

---

16 정홍열, 『사도신경 연구』, 7.

17 Michael Scott Horton, *We believe: recoverring the essentials of the Apostles' Creed*, 윤석인 역, 『(사도신경의 렌즈를 통해서 보는) 기독교의 핵

경은 초대교부가 고안한 것이 아닌 사도들이 전해준 성경의 가르침을 가장 탁월하게 요약한 것이다. 이것은 마치 꿀벌들이 모든 아름다운 꽃에서 꿀을 모아 놓은 것과 같다."[18]라고 했습니다.

이처럼 신조는 성경의 교훈을 요약해 주고, 또한 성경의 올바른 이해에 도움을 주며, 성경을 가르치는 자들을 하나로 묶어 주어 교회의 일치에 가장 큰 역할을 담당해 왔습니다.[19] 사도신경이 영혼 깊숙한 곳에서 솟구치는 고백으로 터져 나올 때 배교적 시대에서도 흔들리지 않는 신자로 우뚝 세워질 수 있습니다.

a. 6. 나이와 교육 수준을 초월하여 의미와 가치 전달

A.D. 30년경 예수께서 십자가에 죽으시고 부활하시고 승천하셨습니다. 그리고 최초의 복음서인 마가복음이 60년 후반에 기록되었습니다. 예수의 승천 이후 약 40년 가깝게 복음서는 존재

심』(서울: 부흥과 개혁사, 2005), 22.

18 박성규, 『사도신경이 알고 싶다』, 13.

19 P. Schaff, 『신조학』, 12-13. A. A. Hodge, 『웨스트민스터 신앙 고백해설』, 13. K. Reed, "성경적 교회 치리(Scriptural Church Government)" 제4장: 고백적 기준을 통한 치리(Government with Confessional Standards), 미간논문, 1997, p. 12. "신경들은 또한 교회의 가르치는 사역의 산물이다. 그것은 성경의 역할을 강탈하는 것이 아니다. 오직 성경만이 믿음의 오류 없는 규율이며 실행이다. 그러나 많은 분파들이 성경의 권위를 따른다고 주장하기 때문에, 하나의 신경은 그것이 특정 교회가 성경을 어떻게 이해하는가를 드러내 주기 때문에 매우 가치 있는 것이다. 신경들은 교회를 위해 요약된 공개적 형태로써 진리를 진술할 수 있도록 수단을 제공한다. 이러한 측면에서 고백은 복음의 진리를 선포함으로써 하나님의 말씀에 대한 증언자로서의 교회 역할을 충실하게 돕는다."

하지 않았습니다. 그 사이에 태어난 세대는 예수를 본 적이 없습니다. 부모는 신앙의 핵심을 말로 전달했습니다. 결국, 세대가 계속 이어지면서 신앙의 핵심을 기록한 문서의 필요성은 보다 커졌습니다.

우리는 우리의 상상으로 빚어낸 그리스도가 아닌 성경이 가르치는 그리스도 곧 참된 그리스도인들이 대대로 믿었던 그리스도를 믿습니다. 더 나아가 그리스도만을 믿는 데 그치지 않고 그분의 제자들에게 가르치신 모든 진리를 믿습니다. 신약성경을 읽으면 그리스도께서 사도들에게 전하신 믿음을 발견할 수 있습니다. 신약성경은 "성도에게 단번에 주신 믿음의 도"(유 1:3)를 참된 기독교로 간주합니다. 참된 기독교는 진리 곧 교회에 단번에 주어졌고 신자들이 대대로 소중하게 간직해온 교리들을 믿는 신앙에 근거합니다. 이것은 모든 그리스도인이 2000년 동안 똑같은 핵심 교리를 믿어온 이유를 잘 설명해줍니다. 우리도 똑같은 믿음을 다음 세대에게 물려주어야 합니다. 그러려면 먼저 성경을 살피고 또 기독교 신앙을 역사적으로 충실하게 요약한 신조, 보편적으로 존중된 신조인 사도신경을 살펴봐야 합니다.[20]

사도신경은 그리스도인들이 믿는 바를 간단하면서도 명료하게 진술하고 있습니다. 따라서 사도신경은 시대를 넘어서고 나이와 교육 수준을 넘어서 어느 곳에서나 누구에게나 의미와 가치를 전달해 줄 수 있는 기독교 신앙의 가장 기초적인 신앙고백입니다.

---

20 Albert Mohler Jr.『오늘 나에게 왜 사도신경인가?』, 15-17.

사도신경은 사도들이 작성한 것은 아니지만 그리스도께서 그들에게 가르치신 믿음을 표현하고 요약하려는 초기 교회의 노력을 반영합니다. 초기 그리스도인들은 사도신경을 신앙의 규칙이라 일컬으며 예배를 드리거나 충실한 신자들을 가르칠 때마다 사도신경을 활용했습니다. 우리의 소중한 자녀들에게 신앙의 유산을 물려줄 때, 중요한 기독교의 핵심 진리를 가르쳐 주기 위해 사도신경이 필요합니다.

b. 사도신경의 명칭

로마 가톨릭 교회의 전설에 의하면 사도신경은 A.D. 55년에 12 사도가 예루살렘에 모여서 기독교의 요약을 마련하기 위해 성령님의 영감으로 베드로가 처음 한 구절을 기록하자 차례차례 한 구절씩 더하여 오늘의 사도신경을 완성했다[21]는 주장이 중세기까지 전해져 내려왔습니다.[22]

---

21 이병철 편, 『주제별 성서대전 제7권』 (서울: 기독교 장안문화사, 1987), 105.

22 J. M. Lochmann, *Das Glaubensbekenntnis*, 오영석 역, 『사도신경 해설』, (서울: 대한기독교출판사, 1993), 19-20. 조종남, 『쉽게 풀어 쓴 사도신경』(서울: 선교횃불, 2006), 127-128. 티란니우스 루피누스(Tyrannius Rufinus)의 고대 전승에 의하면 12사도들의 신앙고백의 진행과정은 다음과 같다.
베드로 ; 나는 전능하신 천지의 창조자 하나님 아버지를 믿는다.
안드레아 ; 예수 그리스도, 하나님의 아들, 우리의 유일한 주를 믿는다.
야곱 ; 그는 성령에 의해 잉태되었고, 동정녀 마리아에게서 태어나셨다.
요한 ; 폰디우스 빌라투스에게 고난을 당하시어 십자가에 죽으셨고, 죽어 장사지

루피누스는 사도신경의 기원에 대하여 "사도신경은 사도들의 공동작업 결과이며, 사도신경이 만들어진 회합은 오순절이다." 라고 주장하고, 또 "사도들은 여러 가지 이유로 이 신앙의 규칙이 신조라고 불려야 한다고 결정했다."고 했습니다.[23]

6세기 암브로시우스의 설교라고 생각되는 내용에서 "사도신경은 12명의 작성자에 의하여 각 부분이 모인 것이며, 사도적 법령 안에서 이루어진 것이다."라고 설명했습니다.[24]

사도신경의 12 사도 저작을 주장하는 사람은 존 카시안(John Cassian), 토리노의 막시무스(Maximus of Torino), 셰빌랴의 이시도레(Isidore of Sevlla) 등입니다. 반면에 프리미니우스는 사도신경이 각각 다른 자료로부터 각 문장이 기원했다 주장합니다. 이러한 견해의 충돌은 16세기까지 계속되었고, 사도신경이라 불리게 되었습니다.

하지만 1438년 소집된 페라라(Ferrara)에서 동, 서 교회의 재

냈다.
토마 ; 그는 지옥으로 내려가 삼일만에 죽은 자들 가운데서 부활하셨다.
야곱 ; 하늘에 오르셔서 선한 하나님의 오른편에 앉으셨다.
필립 ; 그곳에서 그는 살아 있는 사람들과 죽은 자들을 심판하러 오신다.
바르톨로메우스 ; 나는 성령을 믿는다.
마태우스 ; 거룩한 교회와 성도들의 교제를 믿는다.
시몬 ; 죄의 용서를 믿는다.
타테우스 ; 육신의 부활을 믿는다.
마티아스 ; 영원한 삶을 믿는다.
(J. N. D. Kelly, Altchristliche Glaubensbekenntnisse, S. 11)

23 『성서백과대사전 제7권』, 190
24 사도신경이란 이름을 처음 사용한 것에 대해 이형기는 암브로시우스라는 견해에는 동의하지만 그 시기를 A.D. 390년경으로 보고 있다.

결합을 위한 에큐메니칼적 회의에서 최초로 그 진위성이 심각하게 논의되었습니다.

처음 사도신경의 권위를 인정할 것을 호소한 사람은 서방교회의 대변자인 율리우스 케사리니(Julius Cesarini)입니다. 그러나 그리스 교회가 이를 거부했습니다. 그리고 마르쿠스 에우게니쿠스(Marcus Eugenicus) 에베소의 대주교는 "동방교회는 그러한 신조는 본 일도 가진 일도 없다"고 반대했습니다.[25]

그 이후 유명한 인문주의자인 로렌쪼 발라(Lorenzo Valla)가 사도신경의 사도적 기원에 대하여 반대했습니다. 그는 나폴리의 한 교회에서 프란체스코 수도단의 한 수도사가 어린이들에게 사도신경의 전승에 대하여 이야기해 주는 것을 저지하였습니다. 이런 행동에 학문적 논증을 제기한 사람은 영국의 레지널드 피코크(Reginald Pecock)입니다.

제임스 어셔(James Ussher)와 게르하르트 포스(Gerhard Vos)는 17세기 들어 이 논쟁을 재개하였습니다. 이들은 신조에 대한 탐구에 시발점이었습니다.

그리고 19세기에는 이성주의의 득세로 성경 자체와 신조에 대한 비판이 동시에 일어났습니다. 그 결과 '성경의 신약 시대에 교리의 집합체가 있었는가?' '더구나 사도들에게서 나온 교리 집합

---

25 동방교회 에베소의 대 주교 마르쿠스 에우게니쿠스(Marcus Eugenicus)는 '우리는 이 사도신경을 가지고 있지도 아니하고 보지도 아니했다. 만일 그것이 이전에도 존재했었다면 사도행전은 예루살렘의 첫 사도들의 모임을 서술할 때 그것에 대해서도 보고했을 것이다'(Kelly, S.12)고 했다. J. M. Lochmann, 『사도신경 해설』, 20.

체가 있었는가?' 하는 의문을 심각하게 제기했습니다. 이런 공격의 결과 신조의 성경적, 사도적 기원이 파괴되었습니다. 뒤이어 신조의 내용 자체에 대한 공격이 가해졌습니다. 그 결과 기독교 신앙의 근간이 되는 몇몇 교리를 없이하려는 격렬한 시도가 나타났습니다.[26]

케리는 광범위한 연구 결과를 통하여 다음과 같이 요약하고 있습니다. "12 사도가 축제의 비밀 회의실에 모여서 사도적인 신앙고백을 했다는 이야기는 경건한 창작임이 분명하다."[27]

대부분의 사람은 사도신경을 사도들이 작성한 신조라고 오해합니다. 하지만 사도신경은 사도들이 작성한 신조가 아닙니다. 그러면 왜 사도신경이라고 부릅니까? 그것은 작성자가 사도이기 때문이 아니라[28] 내용이 사도적이기 때문입니다.[29] 사도신경이 사도들의 가르침, 사도들이 고백했던 신앙의 내용, 그 신앙의 핵심을 요약하고 그 내용이 바로 성경에서 나왔고 성경 전체 내용을 요약한 것으로 사도들이 전한 복음과 일치한다는 의미입니다.[30] 사도신경은 라틴어로 '심볼룸 아포스톨로룸'(Symbolum Apostorum) 또는 '심볼룸 아포스톨리쿰'(Symbolum Apos-

---

26 이것은 『성서백과대사전 제7권』, 190-191에서 인용한 것을 재인용한 것임.
27 J. M. Lochmann, 『사도신경 해설』, 21.
28 김영재, 『기독교 신앙고백』 (서울: 영음사, 2011), 22.
29 김의환, 『개혁주의 신앙 고백집』, 9; 이운연, 『성경으로 풀어낸 사도신경』 (서울: 그라티아, 2016), 17; Cornelis Neil Pronk, *Apostles' Creed*, 임정민 역, 『(하이델베르크 교리문답으로 보는) 사도신경』 (서울: 그 책의 사람들, 2013), 12.
30 P. Schaff, 『신조학』, 18.

tolicum)이라 합니다. 직역하면 '사도들의 심벌'이라고 할 수 있습니다. 여기서 심벌은 상징, 표지, 암호라는 뜻을 가진 단어로 속에 들어 있어서 보이지 않는 어떤 것을 밖으로 드러내 보이게 한 것을 가리킵니다. 따라서 사도들의 심벌은 '사도들의 마음속에 있는 보이지 않는 신앙을 밖으로 표현해 알아들을 수 있도록 만든 것'이라는 뜻입니다. 사도들의 신앙고백이 바로 사도신경입니다.[31] 사도신경은 사도들이 신앙을 고백한 것으로 우리가 믿는 믿음의 핵심을 정리한 것입니다. 그리스도인의 신앙장전인 셈입니다. 사도란 예수님이 직접 택하여 세운 제자로 열두 제자를 지칭합니다.[32] 사도신경이 비록 영감 된 성경 본문은 아니지만 모든 그리스도인이 입으로 고백해야 하는 이유는 하나님의 영감으로 기록된 성경의 전체 내용을 신앙고백과 관련해서 가장 잘 요약하기 때문입니다.[33] 사도들의 신앙을 이어받았기에 사도신경이라고 부르게 된 것입니다.[34]

---

31 황명환, 『나의 신앙고백』(서울: 두란노, 2019), 12; William Cunningham, *Historical Theology I*, 서창원 역, 『역사신학 1』(서울: 진리의 깃발, 2017), 187.

32 이노균, 『사도신경 십계명 주기도문 해설』(서울: 비전북, 2013), 52.

33 권율, 『올인원 사도신경』(서울: 세움북스, 2018), 18; 송용조, 『사도신경 해설』(서울: 고려서원, 2019), 57; Justin S. Holcomb, *Know the Creed and Councils*, 이심주 역, 『신조를 알면 교회사가 보인다』(서울: 부흥과 개혁사, 2015), 33.

34 J. I. Packer, *Growing in Christ*, 김진웅 역, 『(제임스 패커의 기독교 기본 진리) 사도신경』(서울: 아바서원, 2012), 9; 이문선, 『(5권) 그리스도인의 예배』(서울: 엔크리스토, 2006), 59. 사도신경이라는 이름이 처음 사용되기는 주후 390년이다. 밀라노의 노회가 교황 시리키우스에게 보낸 글에서 처음으로 이 신경에 사도신경이란 이름을 붙였다.

c. 사도신경의 역사

다만 지금과 거의 비슷한 형태의 사도신경이 채택된 것은 100여 년 이상의 종교회의를 거친 결과입니다. 서기 325년 니케아 종교회의부터 시작하여, 381년의 콘스탄티노플 회의, 431년의 에베소 회의, 451년의 칼케돈 회의를 거치면서 확정됐습니다. 이런 형태의 신조가 만들어진 것은 당시 이단들을 규명하기 위함입니다. 단번에 확정된 것이 아니며 매회를 거치면서 수정됐습니다. 즉 사도신경은 아버지와 아들과 성령님의 관계, 즉 하나님의 속성에 대한 문제가 광범위하게 논의되는 과정에서 신조가 만들어졌고, 자신들에 의해 확정된 진리가 다음 세대에 이어지도록 하려는 의도에서 논의된 신조를 교리로 선포하였습니다.[35]

베드코크(F. J. Badcock)는 실제로 고대 로마문서를 루피누스와 마루젤루스가 가지고 있다는 사실에 의문을 제기했습니다. 하지만 고대 로마 신조는 더욱 오래된 신조의 후예라는 사실과 다른 신조로부터 파생된 것임이 널리 인정되고 있습니다. 라츠만의 견해는 신조의 최초의 윤곽은 "나는 전능하신 하나님 아버지와 그의 독생자 우리 주 예수 그리스도와 성령과 거룩한 교회와 육체의 부활을 믿는다."라는 것이었습니다.[36]

---

35 E. H. Broadbent, *The Pilgrim church*, 편집부 역, 『순례하는 교회』(서울 : 전도출판사, 1995), 46-47. 신약교회 원리에 충실한 교회들의 종교개혁 이전에도 역사 속에 존재하고 있음을 보여준다.
36 정인찬 편, 『성서백과대사전 제7권』, 191.

사도신경은 짧은 것(고대 로마교회가 사용했던 형태)과 긴 것(공교회가 받아들인 형태) 두 가지가 있었습니다. 사도신경은 수세 기간에 걸쳐 성장하였습니다. 사도신경의 내용은 사도적이지만 그의 권위와 형식은 사도적이지 않습니다. 사도신경은 기독교 사상사의 안목에서 볼 때 서서히 발전한 것입니다. 사도신경은 신앙을 체계화하고자 한 교회의 최초 시도였습니다. 사도신경은 교회가 예배와 교육을 행함에 있어서 반드시 공언해야 할 진리를 발견해 가면서 자연스럽게 발전시킨 신조였습니다. 현존하는 사도신경의 주요 자료는 로마교회의 신조입니다. 이 신조는 타 교회의 사상을 받아들이는 과정에서 수정되었으며, A.D. 6세기 내지 7세기에 이르러서야 비로소 현재의 형태를 갖추게 되었습니다. 주후 710~724년에는 '공인된 문서'라는 이름의 〈텍스투스 리셉투스〉(Textus Receptus)라는 것이 정식으로 널리 보급되었는데, 거기에 실린 신앙고백이 지금의 사도신경과 같은 모습입니다.[37]

사도신경이 발전해 온 과정을 살펴보면 2세기 로마 신조는 문답형식입니다. 세례 집례자가 세례자에게 질문하는 형식입니다. 4세기 로마 신조는 고백형식으로 바뀌었습니다. '믿습니까?' 하면 '예'하던 문답형식이 '나는 믿습니다'로 바뀐 것입니다. 주후 750년에 공인원문(Forma Recepta)이 확정되었고 그 후부터 사도신경은 로마 가톨릭교회, 영국 성공회, 그리고 모든 개혁교

---

37 손봉호, 『사도신경 강해설교』, 7.

회와 장로교회가 공인원문으로 고백하게 되었습니다.[38]

현존하는 고대 문서는 2개가 있습니다. 첫째, '에피스툴라 아포스톨로룸(Epistula Apostolorum)'에 나옵니다. 이것이 180년경 소아시아에서 나온 것이라고 이를 편집한 시미트(C. Schmidt)는 말합니다. 추측하기는 그 책의 일부가 라틴어로 쓰인 것으로 봅니다. 이 책은 콥트어와 에티오피아어로 번역되었습니다. 이 사실은 기원 자체가 이집트에 있지 않았다 할지라도 이미 거기에 널리 알려졌음을 시사합니다. 둘째, 1907년 크럼(W. E. Crum)과 플린더즈 페트리(Flinders Petrie)에 의해 발견되었습니다. 이 문서는 옥스포드 보들레이(Bodley) 도서관에 현재 보관되어 있습니다. '데르 발리쩨(Der Balizeh)' 파피루스에서 나온 것은 고대 이집트의 성례전 기도문으로 보입니다. 이 글의 마지막 부분에 다음과 같은 간단한 신조가 기록되어 있습니다. "나는 전능하신 성부와 그의 독생자 성자 우리 주 예수 그리스도와 성령과 육체의 부활과 거룩한 공교회를 믿는다." 이 문서의 연대는 2세기 후반으로 추정됩니다. 2세기 말, 3세기 3개 항목의 신조에 더욱 발전된 기독론이 첨가되었습니다. 이것은 히폴리투스(Hippolytus)의 『사도 전승』(Apostolic Tradition)에 기록되었습니다. 세례 받는 자의 세례 문답에서 찾습니다.

사도신경의 공인 본문(Textus Receptus)은 프리미니우스(Priminius, 710-724년경)의 소논문(De Singulis Libris

---

38 이재철, 『성숙자반』, 270.

Canonicis Scarapsus)에 소개됩니다. 맨 처음 라이헤나우(Re-ichenau)에 있는 수도원의 창시자인 동시에, 수도원 원장 번(A. E. Burn)과 하안(G. L. Hahn)이 로마 기원설을 주장하지만 인정할 수 없습니다. 에스파니아 - 고올(Hispano-Gallic)설이 널리 인정받고 있습니다. 남부 고올(Gaul) 기원설도 있지만, 그곳은 부르고뉴(Bourgogne)일 가능성이 있습니다. 고대는 셉티마니아(Septimania)라 불릴 가능성이 큽니다. 이런 사실은 6세기에 이와 아주 흡사한 신조를 인용했던 아룰레스의 케사리우스(Caesarius of Aries)가 뒷받침합니다. 이것이 서방교회에서는 유일한 세례 문으로 정경화 되고, 따라서 로마교회의 성례전 예식 문으로 받아들여지게 되었던 것은 부분적으로는 카롤링거 왕조(Carolingian)의 부흥으로 말미암은 제의적 선택 때문이었습니다. 이것은 꼭 공적 예배 시에만 사용된 것은 아닙니다. 신조의 낭독은 주기도문과 함께 아침기도의 시작과 저녁기도의 마무리 역할을 했습니다. 아우구스티누스는 "그것을 매일 외우라" "아침에 기상할 때, 저녁에 취침하기 전에 신조를 외우라. 주님 앞에서 외우라. 마음속으로 그것을 외우라. 거듭 외우기에 지치지 말라"고 했습니다.

필립 샤프(Philip Schaff)는 "주기도문이 기도 중의 기도요, 십계명이 율법 중의 율법인 것과 마찬가지로, 사도신경은 신조 중의 신조이다."라며 "사도신경에는 구원에 필요한 기독교 신앙의 모든 기본항목이 사건의 형식으로, 간단한 성경적 언어로, 그리고 아주 자연스러운 순서를 따라 즉 하나님과 창조로부터 부활과 영원한 생명에까지 이르는 계시의 순서를 따라 포함되어 있다."고 했습니다.

루터는 "기독교의 진리는 사도신경보다 더욱더 간결하면서도 뚜렷하게 진술될 수 없습니다. 사도신경은 우리나 혹 초대 교부들이 고안해 낸 것이 아닙니다. 마치 꿀벌들이 온갖 아름다운 꽃들로부터 꿀을 모아내듯 위대한 선지자들이 전해 준 성경의 가르침을 오묘하게 요약한 것이 사도신경으로 어린이들과 순수한 기독교도들의 유익을 위해 만들어진 것입니다."[39] 라고 했습니다. 짠(T. Zahn)은 "사도신경은 그 내용으로 판단해 볼 때, 사도적 신조라고 칭호 받을 권리를 충분히 지니고 있습니다. 사도신경은 예수의 역사와 가르침, 그리고 사도들의 설명적 해설적 가르침과 설교로부터 끌어낼 수 없는 것은 한 문장도 포함하고 있지 않다."고 했습니다.[40]

칼빈은 "나는 사도신경의 저자가 누구인지에 대해 너무 집착하는 것에는 관심을 두지 않습니다. 나는 사도신경이 사도들 시대부터 신앙에 대한 공적이고 확실한 하나의 고백으로 받았다는 점에 대해서는 적어도 의심하지 않습니다."[41] 라고 했습니다.

---

39 김민호, 『사도신경 강해: 참된 성도의 신앙고백』(서울: 푸른섬, 2010), 14; 이상원, 『21세기 사도신경 해설』(서울: 솔로몬, 2004), 17.

40 『성서백과대사전 제7권』, 191-192.

41 John T. McNeill(ed.), Calvin: *Institutes of the Christian Religion, Vol.1* (Philadelphia: The Westminster Press, 1970), 527; 김호진, 『사도신경 행복한 믿음의 고백』(서울: 쿰란출판사, 2018), 17.

<표 2> 사도신경의 발전과정[42]

	고대 로마신조(2세기) 문답형	로마신조(4세기) 고백형	공인원문(750년) Forma Recepta
1	당신은 모든 것을 주관하시는 아버지를 믿느뇨?	나는 전능하신 하나님 아버지를 믿으며	나는 전능하사 천지를 만드신 하나님 아버지를 믿으며
2	당신은 하나님의 아들 이시며	그 외아들 우리 주 예수 그리스도를 믿으니	그 외아들 우리 주 예수 그리스도를 믿으니
3	동정녀 마리아에게서 성령에 의하여 나셨고	이는 성령으로 동정녀 마리아에게서 나셨으니	이는 성령으로 잉태하여 동정녀 마리아에게 나셨으며
4	본디오 빌라도에게 십자가에 달려서 죽으시고 그리고 장사되어	본디오 빌라도에게 십자가에 못 박혀 장사 지낸 바 되시고	본디오 빌라도에게 고난을 받아 십자가에 못 박혀 죽어 장사 지낸 바 되시고
5			음부에 내려가셨으며
6	죽은 자 가운데서 다시 살아나셔서	삼일 만에 죽은 자 가운데서 잘아나시며	삼일 만에 죽은 자 가운데서 살아나시며
7	하늘에 오르사 아버지 우편에 앉아 계시다가	하늘에 오르사 아버지 우편에 앉으시고	하늘에 오르사 전능하신 하나님 아버지 우편에 앉으시고
8	산 자와 죽은 자를 심판하러 오실 예수 그리스도를 믿느뇨?	저리로서 산 자와 죽은 자를 심판하러 오시리라	저리로서 산 자와 죽은 자를 심판하러 오시리라는 것을 믿사옵니다.
9	당신은 성령과	성령과	(나는 믿기를) 성령과
10	거룩한 교회와	거룩한 공회와	거룩한 공(公)교회와 성도가 서로 교통하는 것과
11	몸의 부활을 믿느뇨?	죄를 사하여 주시는 것과 몸의 부활을 믿사옵니다.	죄를 사하여 주시는 것과 몸이 부활하는 것과 영생을 믿사옵니다.

* 밑줄로 표시된 부분은 보완된 내용이다.

---

42 이재철, 『성숙자반』, 271.

d. 사도신경 해설

d. 1. 사도신경의 12가지 고백

1) "전능하사 천지를 만드신 하나님 아버지를 내가 믿사오며"
   - A. 전능하신 하나님
   - B. 천지를 만드신 하나님
   - C. 아버지 되신 하나님
2) "그 외아들 우리 주 예수 그리스도를 믿사오니"
   - A. 유대교, 모슬렘교에서의 예수
   - B. 구원 주 되신 예수 그리스도
3) "이는 성령으로 잉태하사 동정녀 마리아에게 나시고"
   - A. 하나님의 독생자 나심
   - B. 예수 그리스도의 나심은 성령으로 잉태되어 동정녀 마리아에게 나셨음
4) "본디오 빌라도에게 고난을 받으사 십자가에 못 박혀 죽으시고"
   - A. 고난당하신 주님
   - B. 주님의 십자가와 죄인의 구원
5) "장사한 지 사흘 만에 죽은 자 가운데서 다시 살아나시며"
   - A. 예수 그리스도의 죽으심과 부활
   - B. 예수 그리스도의 죽으심과 부활의 의의
6) "하늘에 오르사 전능하신 하나님 우편에 앉아 계시다가"
   - A. 하늘에 오르사

B. 전능하신 하나님 우편에 앉아 계시다가

7) "저리로서 산 자와 죽은 자를 심판하러 오시리라"

A. 저리로서

B. 산 자와 죽은 자를 심판하러 오시리라

C. 인생 일순과 영원한 심판

D. 주님의 재림과 이단

8) "성령을 믿사오며…"

A. 성령을 믿사오며라는 말의 뜻

B. 성령을 믿노라고 고백하는 신앙

9) "거룩한 공회와…"

A. 거룩한 공회

B. 성경에서 가르치는 교회

10) "성도가 서로 교통하는 것과…"

A. 성도가 서로 교통하는 것을 믿는다는 뜻

B. 성도의 서로 교통함의 범위에 관한 문제

11) "죄를 사하여 주시는 것과"

A. 죄의식과 죄 용서의 중요성

B. 죄 용서의 방법

C. 죄 용서의 확신

12) "몸이 다시 사는 것과 영원히 사신 것을 믿사옵나이다"

A. 몸이 다시 사는 것과

B. 영원히 사는 것을 믿사옵나이다

〈표 3〉 사도신경의 내용 분해[43]

믿음의 행동	하나님 같은 존재를 믿음	I. 말씀에서 자신을 계시하신 대로 하나님을 믿는 것					
		II. 특별히 그분을 나의 하나님으로 인정하는 것					
		III. 그분을 신뢰하는 것					
	어떤 것 믿음	I. 어떤 것을 인정하는 것					
		II. 어떤 것을 나에게 적용하는 것. 가령 교회를 믿는다는 것은 교회를 인정할 뿐 아니라 그 교회의 구성원인 것을 인정하는 것이다.					
삼위일체 하나님께 대한 고백	믿음의 대상	삼위로 구분이 되시는 하나님	제일위	I. 이름 - 아버지			
				II. 속성 - 전능하심			
				III. 사역 - 천지를 창조하신 하나님			
			제이위	I. 칭호	I. 예수		
					II. 그리스도		
					III. 그의 아들		
					IV. 우리 주		
				II. 성육신	잉태	내용 - 개인적인 연합/육체가 거룩하게 됨	
						효율적인 원인 - 성령	
					탄생	이름 - 마리아	
						상태 - 처녀	
				III. 후의 상태	낮아지심	빌라도에게 고난 받으심	
						내용	I. 십자가에 못 박히심
							II. 죽으심
							III. 장사지냄
							IV. 지옥으로 내려가심
					높아지심	I. 부활	
						II. 승천	
						III. 아버지 오른편에 앉으심	장소 - 하늘
							결과 - 심판하러 오심
			제 삼위	성령			
	교회	성격	I. 거룩				
			II. 보편적				
		특권	I. 성도의 교제				
			II. 죄의 용서				
			III. 몸의 부활				
			IV. 영생				

---

43 William Perkins, *An Exposition of the Symbol or Creed of the Apostles*, 박홍규 역, 『사도신경 강해 I』 (서울: 개혁된 신앙사, 2004), 12-13.

d. 2. 내가 믿사오니

사도신경 내용의 핵심은 삼위일체입니다.[44] 물론 성경과 사도
신경에 삼위(三位, Three Persons)라는 말도 일체(一體, One
Substance)라는 표현도 없습니다. 하지만 이는 성경에 계시된
진리입니다.[45] 구약성경과 신약성경에 삼위의 존재가 분명하게
드러납니다. 사도신경 안에도 삼위일체 하나님에 대한 고백이
분명하게 있습니다. 중세시대에 사도신경의 공인원문이 확정되
었기 때문에 사도신경의 원문은 라틴어로 작성되었습니다. 우리

---

44 이승구, 『사도신경』, 23. 삼위일체에 대한 바른 이해, 오직 한 하나님이 계시
   는데 그는 이 세상에 그 어떤 것과도 유비 되지 않으시는 아주 독특한 존재 방
   식을 가지셔서 그 한 하나님이 성부, 성자, 성령 삼위(Three persons)로 존재
   하신다. 그러므로 성부, 성자, 성령은 그 존재와 영광과 권세에 있어서 동등하
   시며, 동일본질을 가지고 계시어서 한 하나님으로 계신다. 그러므로 본질적 존
   재에 있어서는 각 위격 간에는 종속적인 면이 없고, 위격적 엄위에 차이가 전
   혀 없다. 그분들이 계시하실 때 아버지, 아들의 용어를 써서 계시하시므로 우
   리는 그 계시를 따라서 성부(아버지 하나님), 성자(아들 하나님), 그리고 성령
   하나님이라는 용어를 쓰는 것이다. 위의 책, 15. 라틴 신학의 아버지라 불리는
   교부 터툴리안(Tertullian)이 처음 사용하고 그를 따라 많은 사람이 사용해서
   교회 안에 일반화된 게 '삼위일체'란 말이다. 하문호, 『교의신학 2: 신론』(서
   울: 그리심, 2014), 109. 삼위일체는 한 마디로 삼위는 성부, 성자, 성령이라
   는 삼 인격이 하나님이시라는 뜻이며 일체는 그 세 인격에도 불구하고 동일한
   하나의 신적 본체를 갖는다는 뜻이다. 즉 인격은 셋이나 주체는 하나요 따라서
   인격은 셋이나 하나님은 세 분이 아니라 유일신 곧 홀로 한 분이라는 뜻이다.
45 이문선, 『(9권) 그리스도의 교리』(서울: 엔크리스토, 2006), 8-11. 구약의 삼
   위일체를 계시해 주는 구절들, 창1:26;사48:16;사61:1 등. 신약의 삼위일체,
   마3:16,17;고후13:13;마28:19;요14:16;엡4:4,2:18;벧전1:2;고전12:4-6
   등. 예수님이 제자들에게 준 위임명령인 마태복음 28:19에도 삼위 하나님
   이 분명하게 드러나며 이 구절에서 이름은 단수로 되어 있다. 이는 일체 즉 한
   분 하나님을 강조한다. A. A. Hodge, *Outline of Theology*, (New York:
   Robert Carter & Brothers, 1863), 164. 그러나 삼위일체는 전체 신학에 절
   대적으로 필요하며 또한 성경의 진술에 바탕을 두고 있다.

말 번역은 한 문장으로 이어져 있기에 마침표가 하나입니다. 하지만 라틴어 원문은 마침표가 총 세 곳에 있습니다.[46] '믿는다'라는 고백이 세 차례 반복됩니다. '우리 아버지를 믿사오며… 그 외아들 예수 그리스도를 믿사오니… 성령을 믿사오며', 그런 후 '영원히 사는 것을 믿사옵나이다'로 끝마칩니다.[47]

사도신경 원문은 '내가 믿습니다(Credo)'라는 말로 시작이 됩니다. 'Credo'(끄레도)는 '믿습니다'라는 의미입니다. 이 말은 주관적인 개인의 소망이나 생각이 아니라, 하나님의 부르심에 대한 진지한 응답이라고 할 수 있습니다. 또한 예수 그리스도께서 하나님과 사람과 세계에 대해서 가르치신 것이 사실이라는 확신을 가지고 자신의 생활 전체를 내어 맡기는 결단이요, 고백입니다. 즉 사도신경의 모든 내용을 내가 승인하고 수용한다는 사실을 고백하는 것입니다. 그것은 바로 감사함과 기쁨으로 동의한다는 결단을 내리는 것입니다.

사도신경은 믿음의 고백이므로 '믿는다'는 말이 제일 먼저 나와야 합니다. 그런데 누가 믿는가? 바로 내가 믿습니다. 'Credo'에서 끝에 있는 'o'는 라틴어로 1인칭 주어를 의미합니다. 따라서 라틴어로 된 사도신경의 본래 의미를 살리면 '믿습니다. 내가'

---

46 손재익, 『사도신경: 12문장에 담긴 기독교 신앙』, 34. 사도신경은 세 문장, 세 개의 주제로 이루어지며 그 기준은 성부, 성자, 성령 하나님에 대한 신앙고백이다. 사도신경은 성부, 성자, 성령이라는 세 주제 아래 더 세분된 12개의 문장으로 나눌 수 있다.

47 라은성, 『이것이 교회사다』, 366.

입니다.[48] "나는 믿는다." 이 두 단어는 인간이 말할 수 있는 가장 강력한 말 가운데 하나입니다. 이는 영생의 문을 여는 것이요 기독교 신앙의 토대입니다. 믿음은 그리스도인들의 신실함에 핵심이며 그리스도인들에게 있어서 기독교의 시작입니다.[49]

하나님께서 이삭이 죽으면 살리셔서 약속을 지키실 것을 믿은 아브라함은 이삭을 번제로 드렸습니다. 또한 노아는 하나님을 경외함으로 방주를 만들었습니다. 지금까지 있지 않았던 홍수 심판을 세상에 하신다는 사실을 확신하였습니다. 노아의 믿음은 하나님을 경외함으로 자신을 온전히 맡긴 것입니다.

신앙 고백은 두 가지 의미가 있습니다. 하나는, 하나님을 믿고 예수 그리스도를 처음 영접할 때 하는 단회적인 고백으로 종교적 회심의 고백입니다. 다른 하나는 매일 매일 생활 중에 하루의 삶을 하나님께 맡깁니다. 하나님과 친밀하게 교제하며 반복적으로 확인하는 고백입니다. 사도신경의 "내가 믿는다"는 말은 매일의 생활 중에 하나님을 향하여 우리의 신앙을 고백하는 것입니다. 사도적인 의미의 신앙고백은 세례 받은 자로서 "나는 믿습니다"라고 고백한 자입니다.

d. 3. 성부에 관한 고백

참고 성구 - 창세기 1장 1절, 출애굽기 3장 14절, 15절, 6장

---

48 이재철, 『사도신경』, 278.
49 Albert Mohler Jr. 『오늘 나에게 왜 사도신경인가?』, 15.

3절, 신명기 32장 6절, 사무엘하 7장 14절, 이사야 45장 12절, 63장 16절, 64장 8절, 시편 68편 5절, 말라기 2장 10절, 마태복음 5장 16절, 45절, 48절, 6장 6절~8절, 10장 29절, 요한복음 1장 1절~3절, 로마서 1장 20절, 8장 14절, 히브리서 12장 5절~8절.

Credo in DEUM PATREM omnipotentem : Creatorem caeli et terrae
I believe in God the Father Almighty, Maker of heaven and earth
"전능하사 천지를 만드신 하나님 아버지를 내가 믿사오며"[50]
(나는 천지를 창조하신 전능하신 하나님 아버지를 믿습니다)[51]

첫 번째 단락은 성부 하나님에 대한 신앙고백입니다. 우리말로는 "전능하사 천지를 만드신 하나님 아버지를 내가 믿사오며"입니다. 2세기에는 '모든 것을 주관하시는 아버지'라고 시작했는데 이백 년이 지난 4세기에는 '전능하신 하나님 아버지'로 바뀌었습니다. '당신은 믿느뇨?'에서 '나는 믿습니다'가 됐습니다. 그리고 마지막 공인원문에는 '나는 전능하사 천지를 만드신 하나님 아버지를 믿습니다'라고 고백했습니다.[52]

---

50 우리에게 알려진 일반적인 번역문이다.
51 이 ( )안에 기록된 번역문은 새 번역문이다.
52 이재철, 『성숙자반』, 270–272.

우리가 믿는 하나님은 다음과 같습니다.[53] ① 하나님께서 법칙과 질서의 하나님이심을 믿는다. ② 하나님께서 막대한 힘을 가지신 하나님이심을 믿는다. ③ 하나님은 매우 세밀하시다는 것을 믿는다. ④ 하나님께는 확실한 은혜와 관대하심이 있다는 것을 믿는다. ⑤ 인간에 대한 하나님의 태도, 즉 이 우주를 인간을 위한 일터로 만드셨다는 것을 믿는다.

내가 믿는데 무엇을 믿습니까? 'Credo in DEUM PATREM'(끄레도 인 데움 빠뜨렘)에서 'DAUM'은 하나님이고, 'PATREM'은 아버지입니다. 성부 하나님에 대한 우리의 믿음의 내용 중 가장 먼저 '아버지'가 등장합니다. 예수님도 제자들에게 기도를 가르치시면서 '하늘의 하나님'을 아버지로 믿고 기도하라 하셨습니다.[54] 우주를 말씀 하나로 지으신 창조주보다 친근한 아버지입니다. 즉 하나님이 내 아버지 되심을 믿는 것입니다. 따라서 "하나님 아버지를 내가 믿습니다"라는 고백은 내가 그분의 자녀임을 믿는다는 말입니다. 우리는 크고 위대하신 하나님을 우리의 아바 아버지로 부르는 놀라운 특권을 가지고 누리는 자들입니다. 성부 하나님에 대한 이 첫 고백은 나의 정체성을 재정립하는 고백입니다.[55]

"Credo in DEUM PATREM omnipotentem"(끄레도 인 데

---

53 Barclay William, *Das Glaubensbekenntnis*, 서기산 역, 『사도신경 평해』 (서울: 기독교문사, 1974), 43-46.
54 이운연, 『성경으로 풀어낸 사도신경』, 34.
55 이재철, 『성숙자반』, 278-279.

움 빠뜨렘 옴니뽀뗀뗌)은 하나님 아버지를 믿는데 그 아버지는 '전능하신 하나님 아버지라'는 뜻입니다. 성부 하나님에 대한 두 번째 믿음의 내용은 전능입니다. 먼저 전능하다는 말이 수식하는 단어는 원문을 참조하면 아버지입니다. 그렇다면 '하나님의 전능'의 의미는 우리의 일반적인 생각과 다를 수 있습니다. 전능하신 하나님이 하늘과 땅을 창조한 것이 아니라 전능한 하나님 아버지께서 하늘과 땅을 창조하셨습니다. 우리는 일반적으로 전능을 내가 기대하는 모든 것을 모두 이룰 수 있는 능력으로 생각하지만, 하나님이 우리에게 말씀하시는 전능의 의미는 다릅니다. 우리는 전능이라는 표현을 아버지와 아들의 언약적 관계에서 사용합니다.[56] '하나님이 우리를 자녀로 부르셨다면 그 자녀로서의 삶을 충분히 해결해 주실 수 있는 능력을 갖추시고 약속을 이루시는 분이시다'라는 측면에서 전능의 하나님입니다. 그러므로 하나님의 전능은 하나님과 자기 백성의 관계를 돈독히 하는 데 사용됩니다. 우리가 전능하신 하나님에 대한 지식만 있다고 해서 결코 위안을 받을 수 없습니다. 아버지라는 친숙한 호칭을 이 표현에 덧붙일 때 그리고 그리스도와의 연합으로 말미암아 하나님의 주권을 기독교 메시지의 핵심으로 여길 때만 가능합니다.[57] 결국, 하나님만이 전능하시다는 고백은 물질, 명예, 권력, 인간관계 또는 자기 지혜와 지식에 대한 전능을 포기한다는 고백과 삶

---

56 최영인, 『사도신경: 역사 속에 숨겨진 보물』, 55-56.
57 Michael Scott Horton, 『(사도신경의 렌즈를 통해서 보는) 기독교의 핵심』, 46.

입니다.[58] 우리가 자신을 의지하고 자신의 능력을 믿고 산다면 전능하신 하나님을 수천 번 고백하더라도 사실은 전능하신 하나님이 나의 아버지라고 믿지 않는 것입니다.

성부 하나님에 대한 사도신경의 마지막 내용은 천지를 창조하신 하나님에 대한 고백입니다. 라틴어 원문에는 '전능하신'을 뜻하는 'Omnipotentem' 뒤에 콜론이 있습니다. 그러므로 전능하신 하나님 아버지가 어떤 분이신지에 대한 고백이 이어집니다. 그 내용은 라틴어 원문으로 'Creatorem caeli et terrae'(끄레아또렘 첼리 에프 떼레), 즉 '하늘과 땅의 창조자'란 의미입니다. 원문의 뜻을 따르면 "나는 하나님 아버지를 믿습니다. 전능하신 하나님 아버지를 믿습니다. 바로 천지의 창조자이신 그분을 믿습니다."라는 의미입니다.[59] 우리의 전능하신 아버지가 되어주신 성부 하나님은 우리가 알고 있는 수많은 신 중 하나가 아닙니다. 하나님 아버지는 전능하신데 그 증거는 그가 말씀만으로 천지 만물을 창조하셨다는 사실입니다. 천지 만물을 창조하신 하나님은 지금도 그분이 원하시는 대로 운행하시고 다스리십니다. 보존과 통치로 섭리하시는 창조주 하나님이 바로 우리 아버지이십니다.[60]

---

58 김민호, 『사도신경 강해: 참된 성도의 신앙고백』, 32.

59 이재철, 『성숙자반』, 279.

60 최영인, 『사도신경: 역사 속에 숨겨진 보물』, 58. 창조와 더불어 섭리를 믿는 것이 왜 중요할까? "하나님이 이 세상을 지으신 후에는 손을 놓고 계시고 모든 일은 행운이나 우연에 의해 일어난다"는 이신론(理神論, Deism)의 잘못된 가르침에 빠질 수 있기 때문이다.

사도신경의 첫째 항목은 원래 이방인의 다신교와 구분하여 유일신 신앙을 지켜나가던 이들의 신앙고백이었습니다. 헬라 문명, 라틴 문명은 잡신의 세계입니다. 사랑의 신, 술의 신 등 온갖 신들이 다 있습니다. 그 신들도 헬라어로 표현하면 '테오스'입니다. 그래서 이 항목의 원형을 살펴보면 단지 '하나님'을 이라고만 씌어 있는데 이런 표현 양식은 고대 근동 지역에서 흔히 찾아볼 수 있습니다. 그러므로 신화에 나오는 모든 신과 하나님을 구별할 필요가 있습니다. 여기에 고대 로마의 상징표현 양식이 가미되면서 '한 분이신 하나님을 믿으며(Credo in Unum Deum)'로 길어졌고, '전능하신 성부'와 '천지의 창조주'라는 표현이 후대에 첨가되어 오늘의 모습을 갖추게 되었습니다. 그래서 내가 믿는 신은 사랑의 신이나 술의 신이 아니라 '천지를 만드신 창조주 하나님이시다'로 발전하였습니다. 이 항목의 내용을 보면 아버지와 그 아들인 예수의 관계나 혹은 하나님과 인간의 관계는 나타나 있지 않고 단지 이 세상에 대한 하나님의 주권만 강조됩니다.[61] 우리는 하나님을 가리켜 '여호와'라고 합니다. '여호와'란 "나는 스스로 있는 자"라는 뜻입니다. 'I am who I am', '나는 나다' 또는 '나는 있는 자 그로다'는 의미입니다. 그런데 이것은 정확한 번역이 아닙니다. 히브리어의 Be 동사인 '하야'는 단순히 '있다'라는 뜻이 아니라 '생명을 주시는 분, 창조자, 절대적

---

61 Alfons Kemmer, *Das Glaubensbekenntnis in den Evangelien*, 박태식 역,『복음서를 통해본 사도신경』(서울: 성서와 함께, 1996), 13.

이고 변치 않는 분'이란 뜻입니다.[62] 즉 전능자라는 뜻이 담겨 있습니다.

하나님에 대하여 더 자세히 알기 위하여 유대인들과 헬라인들과 기독교인들의 신앙의 특징 즉 하나님에 대하여 살펴봅니다.[63]

첫째, 유대인의 신앙(구약성경에 나타난 하나님)의 특징, ① 인간과 하나님 사이에는 넘을 수 없는 거리가 있습니다. 인간이 하나님께 가까이 간다는 것은 곤란한 일만이 아니라 절대적으로 불가능한 것으로 보고 있습니다. 그래서 하나님을 본 자는 죽임을 당하는 것으로 믿었습니다(출 33:20). ② 하나님은 절대적인 권위를 가지신 분이십니다. 이에 가장 합당하다고 볼 수 있는 것은 토기장이에 대한 내용입니다(렘 18:1-11). 인간이 진흙이라면 하나님은 토기장이로 진흙은 아무런 권리가 없고, 모든 주권이 토기장이에게 달렸습니다. ③ 하나님은 불가항력적인 힘을 가지신 분이십니다(욥 38장-39장).

둘째, 헬라인들의 신관, ① 하나님을 단순히 하나의 추상적인 개념이라고 생각했습니다. ② 하나님이나 신들을 인색한, 즉 욕심쟁이라고 생각했습니다. ③ 본질에서 물러 서 있는, 즉 분리되고 무관심한 신으로 생각했습니다.

셋째, 기독교의 신관, ① 하나님께서 아버지 되심을 믿는다. 하나님께서 모든 생명의 근원이시며, 원천이시며 목표이심을 믿으

---

62 Francis Brown, S, R. Driver and Charles A Briggs, *A Hebrew Lexicon of the Old Testament* (Oxford: Clarendon Press, 1978), 218.
63 Barclay William, 『사도신경 평해』, 50-63.

며, 하나님은 인생의 출발점이며 동시에 인생이 향해 가는 목표로 하심을 믿는다. ② 하나님께서 아버지이심을 믿는다. 단순한 아버지 되심이 이룩할 수 없는 친밀함과 사랑과 돌보심의 관계를 맺고 계시는 하나님을 믿는다. ③ 하나님은 사랑이시라는 것을 믿는다. 하나님의 사랑은 가변적인 것이 아니다. 하나님의 사랑은 인간에 대한 확고부동한 은혜이시며, 인간이 변화시킬 수 없는 것이다. ④ 하나님의 사랑은 세밀하고 개인적인 것을 믿는다. 하나님의 사랑은 막연하고 보편화한 자비심 같은 것이 아니다. 하나님의 사랑은 모든 사람에게 개별적으로 주어지는 것이다. ⑤ 하나님은 주시는 분이심을 믿는다. 사랑의 하나님은 받으시기 보다는 주시기를 훨씬 좋아하시는 분이시다. 사랑의 특색은 주는 것이기 때문이다. ⑥ 하나님은 용서하시는 분이심을 믿는다. 죄를 범한 인간에게 '하나님은 정죄하기보다는 용서하시기를 즐기신다.' 진정으로 회개하고 뉘우치는 심정을 가지고 하나님 앞에 나오면 하나님은 용서하신다. ⑦ 하나님은 찾으시는 분이심을 믿는다. 많은 양 떼 중에서 떨어진 한 마리의 양을 찾아 헤매는 하나님이시다. ⑧ 하나님과 인간 사이에는 부자간의 관계를 확립시켜 주는 것을 믿는다.

이러한 하나님을 살펴보면, 다시 아버지 하나님, 전능하신 하나님, 창조주 하나님으로 구분할 수 있습니다.

첫째, 하나님은 아버지 하나님입니다. 하나님을 아버지로 부르는 것은 우리가 하나님을 어떠한 객관적인 대상이나, 사물이 아니라, 인격적인 분으로 고백한다는 것을 뜻합니다. 인격적인 하나님이라는 것은 우리가 하나님과 대화할 수 있고, 하나님은 우리를 사랑하시고 간섭하시고 통치와 통솔하시는 하나님이시라는 것으로 바로 우리의 아버지입니다.[64] 하나님은 천상의 차가운 존재나, 우주를 운행해 나가시는 원리로 존재하시는 것이 아니라 우리와의 인격적인 관계 속에서 계시는 분입니다. 신명기 32장 6절에는 "그는 너를 얻으신 너희 아버지가 아니시냐?"라고 기록되어 있고, 사무엘하 7장 14절에는 "나는 그 아비가 되고, 그는 내 아들이 되리니"라는 말씀이 있으며, 로마서 8장 14절에서도 "하나님의 영으로 인도함을 받는 자는 하나님의 아들이라."고 했습니다. 하나님은 우리의 온전하신 아버지입니다. "하나님은 그의 능력에서는 하나님이시고, 그의 사랑에서는 우리의 아버지이시다."라고 어거스틴은 말했습니다. 하나님의 인간을 향한 애정을 표현할 때 이것을 다른 칭호로 결코 대신할 수가 없습니다. 히브리서 12장 5~8절에서 다음과 같이 말합니다. "또 아들에게 권하는 것같이 너희에게 권면하신 말씀을 잊었도다. 내 아들아 주의 징계하심을 경이 여기지 말며, 그에게 꾸지람을 받을 때 낙심하지 말라. 주께서 그 사랑하시는 자를 징계하시고, 그 받으시는 아들마다 채찍질하심이니라. 어찌 아비가 징계하지 않는 아들이 있으리요. 징계는 다 받는 것이어늘 너희에게 없으면 사생아요, 참 아들이 아니니라." 하나님은 우리의 아버지로서 우리를 사랑하시고 보호하시며 양육하십니다. 사도 바울은 이것을 다음

64 김선운, 『기독교 신조 해설』 (서울: 도서출판 양서각, 1984), 66.

과 같이 고백합니다. "찬송하리로다 그는 우리 주 예수 그리스도의 하나님이시요 자비의 아버지시요 모든 위로의 하나님이시며, 우리의 모든 환난 중에서 우리를 위로하사 우리로 하여금 하나님께 받는 위로로써 모든 환난 중에 있는 자들을 능히 위로하게 하시는 이시로다"(고후 1:3-4). 즉 아버지 하나님은 인간과의 인격적인 관계 속에서 우리를 권면하시고, 위로하시고, 인도하시고, 징계하시고, 용서하시는 하나님입니다. 육적 아버지는 그 자신의 자녀를 사랑할 때 분명한 한계가 있습니다. 아버지 자신도 한 인간이기에 자기중심적이고 연약합니다. 하지만 하늘 아버지는 전능합니다. 그러므로 그분의 사랑은 완전합니다. 영원합니다. 예수 믿는 우리는 하나님의 자녀입니다. 전능하시므로 천지만물을 창조하신 하나님을 아버지라 부릅니다.

둘째, 하나님은 전능하신 하나님입니다. 예수님을 믿는 자들은 하나님께서 전능하심을 확실히 믿고 고백합니다. 전능하신 하나님이라고 함은 능치 못하심이 없으신 하나님이시라는 말입니다. 곧 모든 것이 가능하시고, 또 모든 것을 하실 수 있다는 말입니다.[65] 전능하신 하나님은 우주 역사 안에서 이루어지는 모든 것을 통괄하시면서, 그 안에서 이루어지는 모든 것을 알고 계시며, 그것이 질서 가운데 운행되도록 통치하시는 하나님을 뜻합니다. 그는 본질적인 성품, 지식, 능력에 있어서 아무런 제한이 없으신 분입니다. 이러한 의미에서 그는 참 자유 하시며, 모든 자유의 근

---

65 위의 책, 63.

원이 되시는 하나님입니다. 성경에 보면 하나님께서 전능하시다는 말씀을 여러 곳에서 읽을 수 있습니다.[66] 전능하신 하나님은 전쟁 시에도 의지하게 되고(삼상 17:45) 사자 굴과 원수의 손에서도 구원하실 것을(단 6:26~27) 고백하고 있습니다. 하나님께서 전능하시다는 객관적인 진리는 성도들의 신앙 체험에서 고백해야 합니다.[67]

셋째, 하나님은 천지를 만드신 창조주 하나님입니다. 우리가 믿는 하나님은 천지를 창조하신 하나님입니다. 우리가 믿는 하나님은 천지를 태초에 창조하신 분입니다. 창조는 무에서 유를 나오게 합니다. 이 진리는 하나님께서 우주를 창조하시되 아무것도 없는 곳에서, 볼 수 있는 것과 볼 수 없는 것으로 창조하셨다는 사실입니다. 또한 하나님은 창조만 하신 것이 아니라 모든 창조하신 것들을 하나님의 관할 아래 둡니다.[68] 창세기 1장에 보면 창조라는 말이 4회 사용되고 있습니다. ① 무에서 유를 창조했습니다. 하나님께서 천지 만물을 태초에 창조하셨습니다. 하나님께서 창조하시기 이전 땅은 아직도 제대로 모양을 갖추고 있지 않은 상태였으며, 또한 아무것도 생겨나지 않아 쓸쓸하기 그지없었습니다. 깊디깊은 바다는 그저 캄캄한 어둠에 휩싸여 있을 뿐이

---

66 창세기 17장 1절에 하나님께서 아브라함에게 언약하실 때 "나는 전능한 하나님"이라고 하였고, 창세기 35장 11절에서 야곱에게 언약하실 때에 "나는 전능한 하나님"이라고 하셨다. 고린도후서 6장 18절에서 바울도 "전능하신 하나님"이라 하였고, 요한계시록 4장 8절에 요한 사도도 "주 하나님 곧 전능하신 이여"라고 하였다.

67 김선운, 『기독교 신조 해설』, 64.

68 위의 책, 65.

었고 하나님의 영이 그 어두운 바다 위를 휘감아 돌고 있었습니다. ② 움직이지 못하는 생명 있는 것들을 창조하셨습니다. 이는 생명의 기본적인 요소로 생명을 이어갈 환경을 조성하는 것뿐 아니라 다음의 창조를 위해 준비한 것입니다. ③ 움직이는 동물을 창조할 때 창조라는 말이 사용되었습니다. 이는 생명이 하나님께 속한 것임을 보여줍니다. 생명의 이치는 반드시 생명에게서 나옵니다. 영생하시는 하나님에게서 모든 생명이 창조되었습니다. ④ 인간을 창조할 때 창조라는 말이 사용되었습니다. 인간은 하나님의 형상대로 창조된 영적인 존재입니다. 그러므로 일반 생명의 창조와는 확연하게 다릅니다. 우리 인간의 존재 근원은 하나님입니다. 하나님은 우리 생명의 주인입니다. 우리는 잠시 잠깐 맡아 관리하는 청지기에 불과합니다. 잠깐 관리하다가 생명을 허락하신 하나님께 돌아갑니다. 사도 바울은 골로새서 1장 16절에서 "만물이 그에게 창조되었으며, 하늘과 땅에서 보이는 것들과 보이지 않는 것들과 혹은 보좌들이나 주관들이나 정사들이나 권세들이나 만물이 다 그로 말미암고 그를 위하여 창조되었다." 그러므로 천지를 창조하신 하나님은 온 우주를 주관합니다. 존재하는 우주의 모든 생명체를 주관합니다. 전능하신 하나님은 영혼을 가진 우리 인간을 다스립니다. 욥은 "주께서는 무소 불능하시오며 무슨 경영이든지 못 이루실 것이 없는 줄 아오니 무지한 말로 이치를 가리우는 자가 누구니이까? 내가 스스로 깨달을 수 없는 일을 말하였고 스스로 알 수 없고 헤아리기 어려운 일을 말하였나이다."(욥 42:2~3)라고 고백했습니다. 그러므로 하나님은 피조물과 완전하게 구별됩니다. 창조주 하나님은 피조 세계에 속하지 아니합니다. "이는 만물이 주에게서 나오고 주로 말미암고 주에게로 돌아감이라 영광이 그에게 세세에 있으리로다. 아멘"(롬 11:36) "창세로부터 그의 보이지 아니하는 것들 곧 그의 영원하신 능력과 신성이 그 만드신 만물에 분명히 보여 알게 되나니 그러므로 저희가 핑계치 못할지니라."(롬 1:20) 그러므로 창조주 하나님은 우리 인간만 아니라 모든 피조물의 경배와 찬양을 받기에 합당합니다. 그리고 인간은 하나님의 청지기로서 하나님이 창조하신 세계를 보존해야 할 권리와 의무가 있는 것입니다.

성부 하나님을 믿는 나의 신앙 내용은 이것입니다. 하나님은 인격적이며 사랑이신 아버지 하나님입니다. 동시에 하나님의 백성과 언약 속에서 관계를 맺으시는 전능의 아버지입니다. 마지막으로 창조하셨을 뿐만 아니라 우리를 보존하시고 통치하시는 창조주 하나님입니다. 이에 대한 종교개혁자 마틴 루터는 사도신경의 첫 조항을 해설하면서 창조주 하나님에 관하여 이렇게 말합니다.[69] "어린 자녀가 아빠 하나님은 어떤 분이에요? 라고 물어보면 우리는 다음과 같이 대답할 수 있습니다. 하나님은 천지를 창조하신 분이란다. 이 유일한 하나님 외에는 참된 신은 아무도 없단다. 왜냐하면 천지를 창조하신 분은 오직 하나님 한 분밖에 없기 때문에."

---

[69] 김진흥, 『교리문답으로 배우는 장로교 신앙』(서울: 생명의 양식, 2017), 77. 마틴 루터 대교리문답 2부 사도신경에 관하여.

<〈표 4〉 사도신경의 구조와 내용[70]

3대 구조	5대 주제	12항목	성경 배경	세부내용
성부 하나님 (창조)	성부	성부 하나님	창1:1	전능하사 천지를 만드신 하나님 아버지를 내가 믿사오며,
성자 하나님 (구속)	성자	성자의 신분	공관 복음	그 외아들 우리 주 예수 그리스도를 믿사오니
		성자의 출생		이는 성령으로 잉태하사 동정녀 마리아에게 나시고
		성자의 고난, 죽음, 장사됨		본디오 빌라도에게 고난을 받으사, 십자가에 못박혀 죽으시고, 장사한 지
		성자의 부활		사흘 만에 죽은 자 가운데서 다시 살아나시며
		성자의 승천		하늘에 오르사 전능하신 하나님 우편에 앉아 계시다가
		성자의 재림		저리로서 산 자와 죽은 자를 심판하러 오시리라
성령 하나님 (성화)	성령	성령 하나님	요한 복음 사도 행전	성령을 믿사오며
	교회	거룩한 교회	서 신 서	거룩한 공회와 성도가 서로 교통하는 것과
	성도	성도의 사죄		죄를 사하여 주시는 것과
		성도의 부활		몸이 다시 사는 것과
		성도의 영생	요한 계시 록	영원히 사는 것을 믿사옵나이다. 아-멘

---

70 최영인, 『사도신경: 역사 속에 숨겨진 보물』, 73.

d. 4. 성자 예수 그리스도

사도신경은 기독교의 핵심 진리를 대중적으로 요약합니다.[71] 성부, 성자, 성령 하나님의 창조, 구속, 성화 사역을 담고 있습니다. 바로 우리 믿음의 대상인 삼위일체 하나님을 다루고 있습니다. 눈여겨볼 부분은 성자 하나님에 대해 다룬 부분이 여섯 문장이나 되고 각 문장의 분량 또한 길다는 사실입니다.[72] 왜 이렇게 성자에 대한 부분이 월등하게 많을까요? 첫째, 우리가 고백하는 신조는 작성된 시대의 특수한 정황을 반영합니다. 사도신경이 작성되던 A.D. 2~6세기에는 예수님에 대한 신성과 인성의 논의가 활발하던 시기입니다.[73] 성자 예수님에 대한 수많은 이단이 나오던 시기이기에 신앙고백에 더 많은 내용이 언급되어야만 했습니다. 둘째, 성경에서도 성자 하나님에 대한 내용을 가장 많이 다루기 때문입니다. 셋째, 성자 예수님을 통해서만 성부와 성령을 제대로 알 수 있기 때문입니다.[74]

---

71 P. Schaff, 『신조학』, 18.
72 이운연, 『성경으로 풀어낸 사도신경』, 21; 김민호, 『사도신경 강해: 참된 성도의 신앙고백』, 66. 사도신경은 삼위 하나님께 대한 신앙 내용을 80개의 단어로 요약하고 있는데 그중에 성부 하나님께 대해서는 9단어, 성령 하나님에 대해서는 3단어, 성자 하나님께 대하여는 68개의 단어를 사용한다.
73 손재익, 『사도신경: 12문장에 담긴 기독교 신앙』, 88.
74 최영인, 『사도신경: 역사 속에 숨겨진 보물』, 73-74.

d. 4. 1. 성자의 신분

참고 성구 - 요한복음 1장 14절, 18절, 3장 16절~18절, 요한일서 4장 9절

Et in JESUM CHRISTUM, Filium eius unicum, Dominum nostrum,
and in Jesus Christ, His only Son our Lord
"그 외아들 우리 주 예수 그리스도를 믿사오니"
(나는 그의 유일하신 아들, 우리 주 예수 그리스도를 믿습니다.)

두 번째 단락은 성자 하나님에 대한 고백입니다. 우리말 번역으로는 "그 외아들 우리 주 예수 그리스도를 믿사오니"라고 시작합니다. "Et in JESUM CHRISTUM"(에뜨 인 예숨 끄리스뚬)은 사도신경의 첫머리 동사 'Credo'(믿는다)와 연결됩니다. "당신은 하나님의 아들이시며" 4세기 고백 형 로마 신조에 "그 외아들 우리 주 예수 그리스도를 믿으니"로 바뀌었고 750년 공인원문에 그대로 실렸습니다. 'JESUM'은 예수이고, 'CHRISTUM'은 그리스도입니다. 예수님께서 그리스도이심을 믿는다는 뜻입니다.[75]
　예수님의 신분에 대한 사도신경의 우리말 번역에는 그 순서가 ① 그 외아들 ② 우리 주 ③ 예수 ④ 그리스도입니다. 그러나 본

---

75 이재철, 『성숙자반』, 281. 예수님이 나의 구원자이심을 믿는 것이다.

래 라틴어 공인원문은 ① 예수 ② 그리스도 ③ 독생자 ④ 우리 주 순서로 되어 있습니다.[76]

둘째 항목인 '그 외아들 우리 주 예수 그리스도'에서는 예수님께서 그리스도이며, 하나님의 아들이고 우리의 주인 되시는 분임을 보여줍니다. 오늘날 '예수'와 '그리스도'는 마치 한 단어인 것처럼 이해합니다. 그러나 예수는 중보자의 이름이고, 그리스도는 중보자의 직분입니다.[77] 성자 하나님의 개인적인 이름이 '예수'라면 '그리스도'는 그분의 공식적인 직책이라 할 수 있습니다.[78]

중보자의 이름인 예수는 그 의미를 잘 담고 있습니다.[79] 먼저 육신을 취하신 성자 하나님을 지칭하는 이름이 바로 예수입니다. 예수는 구약성경의 '여호수아, 호세아'와 같은 이름을 헬라식으로 바꾼 명칭입니다. 구약만 아니라 신약성경에도 예수라는 이름을 가진 이가 여러 명 있습니다(눅 3:29; 행 7:45; 히 4:8; 골

76 최영인, 『사도신경: 역사 속에 숨겨진 보물』, 75.

77 이성호, 『특강 하이델베르크 요리문답 (상)』(서울: 흑곰북스, 2011), 137; 이문선, 『(6권) 그리스도인의 새 생명』(서울: 엔크리스토, 2006), 38. 예수님은 하나님이시지만 인간의 몸을 입고 오신 신성과 인성을 가지신 분이시다. 예수님이 양성을 가지심으로 우리의 중보자가 되실 수 있다. 예수님께서 신성과 인성 이 양성을 가지셨다는 것이 바로 예수님이 하나님과 우리 사이의 유일한 중보자이시고 구세주이신 이유이다.

78 L. Berkhof, *Systematic Theology* (Grand Rapids: Wm. B. Eerdmans Pub. Co., 1976), 312.

79 이운연, 『성경으로 풀어낸 사도신경』, 40.

4:11).[80] 그러나 이 이름을 요셉이나 마리아가 짓지 않고 성부 하나님이 천사를 통해 직접 '예수'로 정해주었습니다.[81]

예수님의 직분인 그리스도는 헬라 식 표현이며 히브리어로는 메시아 즉 기름 부음을 받았다는 의미입니다. 그리스도라는 말은 구약 성경에 나오는 히브리어 '메시아'를 헬라어로 번안한 것입니다. 메시아는 '기름 부음을 받는 자'라는 뜻입니다. 그러면 예수님을 '기름 부음을 받은 자'라고 칭한 이유가 무엇일까요? 성자 하나님은 그 흔한 이름 때문에 '이 사람이 구원자가 맞을까?'라는 의문을 줄 수 있습니다. 그래서 성자 하나님의 구원자로서의 직함으로 '그리스도'가 따릅니다. 예수님은 어떻게 기름 부음을 받았습니까? 바로 물로 세례를 받는 순간이었습니다(마 3:16-17).[82]

한편 구약에서 선지자, 제사장, 왕 이 세 직분은 그 역할이 분명하게 구분되어 있습니다. 그리고 이 직분들은 장차 오실 진정한 '기름 부음 받은 자'(메시아=그리스도)에 대한 모형(Type)입니다.[83] 여기 기름 부음을 받음은 하나님의 특별 소명을 받는 것

---

80 김진흥, 『교리 문답으로 배우는 장로교 신앙』, 112.
81 Cornelis Neil Pronk, 『(하이델베르크 교리 문답으로 보는) 사도신경』, 38. 당시 유대가 로마의 지배를 받는 중이라 구원자라는 의미를 지닌 예수를 이름으로 지었다. 하나님은 하나님의 아들이신 예수를 통해 자신의 백성을 구원하는 약속을 성취하려 했다. 예수님만이 유일하며 완전한 구원자이다.
82 최영인, 『사도신경: 역사 속에 숨겨진 보물』, 79. "세상의 군왕들이 나서며 관원들이 서로 꾀하여 여호와와 그의 기름 부음 받은 자를 대적하며"(시 2:2).
83 이승구, 『사도신경』, 85.

입니다. 이 땅에서 하나님의 권능을 수여 받아 하나님의 계획을 이루어 드리는 사람입니다. 구약 시대는 선지자와 제사장과 왕을 세울 때 기름을 그 머리에 부었습니다. 이는 이 땅에 나타나셔서 그리스도께서 장차 감당하실 직분에 대한 그림자입니다.

그리스도는 이 세 가지 직임을 동시에 행하는 직분입니다. 첫째, 그리스도의 삼중 직분 중 우리의 큰 선지자이신 예수님입니다. 예수 그리스도는 하나의 선지자가 아니라 최고의 선지자이며 교사입니다. 예수 그리스도는 완전한 선지자입니다. 하나님 말씀이 육신이 되셨기 때문입니다. 둘째, 그리스도의 삼중 직분 중 우리의 유일하신 대제사장이신 예수님입니다. 예수님은 제물로 하나님께 사죄를 청한 수많은 제사장 중 하나가 아니라 오직 유일한 대제사장입니다. 그가 십자가에 피 흘려 죽으심은 우리 죄를 대신함입니다. 그리하심으로 하늘 지성소에 들어가신 영원한 제사장입니다. 그가 자신의 몸으로 유일한 희생 제사를 지내 우리를 구속하시고 율법의 마침이 되었습니다. 셋째, 그리스도의 삼중 직분 중 우리의 영원한 왕이신 예수님입니다. 예수님은 일시적인 왕이 아닙니다. 하나님으로부터 전권을 위임받은 진정한 왕입니다. 예수님은 승천하신 이후에 이 땅에 계실 때보다 더 분명한 우리의 영원한 왕입니다. 그분은 만 왕의 왕으로서 영원토록 왕 노릇합니다.[84]

---

84 최영인, 『사도신경: 역사 속에 숨겨진 보물』, 80-84

세 직분을 의미하는 그리스도라는 표현은 뒤에 나오는 두 호칭과 결합합니다. 그 중 첫번째가 유일한 아들(Filium eius unicum, 필리움 에이우스 우니꿈)입니다.[85] 'Filium'은 아들, 'eius'는 그의, 'unicum'은 '유일한'입니다. 즉 예수 그리스도 그분이 '하나님의 유일한 아들이심을 믿는다'라는 것입니다.[86] 이 말이 그리스어 원전에는 '모노게네스(Monogenés)'로 되어 있는데 '유일한', '유일하게 나타난', '독생'이란 뜻을 가집니다.[87] 신약 성경에서 독생자(모노게네스)는 드물게 나오는 낱말입니다. 누가는 이 낱말을 '형제 없이 유일한 아들'(눅 7:12)이란 뜻으로 사용하였으나, 요한복음에서는 이 낱말을 오로지 하나님과 관련지어 서술합니다. 물론 예수님을 믿는 이들 또한 하나님의 자녀들이고,[88] 요한은 이들을 '하나님의 자녀'라고 이름 붙였지만 '하나님의 외아들'이라는 표현은 예수님에게만 배타적으로 사용되었습니다(요 1:12~14).

---

85 위의 책, 87. 기존 우리말 사도신경은 외아들로 번역했다. 외아들은 아들이 하나로 누나나 여동생이 있을 수 있다. 독자도 자녀가 여럿 있다가 변고로 다 죽고 아들 하나만 남아도 독자이다. 그러므로 외아들이나 독자 모두 정확한 표현이 아니다.

86 이재철, 『성숙자반』, 281. 그렇다면 우리 말 사도신경의 '외아들'은 적절하지 않다. 외아들이라 하면 딸이 있을 수 있다. 그래서 독생자라고 해야 맞다. 하나님의 아들 역시 하나님이실 수밖에 없다. 하나님의 독생자이시기 때문에 하나님의 속성과 하나님의 모든 능력과 성품을 지닌 하나님이시다. 한 마디로 예수님이 성자 하나님이시다.

87 이 '유일한(모노: Monos)'이란 형용사는 그의 아들 사이에 끼어든 것으로 2세기경에 갖가지 신들이 난무하던 상황에서 당시의 그릇된 가르침을 견제하기 위해 기록했을 것이다.

88 하나님의 뜻을 따라 받아들여진 자녀.

외아들은 출생 또는 기원의 의미보다 관계를 나타냅니다. 예수님께서 "아버지께서 아들을 사랑하사 자기의 행하시는 것을 다 아들에게 보이시고 또 그보다 더 큰 일을 보이사 너희로 기이히 여기게 하시리라."(요 5:20) 하였고, 또 하나님께서도 예수님을 가리켜 "이는 내 사랑하는 아들이요, 내 기뻐하는 자라"고 합니다(마 3:17). 이런 면에서 외아들은 곧 하나님과 예수님과의 관계를 보여줍니다. 곧 아버지와 아들 사이가 사랑의 관계임을 말합니다. 동시에 아버지와 아들은 본질적으로 동일한 것과 같이 창조주 하나님이 예수님과 동일한 본질임을 말합니다. 예수님은 베드로가 "주님은 그리스도시며, 살아 계신 하나님의 아들입니다"라고 고백했을 때 심히 기뻐하셨습니다. 그의 신앙고백 위에 교회를 세우겠다고 축복합니다(마 16:16~18). 하나님의 외아들 예수님은 곧 그리스도 우리 주님입니다.

또한 이 항목에서는 예수 그리스도가 참 인간이며, 또한 참 하나님이라는 사실을 알려주고 있습니다.[89] '하나님의 아들'이라는 표현은 시편 2편 7절, 출애굽기 4장 22절에서 유래되었습니다. 이스라엘 백성들은 두 대상을 하나님의 아들로 생각했습니다. 하나는 왕입니다. 다른 하나는 이스라엘 백성들 자신입니다. 하지만 이 아들은 생물학적인 개념이 아닙니다. 온전히 '하나님에 의한 선택'입니다. 즉 왕은 하나님이 선택한 아들처럼, 예수 그리스도가 하나님의 다스림과 자유를 위하여 부름을 받았다는

---

89 Alfons Kemmer, 『복음서를 통해본 사도신경』, 18.

뜻에서 하나님의 아들입니다. 그런데 하나님의 아들이 유일하신 분입니다.

의심할 것도 없이 사도신경의 '그 외아들 예수'는 예수님을 하나님의 유일무이한 아들로 본 요한복음에서 따온 것입니다. "나는 그의 유일하신 아들 우리 주 예수 그리스도를 믿습니다." 이 말은 요한복음에 네 번 사용되었고 요한일서에 한 번 나옵니다 (요일 4:9). 사도 요한은 "말씀이 육신이 되어 우리 가운데 거하시매 우리가 그 영광을 보니 아버지의 독생자의 영광이요, 은혜와 진리가 충만하더라."(요 1:14)고 했습니다. 이 말은 예수님은 하나님의 분신이면서 각기 다른 위격의 일치된 존재이기도 하다는 말입니다. 이를 상징적으로 표현한 말이 '하나님의 외아들'입니다.

성경학자들은 예수님을 하나님의 외아들이라고 할 때 다음과 같이 설명합니다. "예수님을 '하나님의 외아들'이라고 할 때 '외'라는 단어를 '하나'(Only one)로 해석하는 것이 아니라 '독특한'(Unique)으로 해석해야 합니다.[90] 무슨 뜻입니까? 예수님을 성부 하나님과 독특한 관계에 있는 하나님으로 이해해야 합니다. 즉 성부 하나님과 아주 깊은 관계를 맺고 있는 하나님의 본성을 공유한 하나님입니다.[91] '그 외아들'이 들어가게 된 이유는 자신이 하나님의 아들이라고 주장하는 사람이 많이 생겼기 때문입니

90 손봉호, 『사도신경 강해설교』, 24.
91 이승구, 『사도신경』, 120.

다. 하나님께 아들은 유일하신 한 분밖에 없으며 그 한 분이 바로 예수님이라는 사실을 구별해야 할 필요가 있었습니다.[92]

기존 사도신경은 외아들이지만 새 번역은 유일한 아들을 독생자라고 표현합니다. 독생자라는 말은 독자보다 더 풍성한 의미를 지닙니다.[93] 예수님만 하나님의 유일한 아들입니다. 예수님만 하나님과 특별하고 독특한 관계를 맺습니다. 예수님이 하나님의 유일한 아들이시기 때문에 하나님의 모든 것이 다 예수님의 것입니다.

한편 예수님이 하나님의 아들인데 어떻게 그분이 또한 하나님이라고 부를 수 있습니까? 사람의 후손은 사람, 개의 후손은 개, 코끼리의 후손은 코끼리이듯이 하나님의 아들은 하나님일 수밖에 없습니다. 하나님의 독생자이시기 때문에 하나님의 속성과 인격을 완전히 가지신 하나님일 수밖에 없습니다.[94] 예수님은 사복음에서 하나님과 자신이 동등하다고 선언합니다. 그분은 오직 하나님만이 하실 수 있는 일을 합니다. 그분은 자신이 다윗의 주님이라고 선언합니다(마 22:43-46). 그분은 죄 사함을 베풀고 성전과 희생 제도를 무시했다는 이유로 종교 지도자들의 분노를 샀습니다(눅 7:49; 마9:6; 막 2:7). 예수님 자신이 '안식일의 주인'이자 '성전보다 더 큰 이'라고 선언합니다(마 12:6,8; 눅 6:5). 예

---

92 이재철, 『성숙자반』, 272.
93 이성호, 『특강 하이델베르크 요리 문답 (상)』, 137.
94 최영인, 『사도신경: 역사 속에 숨겨진 보물』, 88.

수님은 여호와라는 이름, 곧 '스스로 있는 자'(내가 존재한다, I AM)라는 것을 비롯하여 하나님께만 적용되는 속성과 행위를 자신에게 적용합니다. 그분은 '다락방 강화'(요 14-16장)에서 자신이 창세 전부터 성부 및 성령과 친밀한 관계를 맺고 있다고 강조합니다(요 17:5; 20:28).[95]

이어서 "Dominum nostrum"(도미눔 노스뜨룸)에서 'Dominum'은 '주님'이고, 'nostrum'은 '우리의'입니다. 즉 예수 그리스도 그분이 우리의 주님이심을 믿는다는 의미입니다. 세 직분을 의미하는 그리스도라는 표현은 뒤에 나오는 두 호칭과 결합하는 두 번째가 '우리의 주님'입니다. 주님이라는 호칭은 종이 주인을 부를 때나 신들에 대한 일반적인 이름[96]으로 사용되었습니다. 구약에서는 '여호와 하나님'을 신약에 번역하면서 '주'라고 불렀습니다. 히브리어로 기록된 구약성경을 헬라어로 번역한 70인역(LXX)에서 '여호와'를 '주'로 번역했습니다. 그러니 구약성경의 여호와가 신약의 주님이며 신약의 저자들은 이러한 주님이라는 표현을 예수님에게 사용하였습니다.[97] 예수 그리스도께서는 십자가와 부활 사건을 통해 '주'(主)로 불렸습니다. 가장 낮아지신 사건을 통해 가장 높아지신 것입니다(빌 2:9-11). 원래 '

---

95 Michael Scott. Horton, *Core Christianity*, 조계광 역, 『기독교 신앙의 핵심』(서울: 지평서원, 2017), 33.

96 최영인, 『사도신경: 역사 속에 숨겨진 보물』, 90. 로마 황제를 신격화하여 신이라 부른 것처럼.

97 위의 책, 90-91.

주'라는 말은 구약성경에서 특별한 경우를 제외하고는 성부 하나님을 가리킬 때만 사용하였던 명사입니다.[98] 그런데 예수 그리스도께서 우리의 죄를 대속하시고 부활하시자 하나님께서 친히 그분을 우리의 주로 삼았습니다. 그래서 하나님께서는 예수 그리스도의 이름으로 성령을 보내셨고(요 14:26), 그 성령이 '주의 영'(행 8:39; 고후 3:17), '그리스도의 영'(롬 8:9; 벧전1:11), '예수의 영'(행 16:7)이라 불리는 것입니다. 1세기 성도들이 예수님을 주라 부른 일은 예수님이 여호와 하나님이라는 신성을 인정하는 표현입니다.[99] 이들은 예수님을 주님이라 부르는 일에 주저함이 없었습니다.

1세기 그리스도인들이 예수님을 '우리의 주님'이라고 부른 것은 보통 일이 아닙니다. 당시 로마 제국은 속국을 다스리기 위해 '황제가 주인이다.'라고 외치며 자신을 신처럼 섬기도록 강요했습니다. 사람들에게 황제의 상에 절하게 했습니다.[100] 그리스도인이 된다는 것은 황제가 우리의 주인이 아니라 예수님이 우리의

---

98 김남준, 『그리스도는 누구이신가』(서울: 생명의 말씀사, 2018), 233. 구약성경에서 '주'(主)라는 표현이 명백하게 성자 하나님을 가리키는 대표적인 예가 시편 110편 1절인데, 이는 오순절 성령 강림 이후에 사도 베드로가 예수 그리스도를 증거 하는 첫 설교에서 인용하고 해설한 구절이기도 하다. '여호와께서 내 주에게 말씀하시기를'의 히브리어 원문은 네움 야웨 라도니인데, 이를 직역하면 '나의 주에게 (하시는) 여호와의 말씀'이다. 시편 110편 1절에서 앞에 나오는 '여호와'는 성부 하나님이시고, 뒤에 나오는 '내 주'는 성자 하나님을 가리키는 것이 명백하다. 시편 110편은 메시아 시편 중 대표적인 것 중 하나이다.

99 이승구, 『사도신경』, 114.

100 Michael Scott Horton, 『(사도신경의 렌즈를 통해서 보는) 기독교의 핵심』, 84. 신약성경이 '주님'이라는 호칭을 예수 그리스도께 부여할 때 분명히 그 의도는 신학적입니다. 그리스도에 대한 신성의 확신이었습니다.

주인이라는 사실을 고백한 것입니다.

　그런데 예수 그리스도를 주님이라 고백할 때 '나의 주님'이 아니라 '우리의 주님'이라고 고백합니다. 어떻게 예수님이 우리의 주님이 됩니까? 예수 그리스도를 '우리 주님'이라고 고백할 때 다음의 의미를 유념해야 합니다.[101] 첫째, 우리가 예수님의 종이라는 사실을 자랑합니다. 전능하사 천지를 만드신 하나님의 '유일한 아들' 즉 세상을 다스리시는 예수 그리스도의 종이니 얼마나 자랑스럽습니까? 주님은 우리를 나라와 제사장으로 삼으시려고 불렀습니다. 둘째, 예수님만이 우리의 주님입니다. 우리는 다른 어떤 대상도 '주'로 삼을 수 없습니다. 우리가 그분을 내 인생의 주인으로 모시는 것입니다. '우리 주님'에 대한 고백은 우리가 주님을 주인으로 모시고 철저히 예수 그리스도의 종으로 살겠다는 의미입니다. 셋째, 우리는 예수님을 믿는 모든 형제, 자매들의 종이 되어야 합니다. 내가 주님을 주님으로 모시고 내 형제도 주님을 주인으로 모신다면 주님 안에서 우리는 횡적으로 연대하게 됩니다. 우리의 주님이시기 때문에 주님을 믿는 우리는 다 같은 형제가 됩니다. 우리는 예수님의 종인 동시에 예수님을 믿는 모든 형제, 자매의 종입니다. 이것은 모순이 아닙니다. 그러므로 내가 "우리의 주님"이라 고백할 때 주님과 나 사이에 종적인 관계가 이루어짐과 동시에, 그분을 주님으로 고백하는 형제자매들과 횡적 연대도 이루어져 십자가의 삶이 완성되는 것입니다.[102] 넷

---

101 황원하, 『하이델베르크 요리문답 해설』(서울: CNB, 2015), 200-201.
102 이재철, 『성숙자반』, 282-283.

째, 입술만이 아닌 삶으로 주님을 고백해야 합니다. 예수님을 주시라 고백할 때 우리 자신이 그분의 종이라고 고백하는 것입니다.[103] 이런 이들은 자신의 삶을 그리스도를 위해 드리는 일에 깊은 관심을 가집니다. 우리는 입술로만 아니라 삶의 전부를 드려 '우리의 주님'이라고 증명합니다.

　'우리 주 예수 그리스도'에서 '주'라는 의미는 다음과 같습니다.[104] 첫째, 하나님을 주라 부르는 것과 동일한 의미로 사용되었습니다. 예수님을 주라고 부르는 것은 하나님과 같은 능력과 권세를 가진 분이라는 뜻입니다. 둘째, 예수님은 우리의 구주라는 뜻입니다. 예수님이라는 말은 구약의 '예슈아' '여호수아'를 헬라어로 번역한 말입니다. 이 말은 '여호와가 구원하신다'입니다. 예수 이름은 인류 구원의 의지를 가진 하나님의 참된 모습을 잘 나타냅니다. 즉 하나님께서는 예수님을 통하여 그의 구원을 이루십니다. 즉 예수님을 '우리 주'라고 한 것은 예수님이 참 하나님임을 강조한 표현입니다. 사실 주님(퀴리오스 : Kyrios)은 구약성경에 나와 있는 하나님, 즉 '야훼'의 그리스 식 번역이고, 하나님의 유일한 아들이며, 바로 하나님과 같은 이, 우리의 주인님이 되기 때문입니다.[105] '주'시라는 말은 하나님이라는 뜻입니다. 초대 교회 신자들의 신앙고백은 예수님은 주님입니다. 예수님은

---

103 이성호, 『특강 하이델베르크 요리문답 (상)』, 147.
104 하문호, 『교의신학 4: 기독론』(서울: 그리심, 2014), 23-35.
105 Alfons Kemmer, 『복음서를 통해본 사도신경』, 34-35.

생명의 주님입니다. 예수님은 구속의 주님입니다.

사도신경을 고백할 때 우리는 수시로 예수님을 주님이라고 말합니다. 기도와 대화 속에서도 이 고백은 이어집니다. 그러나 이것만으로는 우리 주님에 대한 신앙고백이라 할 수 없습니다. 고백에 걸맞은 삶이 꼭 필요합니다.

d. 4. 2. 성자의 출생

참고 성구 – 마태복음 1장 18절~20절, 22절, 24절~25절, 누가복음 1장 26절~38절, 이사야 7장 14절

qui conceptus est de Spiritu Sancto, natus ex Maria Virgine,

who was conceived by the Holy Ghost, born of the Virgin Mary,

"이는 성령으로 잉태하사 동정녀 마리아에게 나시고"

(그는 성령으로 잉태되어 동정녀 마리아에게서 나시고)

이어지는 내용은 '우리 주 예수 그리스도'에 대한 설명입니다. 먼저 "성령으로 잉태하사 동정녀 마리아에게 나시고"에 해당하는 부분입니다. 한글 번역문은 쉼표 없이 연결되어 있지만, 라틴어 원문은 두 문장으로 구별됩니다. 앞부분에 해당하는 문장은 "qui conceptus est de Spiritu Sancto,"(꾸이 꼰셉뚜스 에

스프 데 스삐리뚜 상또)이며 마지막 단어인 'Sancto' 다음에 쉼표가 있습니다. 'qui'는 '그분'을 뜻하는 관계대명사 'who'이고 'conceptus est'는 '…에 의해 잉태되다'는 뜻으로 영어로 'who was conceived'입니다. 'de Spiritu Sancto'는 '거룩한 영으로'입니다. 즉 성령님에 의해 잉태되었다는 뜻입니다.[106]

이 고백은 다른 것이 아니라 예수 그리스도의 탄생을 말한 것입니다. 바로 성육신으로 그의 탄생이 이루어졌습니다(요 1:14). 예수님은 우리가 이해할 수 있는 생물학적 법칙을 뛰어넘어 전적인 하나님의 능력으로 태어났습니다. 인간의 혈육에 의해서가 아닙니다. 성령 하나님이 예수님의 탄생에 관여하셔서 예수님을 남자의 씨와 실체가 없이 태어나게 했습니다. 성령에 의해서 하나님의 아들로서 탄생했습니다. 남자를 알지 못하는 동정녀 마리아를 통해 탄생했습니다. 예수님이 육체를 가지고 이 땅에 인간으로 태어나게 하신 분이 바로 성령 하나님입니다. 그러므로 예수님은 완전한 하나님입니다.[107]

"동정녀 마리아에게서 성령에 의하여 나셨고"라는 4세기 고백형 로마 신조에 "이는 성령으로 동정녀 마리아에게 나셨으니"로 내용의 순서가 바뀌었고 750년 공인원문에는 한마디가 더 들어갔습니다. 즉 "이는 성령으로 잉태하여 동정녀 마리아에게 나셨

---

106 이재철, 『성숙자반』, 283. 하나님의 독생자 예수 그리스도께서 성령님에 의해 잉태되셨다는 것은 성령님에 의해 하나님이 인간의 역사 세계 속으로 들어오셨다는 의미이다.
107 최영인, 『사도신경: 역사 속에 숨겨진 보물』, 108.

으며"로 '잉태'가 더해졌습니다.[108]

누가복음 1장 35절 "성령이 네게 임하시고…너를 덮으시리
니", 여기서 "임하시고"의 원어는 에페르코마이로 '위로부터 임
한다'라는 뜻이 있습니다.[109] 사도행전 1장 8절에 같은 단어가 사
용되었는데, 거기서는 '영향을 끼친다'라는 뜻으로 사용되었습
니다. 또한 "덮으시리니"의 원어는 에피스키아조로 '덮다, 그림
자를 드리운다'라는 뜻이 있습니다.[110]

원문에서 쉼표 뒤에 연결되는 문구는 "natus ex Maria vir-
gine"(나뚜스 엑스 마리아 비르쥐네)입니다. '성령으로 잉태하
사'라는 의미의 이 원문에서 'natus'는 '태어나셨다.' 'ex'는 '…
로부터', 'Maria virgine'는 동정녀 마리아입니다.[111]

예수님의 동정녀 탄생은 첫째, 예수님은 참 인간으로 우리와
동일하게 오심을 말해 줍니다. 성령님에 의해 임마누엘 하나님,
성자 하나님께서 인간 세상 속으로 들어오셨는데, 그 성자 하나
님은 하나님의 모습으로 오시지 않았습니다. 그 하나님은 인간

---

108 이재철, 『성숙자반』, 272. 초대 기독교의 이단 가운데 가현설(假現說)을 주
　　장하는 자들이 있었다. 이들은 예수님이 진짜 사람이 아니라 하나님이 인간
　　인 것처럼 가면을 쓰고 왔다는 것이다. 그래서 사도신조는 예수님이 참신인
　　동시에 참인간으로서 인간의 몸에서 잉태되어 태어나셨음을 분명히 하기 위
　　해 보완되었다.

109 Walter Bauer, *A Greek-English Lexicon of the New Testament*, tr.
　　by William F. Arndt and F. Wilbur Gingrich (Chicago: The Universi-
　　ty of Chicago Press, 1979), 285.

110 위의 책, 298.

111 이재철, 『성숙자반』, 284-285.

마리아의 몸에서 인간으로 태어났습니다.[112] 성령으로 된 잉태와 동정녀를 통한 출생은 성육신의 수단이었습니다. 그리스도의 나심의 본질은 구원자이신 하나님이 우리와 같은 몸을 취하신 사건 즉 '성육신'입니다.[113] 말하자면 하나님의 자기 비하입니다. 하나님이 자신을 인간으로 낮춘 것입니다. 예수님은 갓난아기로 태어나 어른으로 성장했습니다. 그러므로 예수님은 완전하고 참으로 사람입니다. 성자 하나님께서 인간으로 자기 비하하셔서 인간의 삶을 다 경험하셨기에 인간을 누구보다 잘 아시고 이해하고 도울 수 있습니다(히 2:18). 둘째, 예수님의 동정녀 탄생은 예수님이 참 하나님이심을 말해 줍니다. 예수님은 죄가 없습니다. 예수님은 완전하고 참 인간입니다. 동시에 죄가 없으신 참 하나님입니다. 그 결과 하나님과 사람 사이의 하나밖에 없는 유일한 중보자입니다. 예수님만이 죄가 없으시기에 인간의 죄를 대신합니다. 결론적으로 반드시 예수님은 성령으로 잉태되어야 합니다. 동시에 사람의 아들로 이 땅에 탄생해야 합니다. 예수님은 동정녀 마리아에게서 성령님의 도우심으로 태어났습니다.[114] 이는 다시 말하면 마리아는 하나님이 하시는 일에 도구로 사용되었다는 말로, 마리아에 대한 의미를 부여할 필요가 없습니다. 예수님의 태어나

---

112 위의 책, 285.

113 손재익, 『사도신경: 12문장에 담긴 기독교 신앙』, 132.

114 이재철, 『성숙자반』, 286. 사도신경은 삼위일체 하나님에 대한 신앙고백이다. 그런데 삼위일체 하나님에 대한 신앙고백 중에 마리아와 본디오 빌라도라는 두 사람의 이름이 들어 있다. 이 두 사람의 이름은 대조된다. 마리아는 하나님께 순종함으로 존귀한 인간이 되었다. 그러나 본디오 빌라도는 성자 하나님을 십자가에 못 박음으로써 인간 중에 가장 저주받은 인간이 되었다.

심은 성령님의 역사로 이루어진 것이 중요한 것입니다.

여기서 가현설주의(Docetism)도 무너집니다. 가현설주의란 예수님의 몸은 환상일 뿐 혈과 육을 가진 인간이 아니었다는 주장입니다. 이는 예수님의 인성을 거부한 이단입니다. 가현설주의는 물질을 악으로 간주한 영지주의 이단의 영향을 받은 것으로 '예수님이 어떻게 사람이 될 수 있나? 사람의 몸도 물질이고 물질은 악한 것인데 어떻게 성육신하실 수 있나?'라는 것입니다. 즉 예수님은 완전한 인간이 아닌 인간의 육체를 가진 것처럼 보일 뿐이라고 주장합니다. 이것은 성경의 주장이 아니라 헬라 철학의 영향을 받았습니다.[115]

예수님은 신성과 인성을 완벽하게 가진 분입니다. 성령으로 잉태되신 것과 동정녀를 통해 출생하신 것은 참 하나님과 참 사람이신 성자 하나님의 두 본성을 보여줍니다. 성자 하나님은 신성만 갖고 있었습니다. 그런데 성령으로 잉태되신 것과 동정녀를 통해 출생하신 것을 통해 인성을 취했습니다. 이후로 성자 하나님은 하나의 위격(Person)에 2개의 구별되는 본성인 신성(Divine nature)과 인성(Human nature)을 갖고 있습니다.[116]

"성령으로 잉태하여 동정녀 마리아에게 나셨다." 이 신앙고백을 간단히 정리하면 다음과 같습니다. '하나님은 예수님을 사람으로 이 땅에 보내실 때, 성령님이 마리아의 몸에 잉태되게 했습

115 Michael Scott. Horton, 『사도신경의 렌즈를 통해서 보는 기독교의 핵심』, 111.
116 손재익, 『사도신경: 12문장에 담긴 기독교 신앙』, 139.

니다. 남자가 아닌 성령으로 말미암아 이루어진 잉태, 남자와 성적인 관계를 맺은 경험이 전혀 없는 처녀의 몸에서 이루어진 출산이었습니다. 그러므로 예수님은 신성과 인성이 결합하여 참 하나님이시며 참 인간이심을 믿는다.'[117]

d. 4. 3. 성자의 고난

참고 성구 - 마태복음 27장, 마가복음 15장, 누가복음 23장, 요한복음 18장~19장

Passus sub Pontio Pilato
suffered under Pontius Pilate,
"본디오 빌라도에게 고난을 받으사"
(본디오 빌라도에게 고난을 받아)

다음에 이어지는 문구는 "본디오 빌라도에게 고난을 받으사 십자가에 못 박혀 죽으시고 장사한 지"로서 원문에서는 "Passus sub Pontio Pilato, crucifixus, mortuus, et sepultus"(빠수스 숩 본띠오 빌라또, 끄루치픽수스, 모르뚜우스, 에뜨 세뿔뚜스)에 해당합니다. "본디오 빌라도에게 십자가에 달려서 죽으시고 그리고 장사 되어"는 4세기 고백 형 로마 신조에 "본디오 빌

---

117 최영인, 『사도신경: 역사 속에 숨겨진 보물』, 111.

라도에게 십자가에 못 박혀 장사 지낸 바 되시고"로 발전되었습니다. 이것이 750년 공인원문에서는 "본디오 빌라도에게 고난을 받아 십자가에 못 박혀 죽어 장사 지낸 바 되시고"가 됐습니다.[118]

예수님은 사실 탄생과 십자가의 죽음 사이에 많은 사역을 했습니다. 가르치고 병을 고치며 이적을 베풀었습니다. 사도신경은 이런 부분은 단 한마디도 언급하지 않고 바로 빌라도 아래에서의 고난, 십자가, 죽음, 매장, 음부 강하를 말합니다. 그리스도의 탄생부터 십자가까지의 33년의 기간을 사도신경은 딱 한 마디로 고백합니다.[119]

사도신경만 보면 그리스도께서 이 땅에 사신 마지막 며칠 동안만 고난 받았다고 생각할 수 있습니다. 하지만 하나님이신 그분이 이 세상에 태어나 사신 그 자체가 고난이었습니다.[120] 성자 하나님은 십자가에서만 고난을 겪으신 것이 아니라 생애 전부를 통해 고난 받았습니다. 예수는 지극히 가난한 분으로 이 땅에 왔습니다. 그리고 가난한 자와 함께 살았습니다. 가난한 목수의 아들이셨고, 가난한 자들의 친구였습니다. 그는 구약에 '고난 받는 야웨의 종'입니다. 그의 생애 동안 고난을 몸소 다 당했습니다. 하지만 십자가의 고난은 전 생애의 고난을 대표합니다. 고난 받는

---

118 이재철, 『성숙자반』, 272. 실제로 고난을 당하고 죽으셨음을 강조한다. 교회를 공격하는 이단들 가운데 예수가 실제로는 죽지 않았다고 주장하는 사람들이 있었기 때문이다. 이것이 가사설(假死說)이다. 잠시 의식불명 상태에 있다가 깨어났다 한다. 그러나 분명히 예수님께서 죽으셨음을 확실하게 밝힌 것이다.

119 이성호, 『특강 하이델베르크 요리문답 (상)』, 158.

120 손재익, 『사도신경: 12문장에 담긴 기독교 신앙』, 150.

야웨의 종은 자신을 위해 고난 받은 것이 아닙니다. 이웃과 이스라엘 백성과 이방 민족을 위해서 대리적 고난을 겪었습니다. 이처럼 예수님은 자신 때문에 고난 겪으신 것이 아닙니다. 인류 구원을 위해 대속적이고 대리적인 고난을 감당했습니다. 십자가 죽음을 포함해 무덤에 이르기까지, 그 어머니 마리아에게 잉태되던 순간부터 재판관 빌라도에 의한 처형까지 쓰디쓴 잔을 조금씩 조금씩 마셨습니다.[121] 예수님의 생애와 가르침은 물론 중요합니다. 하지만 구속 사역의 핵심은 '그리스도의 십자가 고난과 죽으심'이기에 사도신경은 이것을 중심으로 신앙을 고백합니다.[122]

사도신경의 공인원문에서 성자 하나님의 고난에 대한 고백은 다섯 개의 쉼표를 통해 5개의 주제로 나눌 수 있습니다. ① 본디오 빌라도에게 고난 받으셨고, ② 나무 십자가에 못 박히셨고, ③ 죽으셨고, ④ 장사 되셨고, ⑤ 음부에 내려가셨으며,

사도신경은 왜 예수님의 고난과 십자가 죽으심과 관련하여 본디오 빌라도라는 인물을 거론합니까? 본디오 빌라도의 역할은 세 가지입니다.[123] 첫째, 예수님의 고난과 죽으심이 분명한 역사적 사실임을 입증합니다. 사도신경에 예수님을 십자가형으로 판결했던 로마 총독의 이름이 실려 있다는 사실은 매우 이상하게

---

121 Cornelis Neil Pronk, 『(하이델베르크 요리문답으로 보는) 사도신경』, 87.
122 윤석준, 『하이델베르크 요리문답 설교 1』(서울: 부흥과 개혁사, 2016), 282.
123 황원하, 『하이델베르크 요리문답 해설』, 215-216.

보입니다. 그러나 이를 통해 십자가 사건이 일어난 시대적인 배경을 분명히 알 수 있습니다. 여기서 '본디오 빌라도에게 고난을 받으사'는 세상 권력을 대표하는 빌라도에게 예수님이 고난과 죽음에 참여했다는 의미입니다. 그 결과 예수님의 십자가형을 언도한 정치적인 책임을 지게 되었습니다. 다른 면에서 빌라도에게 고난을 받으신 것은 '빌라도의 때' 또는 '빌라도의 치하에서'로 이해할 수 있습니다. 이것은 예수님의 삶과 고난에 대한 역사성을 나타냅니다. 본디오 빌라도는 예수님 당시 유대의 총독으로 로마 황제 티베리우스가 임명하여 유대 총독으로 왔습니다. 로마의 역사가 디도에 의하면 빌라도는 A.D. 26~36년까지 유대의 총독이었습니다.[124] 또 유대의 역사가 필로에 의하면 예수라는 사람이 민란을 일으켰을 때 총독 빌라도가 그를 A.D. 30년에 십자가형에 처했다고 합니다. 그들보다 몇 십 년 후에 활동했던 유대 역사가 요세푸스도 빌라도가 너무 혹정을 하여 시저가 그를 로마로 소환했다고 기록합니다. 우리는 이러한 사실을 통해 사도신경에 등장하는 본디오 빌라도가 역사적 인물이었다는 것을 알수 있습니다.[125] 예수님의 고난과 죽음은 확실하지 않은 어느 시기가 아닙니다. 특정한 시간 즉 본디오 빌라도가 유다와 사마리아 총독으로 있을 때 발생한 사실을 강조합니다. 이것은 기독교 신앙의 역사성을 뒷받침하고 있습니다. 빌라도가 역사적인 실제 인물인 것처럼 예수님의 고난과 십자가 죽음도 역사적인 사실입

---

124 임영수, 『(2주 동안 배우는) 사도신경 학교』(서울: 홍성사, 2001), 98.
125 김중기, 『우리들의 신앙고백 사도신경』 (서울: 두란노, 2010), 60.

니다. 둘째, 예수 그리스도의 무죄를 입증합니다(마 27:13-24). 유대와 사마리아 땅을 다스리던 로마인이며 총독인 빌라도에게만 유일하게 사형을 언도할 권리가 있었습니다. 이 때문에 예수에게서 하나님을 모독했다는 혐의를 찾아낸 유대인 종교지도자들이 그를 빌라도에게 넘깁니다. 간교한 그들은 예수님을 없애겠다는 욕심을 관철하기 위해, 엉뚱하게도 로마에 반역을 기도하는, 정치적인 혁명을 선동했다는 죄를 씌워 예수님을 고발합니다(눅 23:2). 그러나 정작 빌라도는 예수에게서 정치적인 폭동의 혐의를 찾아내지 못했고, 객관적인 입장에서 '예수는 죄가 없으며 반역을 꾀하지 않았다'는 사실을 알고 '나는 그에게서 아무 죄도 찾지 못하였다' 이렇게 선언합니다(요 18:38).[126] 셋째, 예수님께 사형을 선고하고 십자가에 매다는 일을 집행한 것은 공적인 성격을 가집니다. 예수님은 우발적으로 돌아가시거나 사사로이 죽임을 당하시지 않았습니다. 예수님은 로마 정부의 공적인 사형집행에 의해 죽임을 당했습니다. 빌라도의 책임 하에서 예수님은 사형을 당했습니다. 이로 인해 빌라도는 예수의 죽음에 간접적인 책임을 지게 된 셈입니다. 결국 그는 군중의 뜻에 굴복하여 예수에게 십자가형이라는 언도를 내립니다.[127]

---

126 김진흥, 『교리문답으로 배우는 기독교 신앙』, 128-130. 참고, 누가복음 23장 14절, 15절, 요한복음 18장 28절, 19장 4절, 6절
127 Alfons Kemmer, 『복음서를 통해본 사도신경』, 68-69.

d. 4. 4. 성자의 죽음과 장사

참고 성구 – 마태복음 27장, 마가복음 15장, 누가복음 23장, 요한복음 18장~19장

crucifixus, mortuus, et sepultus; (descendit ad inferna,)

was crucified, dead, and buried; (He descended into hell,)

"십자가에 못 박혀 죽으시고, 장사한 지"

(십자가에 못 박혀 죽으시고, 장사된 지)

d. 4. 4. 1. 십자가에 못 박혀 죽으시고, 장사한 지

Crucifixus는 '십자가에 못 박히셨다'는 말입니다. 예수님은 사도 바울처럼 참수형을 당하시지 않았습니다. 당시 사형법이 목을 치는 참수형이었다면 그리했을 것입니다. 그런데 예수님 당시의 사형법은 십자가에 못을 박아 죽이는 것입니다. 그래서 예수님께서는 참수형을 당하는 것보다 더 큰 고통을 당해야 했습니다. 그 이유는 나의 죗값을 대신 치르기 위함이었습니다.[128] 예수

---

128 이재철,『성숙자반』, 288. 구속을 뜻하는 영어 단어 'atonement'의 문자적 의미는 한 상태를 이루는 것이다. 나를 위해 십자가에서 온몸으로 고난당하신 예수님의 아픔과 사랑이 내게 닿아 나와 한 상태를 이루게 될 때, 우리는 비로소 그분 안에 바른 삶을 살 수 있다. '십자가에 못 박히시고'라는 신앙고

님이 이 세상에 오셔서 우리의 구원을 위해 하신 핵심적인 일은 십자가에 달려 죽으신 사건입니다.[129]

예수님이 십자가에 달리어 죽임을 당했다는 사실은 사 복음서 뿐 아니라 나머지 신약성경에서도 찾아볼 수 있습니다. 어떤 이가 십자가 처형을 당한다는 것은 예수님과 동시대에서는 아주 끔찍한 일이었습니다.

왜 하필 성자 하나님은 나무 십자가에 달려 죽으셔야만 했을까요? 예수 그리스도에게서 아무 죄를 찾지 못하였지만 본디오 빌라도에게 사형 선고를 받았습니다. 친히 십자가에 달려 죽었습니다. 바울은 십자가에 못 박히심의 참 의미를 갈라디아서 3장 13절에서 말하고 있습니다. 여기서 예수 그리스도는 우리를 위하여 '저주받았다 즉 나무에 달렸다'고 합니다. 이 내용의 근거는 신명기 21장 23~24절입니이다. 나무 십자가는 저주를 의미합니다.

성자 하나님은 의식이 있는 채 살아서 고난 받으시고 일어나는 모든 일을 알았습니다. 나무로 된 십자가에서 모든 일을 경험했습니다. 사람들은 예수님의 죽음이 예수님 자신의 잘못 때문이라고 생각했습니다(사 53:4). 실상은 마땅히 형벌 받아야 할 우리 죄인들을 대신하여 무죄한 분이 저주를 받으신 사건입니다.[130]

십자가는 성자 하나님이 달리시기 전에는 단지 로마 시대에 사

백을 통해 매번 이 사실을 확인하는 것이다.

129 이문선, 『(6권) 그리스도인의 새 생명』, 58. 예수 그리스도의 복음은 십자가의 복음이고, 기독교는 십자가의 종교이다. 우리는 십자가를 통해 예수 그리스도의 무한한 구속의 은총을 경험하게 된다.

130 김진흥, 『교리문답으로 배우는 기독교 신앙』, 130.

용되던 극악한 사형 집행 도구에 불과했습니다. 인류 역사에 가장 잔인한 사형 방법은 십자가입니다. 십자가 형벌은 너무나 고통스러웠습니다. 로마 시민권자에게는 십자가 처형을 할 수 없었습니다. 로마의 시민권을 가진 바울 사도는 참수형을 당했습니다. 다만 반역자나 노예, 강도와 살인범 등 흉악자만 십자가에 처형할 수 있었습니다. 그러나 성자 하나님이 달리신 후 그 의미가 달라졌습니다.[131] 예수님이 죄 없다는 것을 빌라도 총독은 알고 있었습니다. 하지만 빌라도는 그 무엇보다도 자신의 정치적 목적을 달성하기 원했습니다. 무죄한 예수님에게 가장 잔인한 십자가 사형 언도를 내렸습니다. 그러므로 예수님이 십자가에 달려 죽으심은 재판관 빌라도의 책임으로 볼 수 있습니다.

그러면 무죄하신 예수님이 인류 역사에 가장 잔인한 십자가에 달려 죽으신 것은 어떤 의미가 있습니까? 왜 하나밖에 없는 독생자 예수님을 십자가에 처형당하도록 하나님께서는 내어 버려두었습니까? 이는 다른 것이 아니라 죄인들이 받을 죄의 값을 예수님이 대신 받은 것입니다. 그리스도께서 우리를 대신해서 저주를 받았습니다. 성경에도 이렇게 적혀 있습니다. "나무에 달린 사람은 다 저주를 받은 것이다." 이것을 이승구는 대리적 저주, 대속적 저주, 교환된 저주라고 말합니다.[132]

예수 그리스도의 십자가 사건은 다음과 같은 의미가 있습니다.

---

131 유해무, 『개혁교의학』(서울: 크리스챤다이제스트, 1998), 299.
132 이승구, 『사도신경』, 189.

첫째, 하나님이 어떠한 분이신가를 잘 보여 주는 것이 십자가입니다. 십자가를 통해 우리는 우리와 함께 계시는 하나님을 만납니다. 우리를 위해 친히 죽기까지 섬기시고, 사랑과 공의를 가지신 하나님을 발견합니다. 둘째, 모든 인류의 본성을 잘 보여 주는 사건이 십자가입니다. 즉 모든 인간의 죄가 극명하게 드러나는 곳이 십자가입니다. 그리고 이러한 죄악 된 인간성은 십자가에서 부정되고 극복이 됩니다. 셋째, 인간과 그 세계에 대한 하나님의 심판과 용서를 보여주는 곳이 십자가입니다. 십자가는 하나님의 공의를 시행하신 사건인 동시에 인간을 지극히 사랑하신 하나님의 사건입니다. 또한 십자가는 하나님이 당하신 고난으로 하나님과 인간을 화목하게 하신 사건입니다. 죄로 인하여 하나님과 단절된 인간이 하나님의 의롭다 하심을 받은 사건입니다. 그러므로 십자가는 하나님이 베푼 은혜로운 칭의의 사건인 동시에, 복음입니다. 넷째, 하나님 나라가 이 세계에 시작되었음을 의미하는 것이 십자가입니다. 하나님과 인간의 단절이 극복되고, 화해되는 것이 십자가입니다. 십자가에서 죽음은 극복됩니다. 십자가에서 영원한 생명이 시작됩니다. 이러한 면에서 이 세계 안에 하나님 나라의 시작은 십자가라는 뜻입니다.

　여기서 성서 백과 대사전의 십자가 설명을 살펴봅니다.[133]

　가. 의미, 본래 헬라어 스타우로스(Stauros)는 단순히 땅에 수직으로 박힌 뾰족한 기둥을 가리키는 말이었습니다. 그러한 기

---

133 정인찬 편, 『성서백과대사전 제 7권』, 270-279에서 발췌한 것이다.

둥은 대개 두 가지 목적으로 사용되는데, 첫째 그러한 기둥을 나란히 세워 거주지 둘레에 담이나 방어용 울타리로 사용하는 것이며, 둘째 기둥을 하나만 세워 중범죄자를 공개적으로 매달아 죽게 하거나, 이미 죽은 자라면 그의 시체를 매달아 모독하기 위한 형틀로써 사용되었습니다. 이러한 이중적 의미는 동사의 경우에도 나타나, 스타우로오(Stauroδ)는 '기둥을 박다', '방책으로 보호하다'라는 뜻이며, 그 합성어인 아나스타우로오(Anastauroδ)는 '둘레에 울타리를 세운다', '둘러막는다'라는 뜻이지만, 이 두 개의 동사 모두 '십자가에 못 박는다'라는 뜻을 이차적으로 가지고 있습니다. 이처럼 처형 방법으로 십자가가 사용되기 시작한 것은 고대에 반역자, 항거자, 배반자, 적병들의 시체나 머리를 방책의 뾰족한 기둥에 매달아 공개적으로 전시하는 관습에까지 거슬러 올라갑니다. 그러므로 십자가형은 말뚝 형틀을 아무 데에나 가까운 공공지역에 세워, 그 극악무도한 범죄자의 시체를 누구나 볼 수 있도록 했던 고대의 관습에서 약간 진보한 형태일 뿐입니다.

나. 형태, 단순히 수직으로 세우는 초기의 기둥 형태 이외에 네 가지 형태가 주로 사용되었습니다. 첫째, 라틴십자가(Latin Cross) ; 십자 형태로 수직 기둥이 그것보다 짧은 가로지르는 대 위로 솟아나 있는 형태(†)입니다. 둘째, 성 안토니우스의 십자가(St. Antonius Cross) ; 헬라어 철자 타우(Tau) 형태(T)로서 가로지른 대가 수직 기둥 꼭대기에 놓인 형태입니다. 셋째, 그리스 십자가(Greek Cross) ; 수직 기둥과 가로지른 대의 길이가 똑같은 형태(+)로 주로 후기에 사용되었습니다. 넷째, 성 안드레

의 십자가(St. Andrew cross) ; 두 개의 같은 막대기가 서로 비켜있는 형태(×)입니다.

다. 십자가형의 역사적 고찰, 십자가 처형에 관한 헤로도토스(Herodotus)의 수많은 언급에 근거하여 성경 안내서 편집자들은 페르시아 사람들이 최초로 십자가형을 사용했다고 기록하고 있습니다. 다른 고전적 자료들에 의하면 십자가형은 본래 야만인들의 처형 방식이었습니다. 즉 그리스와 로마의 역사가들은 야만인들의 십자가 처형에 관해서만 즐겨 언급하고 있을 뿐 자기 민족들이 그처럼 잔인한 처형을 집행하는 사실은 묵과했습니다. 고대 근동 지방에서 행해진 십자가형의 시발이라고 할 수 있는 처형 방식은 살아있는 인간의 몸을 뾰족한 기둥에다 꿰뚫어 죽이는 것으로서, 앗시리아인들이 탈주자, 적군 포로, 반역자 등을 처형할 때 쓰던 방식이었습니다. 그러나 고대 문헌들이 그 처형 방식의 세부적 사실에 관해 항상 정확하게 설명하고 있는 것은 아니기 때문에 처형 방식에 관한 묘사만으로 그것이 기둥에 꿰어 죽이는 방식인지 아니면 십자가형인지 또는 살아있는 사람을 십자가형에 처하는 것인지 아니면 시체를 단지 대중들에게 보이는 것인지를 구분하기가 어렵습니다. 그러나 모든 경우에 있어서 이러한 처형 방식은 가능한 한 가장 치욕스럽게 사형을 받아야 할 자들에게 집행되었으며 죽은 시체이든 살아있는 자이든 간에 못을 박거나 기둥에 꿰어 매어다는 스콜롭스 방식이었습니다.[134]

---

134 정확하게 언제부터 †자 형태의 형틀이 공공연히 사용되었는지는 불확실하다.

일반적으로 헤로도토스는 산 자에 대한 처형을 동사 아나스콜로피조, 죽은 자에 대한 처형을 아나스타우로오라고 구분해서 기록했습니다. 그러나 헤로도토스 이후에는 이 2개의 동사가 서로 혼용되었습니다. 그 후 그리스 사람들은 비록 십자가형이 그들의 전형적인 처형 방식은 아니었지만, 이 방식을 받아들여 알렉산더 대왕, 디아도키, 카르타고인들에 의해 사용되었으며, 마침내 로마인들이 이 처형 방식을 사용하게 되었는데, 크룩스(Crux)라는 용어는 바로 로마인들의 어휘입니다. 그러나 그리스 시대나 로마 시대에도 십자가형은 거의 예외 없이 자유인이나 로마 시민의 처형 방식으로는 사용되지 않았습니다.

십자가에 대한 오늘 우리의 의미는 무엇입니까? 우리 주 예수 그리스도의 희생을 상징하는 성경 일부에서는 나무로 표기(신 21:22,23; 행 5:30; 10:39; 갈 3:13) 하기도 한 십자가는 그리스도의 희생이라는 단어보다도 더 많이 사용되고 있으며 더 강조되고 있는 현실입니다. 그러다 보니 교회마다 교회의 상징으로서 십자가는 존재할지 모르나 예수님의 희생은 조용히 한 구석에 자리하든지 아니면 아예 교회 안에서 즉 성도들의 생활 속에서 사라지고 있습니다. 목회자들의 설교에서도 예수 그리스도와 그리스도인의 희생이나 헌신이라는 단어보다는 십자가라는 단어를 사용하기를 즐기고 있으며, 찬송가에서도 예수 그리스도의 희생에 대한 감사와 동참하고자 하는 결단보다는 십자가를 찬양하는 듯한 내용이 나타나고 있습니다.[135] 그리고 사도신경에 나오는 Crucified는 '십자가에 못 박는다'라는 의미보다는 '몹시 괴롭힌다'는 뜻으로 보아야 할 것입니다.

사도신경에서 예수님의 죽음에 관한 항목을 살펴볼 때 눈길을 끄는 것은 아주 간결하고도 집약적인 표현, 즉 '십자가에 못 박혀', '돌아가시고', '묻히셨다'로 긴 이야기를 바꾸어 쓴 점입니다. mortuus는 죽으셨다는 의미입니다. 십자가에 못 박히셨을 뿐 아니라 실제로 죽었습니다.[136] 죽음으로써 비로소 죽음을 깨뜨리고 부활하실 수 있었습니다. 죽음으로써 죄인인 우리를 죽음에서 건져내어 부활하신 당신 안에서 영원히 살렸습니다. 그래서 그분은 죽어야만 했습니다.

예수님의 죽음에 대한 이런 표현방식은 어찌 보면 분명한 사실보도라 할 수 있습니다. 이는 사도신경이 쓰이던 당시에 유행하던 그릇된 교리, 즉 예수님은 실제 죽은 것이 아니라 그저 겉보기의 인간만 죽은 것이라는 교리에 일침을 가하려는 목적도 포함됩니다. 다시 말하면 그리스도인들에게 예수님이 실제로 십자가에 못 박혀 죽었고 그 주검이 묻혔음은 움직일 수 없는 사실이라는 뜻입니다.

---

135 예, 415장의 십자가 그늘 아래, 439장의 십자가로 가까이 등
136 이재철, 『성숙자반』, 288. 죄의 삯은 사망이기에 예수님께서는 우리 대신 반드시 죽으셔야 했다. 주님은 고난당하셨을 뿐 아니라 죽음으로써 우리의 죗값을 완전히 치러 주셨다.

예수님이 실제로 죽었다는 보도는 복음서에 다양한 표현 방법으로 서술되어 있습니다. 마가복음 15장 42절 이하를 보면, 의회 의원인 아리마대 사람 요셉이 빌라도에게 예수님의 시체를 장사 지내기 위해 넘겨달라고 요청합니다. 통상적으로 사형수의 시체는 그 가족이나 친지가 가져가지 못하고 공동묘지에 안장하는 것이 관례였습니다. 빌라도는 예수님이 일찍 숨을 거두었다는 소식에 놀라움을 표명하는데, 십자가에 달린 사형수는 보통 상당 기간을 버티다가 결국 숨이 넘어가지 않아 군인들이 창으로 찔러 죽이곤 했습니다. 그는 백인 대장에게 예수님이 숨을 거두었는지 일차 확인하고 요셉에게 예수님의 시체를 내어줍니다.

요한복음 19장 31절 이하를 보면, 마침 그날은 과월절(유월절) 준비 일이었기 때문에 세 명의 사형수를 십자가 위에 방치해 둘 수 없었습니다. 예수님을 제외한 두 명의 사형수는 아직 숨이 붙어 있어서 완전히 숨을 끊어 버리기 위해 다리를 꺾었습니다. 하지만 예수님은 이미 숨을 거둔 다음이었습니다. 그래도 사형수의 죽음을 눈으로 직접 확인해야 할 의무가 군인들에게 있었으므로 그들 중 한 명이 예수님의 옆구리를 창으로 찔러 봅니다. 만약 신음이라도 들리면 여지없이 마지막 일격을 가했을 것입니다. 요한이 특별히 강조하여 서술한 대로 창으로 찔린 곳에서 물과 피가 흘러나왔습니다. 요한은 이런 사건 보도를 통해 한 명의 참된 인간이 죽었다는 엄연한 사실을, 잘못된 교리를 펴는 이들에게 확인시키려 했을 것입니다.

예수님의 죽은 이야기는 아직 끝나지 않았습니다. 사도신경은 한 가지 사실을 덧붙이는데, 예수님이 '묻히신' 것입니다. et sepultus는 '무덤에 장사 지낸 바 되고'라는 말입니다. 당시 이단의 주장인 가사설을 부인하는 것입니다.[137] 주목할 점은 예수님의 '묻힘'이(신약성경 내에서도 서기 30년경을 그 형성 시기로 잡을 수 있는) 가장 오래된 신조 양식을 포함하는 것입니다. 이는 대략 서기 55년경에 바울이 쓴 고린도 전서에서 등장합니다 (고전 15:4). 바울은 특히 예수 그리스도의 죽음의 실제성을 강조한 인물입니다.[138]

성자 하나님은 십자가에 멈추지 않고 죽기까지 더 낮추어야 했던 이유가 무엇입니까? '하나님의 공의와 진리'라는 기준을 댈 때 '우리의 죄에 대한 대가'는 하나님의 유일한 아들의 죽음 이외에 달리 치를 길이 없었습니다.[139] 성자 하나님의 죽음은 죄의 비참함과 대가가 무엇인지를 잘 보여줍니다. 성자 하나님은 죽을 우리를 구원하시려고 사람이 되었고 죽었습니다.[140]

---

137 위의 책, 289. 예수님께서 잠시 의식을 잃은 것이 아니라 실제로 죽으셔서 시신이 무덤에 안치되었다.

138 Alfons Kemmer, 『복음서를 통해본 사도신경』, 71-73.

139 김진흥, 『교리문답으로 배우는 기독교 신앙』, 131.

140 백금산, 『만화 사도신경』(서울: 부흥과 개혁사, 2008), 101. 이를 대속(代贖)의 죽음이라 한다. 이문선, 『(6권) 그리스도인의 새 생명』, 48. 예수님은 우리를 죄악 가운데서 구원하시기 위하여 오셨다. 뿐만 아니라 예수님은 우리의 전인적인 구원을 위한 삶을 사셨다. 예수님은 우리를 구원하기 위해 오셨고, 우리를 위해 사시다가 우리를 위해 죽으시고 우리 위해 다시 사셨다.

성자 하나님이 죽으신 것은 자신의 죄 때문이 아닙니다. 예수님이 친히 나무에 달려 저주를 받으심은 우리가 받을 하나님의 심판과 저주를 대신 받은 것입니다. 예수님은 '인류의 죄에 대한 하나님의 진노'를 감당하기 위해서 죽었습니다. 예수님이 율법의 저주를 친히 받음으로 우리는 율법의 저주에서 속량 받았습니다. 지극히 공의로우신 하나님은 인간이 가진 죄를 철저하게 벌하여야 합니다. 하나님의 공의는 죄를 벌하여야만 합니다. 죄를 벌하지 않고 죄인을 용서한다면 하나님은 불의한 분입니다. 인간은 모두가 죄를 지었기에 하나님의 진노 즉 죄에 대한 형벌을 받아야만 합니다. 이 진노의 무게를 견딜 수 있는 인간은 결코 없습니다. 이런 우리를 대신하여 예수님은 하나님의 진노를 자신의 몸과 영혼으로 다 받았습니다.[141] 하나님은 인류 구원을 하시기 위하여 자기의 독생자 예수 그리스도에게 인간의 모든 죄를 짊어지게 하시므로 철저하게 징벌했습니다. 이사야 선지자의 예언대로 예수님은 우리의 질고를 졌고 우리의 슬픔을 몸소 다 당했습니다.

---

141 Cornelis Neil Pronk, 『(하이델베르크 요리문답으로 보는) 사도신경』, 115. 그리스도께서 죽으셨을 때 하나님이자 사람으로 죽으셨다. 그리스도께서 죽으셨을 때 그리스도의 한 위격 안에 이루어진 신성과 인성의 연합은 깨어지지 않았다. 신성은 십자가 위에서 죽은 몸을 떠난 영혼과 참되게 연합되었고, 같은 신성이 나무에 매달린 망가지고 훼손된 몸과도 참되게 연합되었다.

d. 4. 4. 2. 음부(陰府)에 내려가셨으며

한국 교회의 사도신경에는 없지만, 영어본에 보면 나와 있는 He descended into hell, (음부에 내려가셨으며)에 대하여 살펴보고자 합니다. 750년의 공인원문의 "음부에 내려가셨으며"는 2세기 문답형에도 없고 4세기 고백형에도 없던 부분입니다. 이 문구가 들어간 이유는 초대 교인들에게 질문이 생겨났기 때문입니다. 예수님께서 십자가에 못 박혀 몸은 돌아가셨는데 그때 예수님은 무엇을 하셨을까 하는 질문이었습니다. 예수님이 십자가에 못 박혀 돌아가실 때 주님의 영까지 돌아가시지 않았기 때문입니다. 그래서 이 문구가 사도신경 원문에 들어가게 된 것입니다.[142] "descendit ad inferna"(데스첸디프 아드 인페르나)에서 descendit는 '내려가다', ad는 to에 해당하는 '…로' inferos는 '지옥, 음부'를 의미합니다. 즉 지옥, 음부로 내려가셨다는 말입니다. 로마 가톨릭 교회, 영국 성공회, 개신교회 등 사도신경으로 신앙을 고백하는 전 세계 모든 교회는 이 구절을 고백합니다. 그러나 우리나라 사도신경에만 예수 그리스도의 지옥 강하 고백이 생략되었습니다. 우리나라에서도 초기의 사도신경에는 분명히 들어 있었습니다.[143]

사실 이렇게 된 이유는 감리교회 때문입니다. 감리교는 역사적인 정통교회의 교리 중에서 난해하거나 상식을 넘는다고 생각

---

142 이재철, 『성숙자반』, 273-274.
143 위의 책, 289.

하는 일부 교리를 제거했습니다.[144] 이 중요한 신앙고백을 한국 교회가 삭제하게 된 것은 초창기 감리교회의 영향입니다. 이는 김용준이 1963년 『기독교사상』지에 2회 연재한 '사도신경 개역의 필요성'이라는 논문에서 알 수 있습니다. 그의 논문에 의하면 1894년 언더우드 선교사의 사도신경 번역판이나 1905년 장로교선교사협의회에서 번역한 사도신경에는 이 구절이 들어 있었습니다. 그러나 1897년과 1902년 그리고 1905년에 번역된 감리교회의 사도신경에는 한결같이 이 구절이 삭제되었습니다. 그리하여 한국장로교회와 감리교회는 이 구절에 대해 상반된 태도를 보일 수밖에 없었습니다. 그러다가 1908년 장로교회와 감리교회가 『합동 찬송가』를 발간하며 찬송가의 처음 페이지에 사도신경을 수록하면서 한 쪽이 양보해야 할 상황이 되었습니다. 이때 한국장로교회는 양보해서는 안 될 양보를 하고 말았습니다.[145]

개혁주의에 기반을 둔 장로교회는 이 부분에 대한 입장을 명확히 정리할 필요가 있습니다. 이 구절은 우리 구원의 총체를 이해하는 데 얼마나 중요한지 모릅니다. 만일 이 구절을 삭제하면 그리스도의 대속적 죽음이 주는 은택의 많은 부분을 상실하게 될 것입니다. 우리는 이 고백이 성도들의 삶에 정말 유익한 고백이며 모든 시대 모든 성도가 같이했던 고백임을 알아야 합니다.

---

144 김민호, 『사도신경 강해: 참된 성도의 신앙고백』, 112-113.
145 위의 책, 감리교 신조는 영국교회의 신조인 '39신조'에서 발췌한 25신조인데 이때 칼빈주의적인 부분들이 많이 제거되면서 39신조의 제3항인 '그리스도의 음부 강하에 대하여'가 전부 생략되었다. 그러다 보니 한국 감리교회의 사도신경 번역에도 이 구절은 자동적으로 삭제되었다.

2004년 한국기독교교회협의회와 한국기독교총연합회는 주기 도문과 사도신경의 번역이 너무 오래되어 문제점이 많다 하여 새로운 번역문을 확정했습니다. 두 기관이 확정한 사도신경의 새 번역문에도 '지옥에 내려가셨으며'라는 구절은 빠져 있습니다. 그 대신 사도신경 밑에 주(註)를 두 개 달아두었습니다. 주 1 번은 사도 신조로도 번역할 수 있습니다. 사도신경의 제목을 사도 신조로 번역해도 좋다는 말입니다. 주 2번은 '장사되시어 지옥에 내려가신 지'가 공인된 원문에는 있으나 대다수의 본문에는 없습니다. 이 구절이 공인원문에 있는 것을 처음 밝힌 것입니다.

사실 지옥 강하에 대해서는 잘못된 견해들이 많습니다.[146] 로마 가톨릭은 음부를 선조림보(Limbus Patrum), 즉 선조들의 거처로 봅니다. 예수께서 삼일 동안 무덤에 머물러 계시는 동안, 그의 영혼이 '림보(Limbus)'[147]에 내려갔습니다. 말 그대로 '지옥

---

146 최영인, 『사도신경: 역사 속에 숨겨진 보물』, 144. 좀 더 자세한 내용은 황원하, 『응답하라 신약성경』(서울: 세움북스, 2016), 206-213; 손재익, 『사도신경: 12문장에 담긴 기독교 신앙』, 177-178을 참조하라.

147 이것은 박도식 엮음, 『가톨릭 교리사전』(서울: 가톨릭 출판사, 1989), 39에서 발췌한 것임. 림보는 인간이 저지른 원죄로 하나님을 잃어 버렸고 드디어는 인간을 구원하시기 위해 예수님이 이 세상에 오셨다. 우리는 예수 그리스도의 구원 사업으로 새로운 하나님의 자녀가 되는데 일차적으로 성세 성사를 받음으로써 시작된다. 성세 성사를 받으면 모든 죄, 원죄까지도 사함을 받는다. 그래서 예수님도 자신이 세례를 받으시면서 세례의 중요성을 일깨워 주신다. 그런데 세례를 받지 못하고 죽은 아기들의 문제가 신학적인 문제로 대두된다. 아기에게는 본죄는 없지만 원죄는 있다. 그 원죄를 가지고는 구원을 받을 수 없다. 자신이 범한 죄 없이 또한 단죄를 받을 수는 없다. 그래서 신학자들은 소위 림보(Limbo, 본래 뜻은 변방이다) 교리를 성 아우구스티노 때부터 주장해 왔다. 이것이 어느 정도 토마스 아퀴나스에 의해 체계화되었다. 하지만 아직도 신학자들 간에는 문제가 되어 있다. 림보는 세례를 받지 않고 죽은 아기들이 가는 곳이고 여기에는 천국의 복은 없고 다만 자연의 행복만

에 내려가셨다'는 것입니다.[148] 이것이 연옥설의 근거입니다.[149] 루터는 "그리스도께서 귀신들에게 자신의 승리를 알리시려고 고통 받는 곳에 가셨다"라고 합니다. 패커(J. I. Packer)는 낙원과 음부를 동일시하여 "예수님이 지옥에 계신 것이 아니라 3일 동안

있는 곳이라 한다. 그리고 덧붙여서 신학자들은 오늘 우리가 이야기하는 소위 고성소도 일종의 림보라고까지 말한다. 고성소는 구세주가 오시기까지 구약의 옛 성현들이 구원의 날을 기다리던 곳이라고 한다. 구약시대에는 구원의 길이 막혀 있었고 그들도 구세주를 통해서만이 구원을 얻을 수 있었기에 구약의 성인들이 구세주를 기다리고 있었던 장소가 곧 고성소이며, 사도신경에 "십자가에 못 박혀 죽으시고 묻히셨으며 고성소에 내리시어"하는 그 내용이다. 예수님이 십자가에 돌아가신 다음 그곳에서 위로하시어 그들에게 천국문을 열어 주신 다음 고성소는 없어졌다고 신학자들은 말한다.

148 The Oxford Dictionary of the Christian Church, 395. 로마 가톨릭에서 음부에 대한 근거를 다음과 같이 제시하고 있다. 에베소서 4장 8절~10절 "그러므로 이르기를 그가 위로 올라가실 때에 사로잡힌 자를 사로잡고 사람들에게 선물을 주셨다 하였도다. 올라가셨다 하였은즉 땅 아래 곳으로 내리셨던 것이 아니면 무엇이냐? 내리셨던 그가 곧 모든 하늘 위에 오르신 자니 이는 만물을 충만케 하려 하심이니라." 빌립보서 2장 9절~11절 "이러므로 하나님이 그를 지극히 높여 모든 이름 위에 뛰어난 이름을 주사 하늘에 있는 자들과 땅에 있는 자들과 땅 아래 있는 자들로 모든 무릎을 예수님의 이름에 꿇게 하시고 모든 입으로 예수 그리스도를 주라 시인하여 하나님 아버지께 영광을 돌리게 하셨느니라." 베드로 전서 3장 18절~20절 "그리스도께서도 한번 죄를 위하여 죽으사 의인으로서 불의한 자를 대신하셨으니 이는 우리를 하나님 앞으로 인도하려 하심이라 육체로는 죽임을 당하시고 영으로는 살리심을 받으셨으니 저가 또한 영으로 옥에 있는 영들에게 전파하시니라. 그들은 전에 노아의 날 방주 예비할 동안 하나님이 오래 참고 기다리실 때에 순종치 아니하던 자들이라 방주에서 물로 말미암아 구원을 얻은 자가 몇 명뿐이니 겨우 여덟 명이라"

149 연옥설이라 함은 죽은 후에 신자이든지 불신자이든지 천국이나 지옥에 가지 아니하고 연옥 곧 어떤 중간지점에 다가서 땅위에서 살 때에 미처 잘하지 못한 것이나 죄를 짓고도 회개하지 못하고 온 것들을 위하여 거기에 머물게 되는 동안에 아직도 땅위에 살아남아 있는 친척들이나 혹은 가까운 친구들이 예배나 미사나 혹은 기도를 하나님께 올리게 되면 그들의 땅위에서 숨질 당시의 조건과 자격이 개선된다고 믿는 교리인데 이것은 성경사상과는 아무 관계가 없는 이단적 교리이다.

낙원에 계셨다"라고 합니다. 종교개혁자들은 그리스도께서 지옥에 내려가신 고백을 성경으로 해석하는 일에 어려움을 겪었습니다. 하지만 이 교리를 둘러싼 온갖 혼란에도 불구하고 이 교리를 사도신경에서 지우지 않았습니다.[150] 이들은 "그리스도께서 지옥에 내려가셨다"라는 말이 깊은 성경적 의미가 있다고 느꼈습니다. 예수님이 음부에 내려가셨다는 이런 의미가 아닙니다.[151] 첫째, 예수님께서 이미 죽은 자들에게 구원을 베푸셨다는 뜻이 아닙니다. 성경 그 어디에도 사후의 구원을 뒷받침하는 구절은 없습니다. 둘째, 이 구절은 예수께서 지옥의 불꽃에 타셨다는 뜻이 아닙니다. 셋째, 이 구절은 예수께서 십자가 사역 외에 죽으심과 부활하심 사이에 어떤 일을 더 하셨다는 뜻이 아닙니다. 예수께서 '다 이루었다' 말씀하실 때 십자가 위에서 하신 일 외에 더해야 할 일은 아무것도 없습니다.

그러면 이 말이 정확하게 무슨 뜻이었을까요? 칼빈은 다음과 같이 말했습니다. "만일 그리스도께서 당하신 것이 육체의 죽음뿐이었다면 그 죽음에는 효험이 없을 것이다. 참으로 그는 동시에 하나님의 엄격한 천벌을 받으며 그 진노를 진정시키며 그 공

---

150 이승구, 『사도신경』, 211. '음부에 내려가셨다'는 고백의 해석은 매우 어렵다. 그래서 이 구절을 아예 버려서 로마 가톨릭이나 루터파, 그 외 여러 사람이 오해했던 것처럼 다른 사람들이 오해하지 않도록 하는 것이 유익할 수도 있다. 일종의 행복한 무지로 내버려 두는 것이 좋을 수도 있다. 그러나 아예 모르기보다는 제대로 알고 제대로 고백하여 이 부분에 대해 오해를 하지 않도록 조심하는 것이 더욱더 좋지 않을까?.

151 Ray Pritchard, *Credo*, 박세혁 역, 『내가 믿사오며』(서울: 사랑플러스, 2014), 169.

정한 심판대로 배상을 치르실 필요가 있었다".[152]

d. 4. 5. 성자의 부활

참고 성구 – 마태복음 28장, 마가복음 16장, 누가복음 24장, 요한복음 20장, 고린도 전서 15장 등

tertia die resurrexit a mortuis
The third day he rose again from the dead
"사흘 만에 죽은 자 가운데서 다시 살아나시며"
(사흘 만에 죽은 자 가운데서 다시 살아나셨으며)

성자 하나님의 사역은 크게 '비하'(卑下, 낮아지심)와 '승귀'(承句, 높아지심)로 나눕니다. 사도신경이 다루는 승귀의 첫 사역은 바로 그리스도의 부활입니다.[153]
이어지는 문구는 "사흘 만에 죽은 자 가운데서 다시 살아나시며"입니다. 원문은 "tertia die resurrexit a mortuis"(떼르치아 디에 레수렉시프 아 모르뚜이스)입니다. resurrexit는 예수님의 부활을 의미하는 단어입니다. 우리말 '사흘 만에'라고 번역된 라틴어는 tertia die로 tertia는 '세 번째', die는 '날'입니다. 그러므로 '세 번째 날에'가 정확한 번역입니다. '삼 일 만에'라는 말이

---

152 John Calvin, *The Christian Institute*, 『기독교 강요 (상)』, 709.
153 최영인, 『사도신경: 역사 속에 숨겨진 보물』, 159.

없이 "죽은 자 가운데서 살아나셨다"고 하면 한 시간 만에 살아났다거나 두 시간 만에 살아났다고 할 수 있기 때문입니다.[154] '사흘 만에'라고 하면 마치 72시간 만에 부활하신 것처럼 들립니다. 그러나 금요일 오후에 돌아가신 예수님께서는 주일 새벽에 부활하셨습니다. 예수님께서는 사흘 만에 부활하신 것이 아니라 사흘째 되는 날 부활하신 것입니다. 사실 만 이틀도 지나지 않았습니다. 따라서 우리는 부활을 '사흘째 되는 날'로 이해합니다.[155] 영어 번역문 역시 "The third day"라고 하여 사흘째 되는 날로 정확히 번역하고 있습니다. '사흘 만에'는 예수님의 부활을 시간상으로 규정합니다. 초대교회에서는 예수님의 부활을 시간과 역사 속에 뚜렷이 남겨야 할 사건으로 제시하였습니다. 그리고 a는 '…로부터' mortuis는 '죽은 자'입니다. "죽은 자 가운데서 다시 살아나셔서" 4세기 고백형 로마 신조에 '삼일 만에'라는 말이 첨가되었습니다. 이는 앞서 말한 가사설을 주장하는 자들을 반박하기 위해서입니다. 예수님께서 죽은 자 가운데서 살아나셨다는 말입니다. 예수님의 부활은 시신 상태에서 이루어졌습니다. 예수 그리스도께서 시신 상태에서 부활하셨기에 우리의 육체가 시신이 될 때도 우리에게는 소망이 있습니다.[156]

예수님이 죽은 후에 부활했다는 믿음은 신약성경에 광범위하

---

154 이재철, 『성숙자반』, 274.
155 김헌수, 『하이델베르크 요리문답 강해 II: 높아지신 그리스도와 성신 하나님의 위로』(서울: 성약출판사, 2010), 15.
156 이재철, 『성숙자반』, 295.

게 기록되어 있습니다. 가장 오래된 증언이 고린도 전서에 "성경에 기록된 대로 사흘 만에 다시 살아나셨다는 것과 그 후 여러 사람에게 나타나셨다는 사실"(고전 15:4-5)이라고 기록되어 있습니다. '성경대로'라는 말은 시편 16편 8~11절과 이사야 53장 5~6절 등의 예언의 성취를 뜻합니다. 그리고 '살아나사'는 신적 수동태로써 문법적으로 정확히 번역하면 '일으킴을 받았다'(He was raised)는 의미입니다. 예수님은 스스로 살아나신 것이 아니라 하나님이 그를 살렸습니다. 성자 하나님이 살아나신 사건은 성부 하나님의 사역입니다. 즉 부활은 하나님의 사역입니다. 또한 이 문장은 현재완료형으로 '예수님이 지금도 살아 계신다'라는 함의가 있습니다.[157] 예수님은 예언대로 죽은 자 가운데서 살아났습니다. 부활은 이적 중의 이적이며, 부활의 표적은 우리가 믿을 수 있는 가장 큰 표적입니다.[158]

　성자 하나님의 부활이 역사적이며 실제적인 사건임을 어떻게 증명할 수 있습니까? 어떤 사건이 사실임을 증명하려면 크게 세 가지의 증거가 필요합니다. 첫째, 증인들의 직접적인 증거입니다. 사도 바울이 고린도에 보낸 편지의 명단 외에도 신약 성경에는 예수님의 부활을 직접 목격한 증언이 열한 번 정도 기

---

157 최영인, 『사도신경: 역사 속에 숨겨진 보물』, 157.
158 이문선, 『(6권) 그리스도인의 새 생명』, 68. 예수님의 십자가와 더불어 부활은 복음의 두 기둥이다. 예수님이 우리의 구원을 위해 하신 핵심적인 일은 십자가에서 죽으시고 부활하신 사건이다.

록되어 있습니다.[159] ① 부활주일 아침 최초로 막달라 마리아에게(요 20:11-18) ② 부활주일 아침 다른 여인들에게(마 28:8-10) ③ 부활주일 정오 엠마오로 가던 제자 글로바와 친구에게(눅 24:13-35) ④ 부활주일 오후 베드로에게(눅 24:24; 고전15:5) ⑤ 부활주일 저녁 도마를 제외한 열한 제자에게(요 20:24) ⑥ 부활주일 다음 주일 도마를 포함한 열두 제자에게(요 20:26) ⑦ 갈릴리 디베랴 호수에서 일곱 제자에게(요 21:15) ⑧ 갈릴리의 한 산에서 500명 이상에게(마 28:16-20; 고전 15:6) ⑨ 갈릴리에서 예수님의 육신의 동생 야고보에게(고전 15:7) ⑩ 예루살렘 감람산에서 열한 제자에게(고전 15:7; 막 16:15-20; 눅 24:44-53; 행 1:6-11) ⑪ 다메섹 도상으로 가던 사울에게(행 9:4-5, 26:15; 고전 15:8). 둘째, 무덤의 시신이 썩지 않고 비어 있었던 물적 증거입니다. 예수님의 부활을 부인하는 주장들은 크게 네 가지가 있지만,[160] 예수님의 빈 무덤은 예수님의 실제적 부활을

---

159 백금산, 『만화 사도신경』, 123. 많은 사람 앞에 부활하신 예수님께서 나타나셨다. 이 사실은 역시 성경에 잘 기록되어 있다. 사도행전 13장 27절~31절에 의하면 예수 그리스도는 십자가에서 돌아가셨으며, 매장되셨다가, 다시 살아나셨고, 자신을 게바, 12 제자, 오백여 명의 형제, 야고보와 모든 사도, 사도 바울에게 나타내 보이셨다. 마태복음 28장 16절~20절, 누가복음 24장 36절~53절, 요한복음 20장 19절~29절, 21장 1절~15절에 따르면 부활 후 예수님께서는 예루살렘과 갈릴리에 나타나셨다. 그 외에도 성경에는 예수님의 부활에 관한 많은 구절이 있다(데살로니가 전서 4:14, 데살로니가 후서 1:10, 고린도 전서 15:3~8 등).

160 Louis Berkhof, *Intriduction to systematic theology; systematic theology,* 권수경, 이상원 역, 『조직신학 개론』(서울: 크리스챤다이제스트, 2001), 121-130. 예수님의 부활을 부인하는 주장들. 제자들이 시체를 도적질하고 거짓말한다는 허위설, 십자가에서 기절했다가 회복됐다는 기절설, 제자들이 예수님을 그리워한 나머지 환상을 봤다는 환상설, 고대 근동의 부활

지지합니다. 빈 무덤 사건은 마가복음 16장 1절~8절, 마태복음 28장 1절~10절, 누가복음 24장 1절~12절에 잘 나타나 있습니다. 빈 무덤이라는 말은 시신이 썩었다는 의미가 아니라 시신이 없어졌다는 의미입니다. 만 이틀이 되지 않는 짧은 시간에 무덤이 비었습니다. 예수님이 부활하셨기에 무덤이 비었습니다. 그러므로 부활은 신화나 전설이 아니라 사실입니다. 셋째, 간접적인 정황상의 증거들입니다. 그 증거들은 다음과 같습니다.[161] ① 부활에 대한 예수님 자신의 증언입니다. 예수님은 살아 있는 동안 이미 자신이 부활한다는 사실을 계속 말씀하셨습니다. 또한, 그는 죽은 자를 살리는 기적을 행하기도 하셨습니다. ② 예수님 부활 이후 제자들의 놀라운 변화입니다. 제자들은 예수님의 체포 이후 모두 도망치고 숨었습니다. 이런 제자들이 주님의 부활을 목격했다고 증언하고 부활을 증언하다가 장렬하게 순교 당합니다. ③ 회의주의자 야고보와 바울의 변화입니다. 예수님의 동생 야고보는 예수님의 부활 이전에는 예수님이 하나님의 아들, 메시아라는 사실을 믿지 않았습니다. 하지만 그는 부활하신 주님을 믿고 초대교회의 가장 중요한 인물이 되었고 부활을 증거 하다가 순교 당했습니다. 또한, 교회의 원수였던 사울은 기독교를 세계에 전하는 가장 열정적인 바울로 살다가 순교했습니다. ④ 부활 이후 유대 사회에 생긴 변화입니다. 예수님을 믿는 유대인들은 더 이상 동물 제사를 지내지 않고 할례를 받고 율법을 지키

설화 중 하나가 유입됐다는 신화설이다.
161 최영인, 『사도신경: 역사 속에 숨겨진 보물』, 162-163.

는 일을 공동체 회원의 조건으로 생각하지 않았습니다. 또한, 안식일을 토요일에서 주일로 바꾸어 예배드렸습니다. ⑤ 기독교의 가장 중요한 성례 즉 세례와 성찬입니다. 세례식은 예수님의 죽음과 부활에 자신을 연합시키는 예식입니다. 성찬식은 부활 승천하신 예수님의 재림을 기다리며 그분의 영적 임재를 경험하며 식사하는 의식입니다. 성례는 예수님의 부활이 없으면 무의미합니다. ⑥ 기독교의 출현입니다. 기독교는 예수님의 부활을 전하는 종교입니다. 베드로를 비롯한 사도들은 예수 그리스도의 부활을 설교했고 그들이 가는 곳마다 교회가 세워졌습니다.

라틴어 a mortuis는 문자 그대로 시신들 가운데서 살아났습니다. 그런데 왜 사도신경은 "다시 살아나셨고"라고 말하지 않고 "죽은 사람들 가운데서 다시 살아나셨으며"라고 고백했을까요? '사흘 만에 다시 살아나셨다'가 아니라 하나님의 능력을 더욱 강조하여 '사흘 만에 죽은 이들 가운데서 부활하시고'라고 하고 있습니다.

사도신경은 성경의 표현에 철저하게 근거하여 "죽은 사람들 가운데서 다시 살아나셨으며"라고 고백합니다.[162] 예수님 이전에도 부활한 사람이 있습니다.[163] 그런데 왜 예수님을 부활의 첫 열매

---

162 위의 책, 164-165. 마 17:9 ; 행 3:15 ; 롬 1:4 ; 벧전 1:21.

163 하나님이 엘리야의 소리를 듣고 사르밧 과부의 아들을 살려주다(왕상 17:17,22). 선지자 엘리사가 죽은 후 그의 무덤에 다른 사람의 시체를 던져 그 시체가 선지자의 뼈에 닿는 순간 살아났다(왕하13:20,21). 신약성경에도 예수님이 살리신 사람만 세 사람 즉 나사로, 나인성 과부의 아들, 회당

라고 합니까? 예수님 이전에 부활과 예수님의 부활은 어떤 차이가 있습니까? 예수님의 부활은 나사로, 회당장 야이로의 딸, 나인 성 과부의 아들 부활과는 다른 차원의 부활입니다. 우리가 흔히 말하는 죽음에서 살아난 일시적인 소생과 영원한 생명으로의 부활은 본질에서 다릅니다. 세 사람의 부활은 다시 죽을 몸으로 부활하였습니다. 단지 죽음 이전의 몸으로 부활한 것입니다. 예수님 이전의 부활은 단순한 생명의 연장으로 일시적입니다. 결국, 다시 죽으니 죽음을 이긴 부활이 아닙니다. 그러나 주님은 다시 죽지 아니하는 몸으로 부활했습니다. 예수님은 '전혀 새로운 몸'으로 더 이상 썩지 않고 더 이상 죽지 않습니다. 예수님의 부활은 자연의 법칙을 뛰어넘는 초자연적입니다. 단지 옛 생명의 연장이 아닙니다. 그렇다고 발전도 아닙니다. 옛 생명은 완전히 죽고 이후에 이어지는 생명의 역사입니다. 그분은 영생의 몸으로 영광스럽게 변화되어 다시 살아났습니다. 다시는 죽을 수 없는 죽음을 이긴 부활입니다. 그래서 '사망을 이긴 참된 부활'입니다.

예수님은 무덤에 장사 되었다가 죽은 자 가운데서 사흘 만에 다시 살아나셨습니다. 예수님의 부활 사건은 인류 역사의 이전과 이후에 없을 사건입니다. 예수님의 부활 사건은 예수 그리스도께서 당하신 죽음이 죄 없이 당하셨으며, 인류의 죄를 대신한 죽음이었음을 증거 합니다. '우리의 죄를 대신하여 죽으신 분이 부활하셨다'는 사실은 우리의 죄 용서함을 의미합니다. 그리고 예

장 야이로의 딸이 있다.

수님의 부활은 부활의 첫 열매입니다. 첫 열매란 말 그대로 처음 익은 열매입니다. 진정으로 부활하신 첫 열매입니다.

 이상의 성경이 증거 하는 예수님의 부활 사건에 근거하여, 다음과 같은 의미를 알 수 있습니다. 첫째, 하나님께서는 부활을 통해 예수님의 고난과 죽음 속에 숨겨진 의미를 설명해 줍니다. 즉 예수님의 부활을 통해 십자가 죽음의 의미를 증명합니다. 십자가는 인간의 우연이 아닌 하나님의 구원 사건입니다. 십자가는 하나님의 분명한 계획과 뜻에 의한 것입니다. 예수님의 부활은 그의 고난과 죽음이 헛된 죽음이 아니었음을 증거합니다. 하나님의 구속 역사를 이루는 결정적인 죽음임을 보여줍니다.[164] 그러나 하나님께서 예수 그리스도를 죽음 가운데서 부활시키심으로 그의 구원 사건을 성취했습니다(롬 1:4). 하나님께서 예수님을 부활시키심으로 십자가의 희생을 받아주었다는 사실을 승인하신 것입니다. 예수님은 대제사장으로서 하늘의 성소에 피를 뿌렸습니다. 예수님의 속죄의 죽으심은 부활로써 구원 사역이 성취되는 것입니다.[165] 십자가는 분명 기독교의 상징입니다. 그러나 부활

---

164 고린도전서 15장 17절에 "만일 그리스도께서 다시 살아나시지 않으셨다면 여러분들의 믿음은 헛것이 되고 여러분은 아직도 죄에서 헤어나지 못하고 있을 것이다."

165 이문선, 『(1권) 그리스도의 복음』(서울: 엔크리스토, 2006), 30. 예수님은 죽으심과 부활하심으로 우리의 대속을 이루신다. 속죄 사역의 완성은 예수님이 부활하셔서 하늘 성소에 피를 뿌리심으로 이루신다. 구약에 대제사장은 피를 가지고 지성소로 1년에 1회 대속죄 일에 들어가서 피를 뿌린다. 속죄소에 피를 뿌림으로 죄를 속한다. 만일 대제사장이 지성소에서 속죄 사역하다가 실수하면 하나님이 그를 죽인다. 그런 일이 없지만 만일 대제사장이 죽어서 나

은 그 십자가의 죽음과 따로 떼어 생각할 수 없는 '핵심적인 구원의 사건'입니다. 부활이 없다면 십자가의 죽음도 그 의미를 잃게 됩니다.[166] 둘째, 부활은 예수님의 삶과 죽음 속에서 이루어진 하나님의 역사가 시간과 공간의 제약을 뛰어넘어 효력이 발생함을 의미합니다. 예수님의 사건은 약 2천 년 전 이스라엘이라는 특정한 시간과 공간 속에서 일어난 과거의 사건입니다. 그러나 예수님의 부활과 함께 시간과 공간의 장벽이 극복됩니다. 즉 과거 역사하신 그리스도께서 부활 사건을 통해 현재 우리들의 주님이 됩니다. 미래의 주님이 됩니다. 예수님은 과거에 '오셨던 분' 입니다. '현재적인 분' 입니다. 더 나아가 '장차 오실 분' 입니다. 예수님을 통해 이루어진 하나님의 구원 사건은 부활과 함께 모든 시공의 제약을 뛰어넘어 그 효력을 발생합니다. 셋째, 죽음에 대한 하나님의 승리가 부활입니다. 그리스도의 죽음은 굴복이 아니라 '부활을 위한 죽음'이었습니다.[167] 살아나기 위한 죽음이고 소망과 생명을 주는 죽음입니다(행 2:24). 예수님의 부활은 예수님의 무죄를 증명합니다. 죄의 삯은 사망인데 사망을 이기셨으니 그분은 죄가 없습니다. 예수님의 무죄를 하나님은 그리스도

오면 하나님이 그 제사를 받지 않은 것이다. 예수님이 십자가에서 죽음으로 끝이 났다면 하나님에게 열납이 안된 것이다. 예수님은 자신이 대제사장으로 친히 제물이 되어 십자가에서 희생의 번제물이 되었다. 대제사장이 다시 살아나야 하나님이 그 제사를 기쁘게 받으셨다는 승인이다. 그래서 부활이 중요하다. 속죄 사역은 부활하심으로 완성된다. 그러므로 십자가는 부활 없이는 그 의미를 잃어버린다.

166 김진홍, 『교리문답으로 배우는 장로교 신앙』, 141.
167 윤석준, 『하이델베르크 요리문답 설교 1』, 24.

를 다시 살려서 증명했습니다.[168] 하나님께서 죽으신 예수를 살린 것은 하나님께서 죽음의 한계를 무너뜨렸음을 뜻합니다. 생명을 쏘는 죽음의 침, 곧 죄의 세력은 지금도 여전히 활동합니다. 그러나 예수님의 부활로 인하여 단번에 극복이 되었습니다. "승리가 죽음을 삼켜 버렸다. 죽음아 네 승리는 어디 있느냐? 죽음아 네 죽음은 어디에 있느냐?"(고전 15:54-55). 넷째, 예수님의 부활은 죽은 자들이 부활을 확증하는 첫 열매입니다. 성경에 의하면 그리스도는 '부활한 첫 사람'입니다. "죽음이 한 사람으로 말미암아 온 것처럼, 죽은 자의 부활도 그리스도와 함께 시작하였다."(고전 15:20). 이 사실은 예수님의 부활로 죽은 자들이 부활한다는 소망을 가지게 합니다. 예수님은 부활의 첫 열매로 그리스도가 강림하실 때 예수님을 믿는 모든 사람도 부활한다는 보증이 되는 사건입니다(고전 15:23). 예수님의 부활이 말합니다. 죽은 이후에는 반드시 부활이 있습니다. 바울은 모든 사람이 부활한다는 사실을 의심하는 고린도 교인들에게 각자의 신앙생활에 예수님의 부활이 얼마나 결정적인 역할을 하는가를 알려주기 위해 부활에 대한 신앙 고백문을 썼습니다. 이는 바울이 개심한 직후 즉 초기의 전도 활동에서 강조한 사항으로 주후 30~40년 경에 형성된 것으로 볼 수 있습니다.[169] 다섯째, 하나님과 인간이

---

168 최영인, 『사도신경: 역사 속에 숨겨진 보물』, 169. 예수님의 부활은 하나님의 아드님이심이 다시 증명된 날이다. 그리고 동시에 그분 안에 있는 우리의 무죄함이 증명되었다.

169 Alfons Kemmer, 『복음서를 통해본 사도신경』, 78.

맺은 계약이 하나님의 능력으로 실현되는 시작이 부활입니다. 하나님과 인간 사이에 맺어진 계약의 내용은 '나는 너희의 하나님이 되고 너희는 나의 백성이 되리라' 하는 것입니다. 예수님의 부활과 함께 하나님이 맺은 계약이 실현되기 시작합니다. 인간은 하나님과 맺은 계약을 언제나 파기합니다. 그러나 하나님은 그가 맺은 계약을 끝까지 지킵니다. 우리는 이 사실을 부활 사건에서 다시 한번 발견합니다.

d. 4. 6. 성자의 승천

참고 성구 - 마가복음 16장 19절~20절, 누가복음 24장 50절~53절, 요한복음 20장 17절, 사도행전 1장 9절~11절, 디모데전서 3장 16절, 에베소서 4장 8절~10절, 히브리서 4장 14절

ascendit ad caelos sedet ad dexteram Dei Patris om-nipotentis
He ascended into heaven and sitteth on the right hand of God the father Almighty;
"하늘에 오르사 전능하신 하나님 우편에 앉아 계시다가"
(하늘에 오르시어 전능하신 아버지 하나님 우편에 앉아 계시다가)

그 다음 구절인 "ascendit ad caelos"(아스첸디뜨 아드 첼로

스)는 '하늘에 오르사'입니다. ascendit는 '올라가셨다', ad는 '…로' caelos는 '하늘'입니다. 예수님께서 성령의 능력으로 하늘에서 인간 세상으로 잉태되어 들어오셨다가 구원 사역을 마치신 뒤 다시 하늘로 올라갔습니다. 이 구절은 구원이 철저하게 하늘 위에서 내려온 것임을 강조하고 있습니다.[170] "하늘에 오르사 아버지 우편에 앉아 계시다가"는 4세기에는 동일하고 공인원문에서는 "하늘에 오르사 전능하신 하나님 아버지 우편에 앉으시고"가 되었습니다.[171]

예수님은 부활하신 후 40일 동안 제자들에게 하나님 나라를 가르칩니다. 그리고 승천했습니다. 예수님의 십자가 사건은 역사적입니다. 마찬가지로 예수님의 부활과 승천도 역사적인 사건입니다.

그러면 부활하신 예수님이 하늘에 오르셨다고 합니다. 성경에 나오는 '하늘'(우라노스)이라는 단어는 다음의 세 가지 뜻이 있습니다. 첫째, 지구 위의 하늘과 우주의 하늘로 이는 육안으로 보이는 하늘을 말합니다. 둘째, 하나님께서 거하시는 하늘인데 이는 죽은 성도들이 가 있는 하늘이고 사람의 눈에 보이지 않는 하늘을 말합니다. 셋째, 하나님의 대명사(눅 15:18)로 쓰인 하늘

---

170 이재철, 『성숙자반』, 296.
171 위의 책, 274. 하나님 아버지 우편이 들어간 이유는 예수님께서 하나님 아버지와 동일한 권위를 가진 분임을 강조할 필요가 있었기 때문이다. 위의 책, 315. 우리말 사도신경에는 '아버지'(Patris)라는 표현이 빠져 있다. 하나님께서 아버지이심을 재강조하는 원문의 의도를 우리말 번역이 살리지 못한다. 라틴어 공인원문에는 하나님이 '아버지'라는 사실이 다시 강조되었고 새 번역 사도신경에는 다행히 이 부분이 반영되었다.

입니다.[172]

성자 하나님이 오르신 하늘은 공간적인 의미가 아닙니다. 그곳은 바울이 다녀왔다고 말한 세 번째 하늘(Heaven)입니다. 하나님과 예수님이 함께 거하는 특별한 차원을 의미합니다. 그것은 우리가 속해 있는 차원과는 다른 차원입니다. 성자 하나님은 이 세상에 오시기 전에 계시던 그 하늘로 갔습니다.[173] 이 하늘은 물리적 공간이 아니라 전능하신 하나님 아버지의 우편으로서 영원한 복락의 장소입니다.[174] 승천(昇天, Ascension)은 하늘에 오르셨다는 의미입니다. 성자 하나님은 감람산 자락에서 제자들이 보는 가운데 땅에서 하늘로 눈에 보이도록 올라갔습니다.[175] '높아지신' 예수 그리스도에 관한 고백들은 '낮아지신' 상태에서는 가려져 있었던 우리 주님의 영광을 잘 드러내 줍니다. 부활 그리고 승천으로 완성된 그리스도의 더 높은 영광의 단계를 보여 줍니다.[176]

---

172 Walter Bauer, *A Greek-English Lexicon of the New Testament*, 593-595.

173 손재익, 『사도신경: 12문장에 담긴 기독교 신앙』, 207.

174 황원하, 『하이델베르크 요리문답 해설』, 244.

175 최영인, 『사도신경: 역사 속에 숨겨진 보물』, 185. 부활과 승천의 차이 중 하나이다. 예수님의 부활 과정을 본 사람은 아무도 없고 '이미 부활하신' 예수님을 보았을 뿐이다. 하지만 승천은 제자들이 두 눈으로 똑똑히 보는 가운데 일어났다.

176 J. I. Packer, 『(제임스 패커의 기독교 기본 진리) 사도신경』, 91. 하늘의 의미는 세 가지이다. ① 영원히 스스로 살아가시는 하나님의 삶이다. 하나님은 지구가 없을 때도 항상 '하늘에' 사셨다. ② 하나님의 삶을 공유하는 천사나 사람들의 상태를 말한다. 이런 의미에서 그리스도인의 상급, 보물, 유산은 모두 '하늘에' 있으며 하늘은 그리스도인의 최후 소망을 모두 함축한 말이다.

예수 그리스도의 승천을 기록한 성경 구절은 다음과 같습니다. 가, 높이심을 받았습니다(행 2:33; 5:31). 나, 하나님의 오른편에 앉아 계십니다(엡 1:20; 히 1:3; 10:12). 다, 올라가셨습니다(행 2:35; 요 3:13; 6:62; 20:17; 엡 4:8-10).

그 다음 구절인 "sedet ad dexteram Dei Patris omnipo-tentis"(세테프 아드 덱스떼람 데이 빠트리스 옴니뽀뗀띠스)입니다. 그런데 여기 하늘에 오르사, 하나님 우편에 앉으신다는 것은 다음의 사실을 말합니다. sedet는 '앉아계시다', ad dexteram 은 '오른쪽에', Dei는 '하나님', Patris는 '아버지'입니다. om-nipotentis는 '전능하신'입니다. 즉 전능하신 하나님 아버지 오른쪽에 앉아 계신다는 의미입니다.[177] 하나님의 좌편은 어디이며 우편은 어디입니까? 두 방향은 어떤 차이가 있습니까? 사실 성부 하나님은 영이시기 때문에 왼쪽과 오른쪽은 사실상 존재하지 않습니다. '하나님 아버지의 오른쪽'은 비유적 표현입니다.[178] 성자 하나님이 성부 하나님의 오른쪽에 앉으셨다는 의미는 통치와 다스림의 관점에서 생각해야 합니다.[179] 우리는 이 표현을 '성부와 성자의 동등하심'과 '하나님과 함께 권능과 영예와 영광으로 통

---

③ 무지개가 하나님의 영원한 언약에 대한 표상이듯이 우리 위에 펼쳐진 하늘은 우리가 알고 있는 그 어떤 것보다 무한하신 하나님의 영원한 삶의 시공간에 대한 표상이다.

177 이재철, 『성숙자반』, 296.
178 Cornelis Neil Pronk, 『(하이델베르크 교리문답으로 보는) 사도신경』, 168.
179 손재익, 『사도신경: 12문장에 담긴 기독교 신앙』, 216.

치하시는 예수님'으로 이해합니다. 오른쪽은 동등한 권위를 의미합니다. 예수님께서 성자 하나님이심을 다시 강조하는 것입니다. 하나님 우편은 호화로운 자리가 아니라 왕의 직무를 수행하는 자리입니다.[180] 하늘에 오르신 것은 한편으로는 하나님의 능력과 영광 안에 그리스도께서 계신다는 뜻입니다. 다른 한편으로는 예수님이 세상과 역사를 떠나신 것이 아닙니다. 우리와 새로운 방식으로 함께 계신다는 것입니다.

이러한 동일한 의미에서 예수님의 승천을 '스코틀랜드 신앙고백서'(1560년 작성)는 다음과 같이 고백합니다. "…예수 그리스도는 모든 것을 완성하기 위하여 하늘에 올라갔습니다. 즉 우리의 이름으로 그리고 우리의 안위를 위하여 그는 천하의 권세를 받았습니다. 아버지의 우편에 앉아 계시면서 그의 왕국 안에서 우리를 위한 대언자와 유일의 중보자가 되었습니다."[181]

이상을 정리하여 보면 예수님의 승천(하늘에 오르심)의 의미는 다음과 같습니다. 첫째, 승천은 부활하신 예수님의 '직위'와 '기능'을 나타냅니다. '하나님의 우편 자리'는 하나님이 자신의 이름으로 전권을 행사할 자를 위해 예비한 자리입니다. 이 말은 이 땅에 성육신하신 예수께서 본래의 자리로 돌아가심을 보여 줍니

---

180 최영인, 『사도신경: 역사 속에 숨겨진 보물』, 188. 왕의 자리에 예수님이 앉으신다. 예수님이 보좌 우편에 앉으신다는 말을 좌정(坐停) 또는 재위(在位)라고 부른다. 천사들도 하늘에 있지만, 하나님 우편에 앉지 못한다. 그 자리는 오직 그리스도에게만 예비 되었다. 따라서 좌정은 그리스도의 왕 되심을 가장 확실히 표현하는 고백이다.

181 박일민, 『개혁교회의 신조』, 439-441

다. 성자 예수님은 성부 하나님과 함께 지속해서 인류 구원의 역사를 이루십니다. 그러므로 '하나님의 우편에 앉아 계심'은 영원한 휴식이 아닙니다. 하나님의 주권을 하나님 이름으로 행사하심입니다. 그리스도가 교회의 머리가 되셔서 그분을 통해 아버지께서 만물을 다스리십니다. 이것이 성자 하나님이 현재하고 계시는 일입니다. 나머지 모든 사역은 과거와 미래의 일입니다.[182] 십자가에 달리셨던 그분이, 이제 시공간의 제약을 벗어나 모든 것을 다스립니다. 하나님 아버지의 영원한 아들로서 하나님의 능력과 영광 속에서, 이 일을 계속합니다. 이것은 예수 그리스도의 통치의 새로운 출발입니다. 에베소서 1장 21절에서는 이것을 가리켜 "모든 정사와 권세와 능력과 주관하는 자와 이 세상뿐 아니라 오는 세상에 일컫는 모든 이름 위에 뛰어나게 하셨다."고 선포하고 있습니다. 예수 그리스도의 주권은 공간적인 면에서 온 우주에 미칩니다. 그의 주권은 시간적인 면에서 영원합니다. 둘째, 승천은 예수님께서 영원토록 우리와 함께 계심을 나타냅니다. 예수님은 승천하시므로 이 세상과 역사를 떠난 것이 아닙니다. 새로운 방식으로 우리와 함께합니다. 예수님은 비록 그분의 인성으로는 우리와 함께 계시지 않지만 '신성과 위엄과 은혜와 성령

---

182 손재익, 『사도신경: 12문장에 담긴 기독교 신앙』, 214-215. 성자 하나님께서 하늘로 오르시는 것은 여러 사람이 직접 보았다. 하지만 하나님 아버지의 오른쪽에 앉으신 것은 아무도 본 사람이 없다. 볼 수 있는 사람도 없다. 성자 하나님께서 하나님의 오른쪽에 앉으셨다고 기록한 사람들(마가, 바울, 히브리 기자, 베드로) 조차 볼 수 없었다. 그런데도 오직 성령 하나님의 감동으로 기록된 성경의 가르침에 기초한 고백이다.

으로' 우리와 항상 함께합니다.[183] 마찬가지로 모든 피조물과 함께합니다. 예수님의 승천은 그분이 하나님의 우편에 앉으심으로 멀리 옮겨진 것을 말함이 아닙니다. "내가 세상 끝 날까지 항상 너희와 함께 있겠다."는 약속의 성취입니다(마 28:20). 셋째, 예수님의 승천은 사람을 포함하여 모든 피조물이 고대하는 미래를 나타냅니다. 로마서 8장 22절에서는 "피조물이 다 이제까지 함께 탄식하며 함께 고통하는 것을 우리가 안다"고 합니다. 하지만 성도들은 하나님의 자녀들이 장차 누릴 영광스러움에 참여할 날을 기다리고 있습니다(롬 8:23). 이것은 하나님께서 예수님과 함께하심과 같습니다. 전 피조물들이 하나님과 함께 있을 미래입니다. 예수님의 승천은 부활하신 예수님의 몸이 신령한 몸임을 말해 줍니다. 예수의 부활은 전 우주적 사건입니다. 승천하신 예수님은 전능하신 하나님 보좌 오른편에 앉아 계십니다.

그렇다면 성자 하나님은 왜 승천하셨을까요? 예수님은 할 일이 다 끝나서 천국 의자에서 편히 쉬고 계신 것이 아닙니다. 하늘에서도 여전히 그분의 일을 수행하십니다. 예수님은 좌정하셔서 무슨 일을 하십니까?

첫째, 그리스도께서 우리의 대언자로서 하늘에서 우리를 위해 간구하신다는 사실입니다. 예수님은 승천하셔서 우리를 위해 중

---

183 황원하, 『하이델베르크 요리문답 해설』, 248. 주후 451년에 작성된 칼케돈 신조에 따르면, 그리스도의 신성과 인성은 서로 혼동되거나 변화하지 않으며, 분리되거나 나누어지지 않는다. 그리스도의 신성과 인성은 구분되지만 나누어지지 않고 영원히 함께 있다.

보하시는 중보자입니다. 하나님 우편에 앉으셔서 우리를 위하여 기도하십니다. 거룩한 대제사장으로서 우리 죄를 대신 짊어지시고, 직임을 감당합니다. 예수님이 십자가에서 죽으시고 부활하심으로 새롭고 산 길을 열었습니다. 그 결과 예수님 보혈을 의지하고 나오는 모든 자의 죄를 담당합니다. 영원한 대제사장이신 예수님이 하나님 우편에서 우리의 대표로 계시는 한, 우리의 죄사함이 완벽하며 영원하다는 것을 확신합니다. 예수님이 하나님과 가장 가까이 있습니다. 바로 옆에서 우리를 위해 간구합니다. 우리의 기도가 응답받는다는 확신의 근거입니다.[184] 예수님이 하나님 아버지 우편에 계시는 자체가 우리를 위한 가장 강력한 중보입니다. 우리가 날마다 실패해도 은혜의 보좌 앞에 담대히 나갈 수 있는 것은 지금도 변함없이 중보하시는 주님의 사역 덕분입니다. 우리의 불완전한 선행을 하나님이 기꺼이 받으시는 이유도 바로 그리스도의 중보에 있습니다.[185]

둘째, 그리스도께서 확실한 보증으로 우리의 육신을 위한 처소를 마련합니다. '그리스도 안에서 우리의 육신이 하늘에 있다'(엡 2:5-6)는 말은 실감하기 어렵습니다. 그러나 이 말은 그리스도와 성도의 연합의 성격이 어떤 것인지 구체적으로 보여줍니다. 믿음을 통해 한 몸으로 연합되었기에 우리는 승천하신 그리스도와 함께 있습니다. 머리이신 그리스도와 몸인 교회는 분리할 수 없

---

184 이성호, 『특강 하이델베르크 요리문답 (상)』, 181.
185 김진흥, 『교리문답으로 배우는 장로교 신앙』, 144.

으니 우리 역시 하늘에 계신 그리스도와 함께 있는 것입니다.[186] 물론 우리 스스로 하나님 보좌 우편에 앉는 것은 아닙니다. 그러나 분명 우리는 하늘에서 우리 주님과 함께 앉을 것입니다. 그리스도가 우리의 머리이시기에, 그분이 하늘에 거하시면 그분의 몸인 우리도 하늘에 속해 있습니다.[187] 천국 집에서 우리는 하나님을 아버지로 예수님을 흠 없는 신랑으로 모시고 영원히 충만한 삶을 누리며 삽니다. 예수님은 '하나님 아버지의 집'을 우리를 위해 준비하고 있습니다.[188] 예수님은 승천하셔서 아버지 집에 우리가 거할 처소를 예비하고 있습니다. 처소를 예비하면 다시 와서 우리를 데려간다고 합니다.

셋째, 그리스도께서 그의 영을 보내 주셔서 우리가 땅의 것을 찾지 않고 하늘의 것을 찾도록 합니다. 승천하신 주님은 교회를 위해 가장 먼저 성령을 선물로 주었습니다. 성령 하나님은 주님이 정말 승천하셨으며, 그 승천하신 주님이 자신의 지체들인 교회를 자신에게 이끌어 올리신다는 사실의 큰 보증이십니다. 성령 하나님은 믿음 안에서 하늘에 계신 그리스도를 보게 합니다. 우리는 머리이신 그리스도께서 하늘에 계시기에, 비록 이 땅을 살아가지만, 땅이 최종 목표가 아닙니다.[189]

---

186 이성호, 『특강 하이델베르크 요리문답 (상)』, 182.
187 황원하, 『하이델베르크 요리문답 해설』, 249.
188 최영인, 『사도신경: 역사 속에 숨겨진 보물』, 192.
189 이성호, 『특강 하이델베르크 요리문답 (상)』, 183. 종교개혁 당시 그리스도의 승천에 대한 많은 대립이 있었다. 그리스도께서 승천하셨음에도 불구하고 로마 가톨릭과 루터파는 승천하신 그리스도의 몸이 어떤 식으로든 이 땅에도 계속 있어야 한다고 주장하였다. 그러나 개혁교회는 그렇게 생각하지

d. 4. 7. 성자의 재림

참고 성구 - 마태복음 24장 30절, 25장 31절, 사도행전 1장 11절, 요한계시록 22장 7절, 12절, 20절

inde venturus est iudicare vivos et mortuos
from thence He shall come quick to judge the live and the dead.
"저리로서 산 자와 죽은 자를 심판하러 오시리라"
(거기로부터 살아 있는 자와 죽은 자를 심판하러 오십니다)

그 다음으로 "inde venturus est iudicare vivos et mortuos"(인데 벤뚜르스 에스트 유디까레 비보스 에뜨 모르뚜오스)는 '저리로서 산 자와 죽은 자를 심판하러 오시리라'에 해당합니다. venturus는 '오신다'는 뜻입니다. 앞서 살펴본 '하늘에 오르사'의 원문 ascendit는 과거형입니다. '전능하신 하나님 우편에 앉아 계시다가'의 원문 sedet는 현재형입니다. 그리고 '저리로서 오신다'는 원문 venturus는 미래형입니다. 예수님은 어느 한 시점에 국한해서 역사하시는 분이 아니십니다. judicare는 '심판하다', vivos는 '산 자', mortuos는 '죽은 자'입니다. 즉 주님께

않았다. 바로 그가 높이 계신다 할지라도 이제는 이전과 다른 방식으로 어떻게 보면 훨씬 가까이 우리와 함께 계신다. 승천은 단지 2천 년 전의 역사적 사실일 뿐 아니라 오늘 우리에게도 여전히 영향을 미치는 그리스도의 중대한 구속사역이다.

서 재림하시는 것은 산 자와 죽은 자를 심판하시기 위함입니다. 주님께서는 반드시 심판주로 재림하실 것입니다.[190] "산 자와 죽은 자를 심판하러 오실 예수 그리스도를 믿느뇨?"라는 문구에서 4세기에 '저리로서'라는 말이 덧붙여졌습니다. '저리로서'는 예수님께서 하늘로 올라가셨는데 그 하늘에서 재림하신다는 의미입니다.[191] 라틴어 원문에 맨 먼저 나오는 inde는 '저리로서', '거기로부터'입니다. 지금 성자 하나님은 성부 하나님의 보좌 우편에 앉아 있습니다. 그분의 다시 오시는 출발점이 '거기'입니다. 하나님 아버지의 오른쪽이며, 하늘로부터 옵니다.[192] 즉 주님께서 재림하실 때 하늘로부터 오는 것입니다(마 24:30). 예수님의 초림은 구약성경의 예언한 내용대로 모두 문자적으로 이루어졌습니다. 따라서 예수님께서 재림하실 때 '하늘로부터 오신다.'는 말씀도 문자대로 이루어질 것입니다. 재림하실 때 예수님께서는 반드시 하늘로부터 오십니다.

예수님의 '승천'에 대한 신앙 고백 문은 바로 뒤에 나오는 심판하러 오시는 예수님의 재림 대목과 밀접한 관계를 맺고 있습니다. 누가는 이 두 가지(승천과 재림)를 예수님의 승천 장면에 등장하는 두 천사의 입을 통해 연결해 놓았습니다. 그들은 제자들

---

190 이재철, 『성숙자반』, 298.
191 이재철, 『성숙자반』, 274. 저리로서가 덧붙여진 이유는 자기가 다시 온 예수 곧 재림주라고 주장하는 사람들이 많았기 때문이다. 그래서 다시 오실 주님은 더 이상 여자의 몸에서 태어나지 않고 하늘에서 직접 내려오신다는 것을 분명히 할 필요가 있었다. 다시 말해 인간의 몸에서 태어난 자칭 재림주는 모두 가짜임을 밝힌 것이다.
192 최영인, 『사도신경: 역사 속에 숨겨진 보물』, 215.

에게 "갈릴리 사람들아 어찌하여 서서 하늘을 쳐다보느냐? 너희 가운데서 하늘로 올리우신 이 예수님은 하늘로 가심을 본 그대로 오시리라"고 말합니다(행 1:11).

신약성경이 재림을 가리키는 용어로 먼저 "내가 오리라"는 의미가 있는 "에르코미"가 있습니다. 마태복음 24장과 25장에서 세상에 있는 어떤 주인의 경우를 비유할 때 등장합니다. 그 밖에 재림을 뜻하는 단어로 현현 내지 출현을 의미하는 "에피파네이아"가 있습니다. 재림을 지칭하는 또 다른 단어는 계시 혹은 드러남을 뜻하는 "아포칼립시스"입니다. 마지막으로 재림을 뜻하는 단어로 "파루시아"입니다.[193]

그리스어 원전을 살펴보면 '재림'에 해당하는 낱말은 '파루시아(Parusia)'인데 이는 원래 출석, 현존이라는 뜻을 가지며 누구인가 나타날 사람이 도착한다는 미래차원도 포함합니다. 신약성경의 영역 밖 즉 당시의 일상생활에서 이 낱말이 사용될 때는 초월자가 세상에 자신의 힘을 과시하며 나타나던가, 황제 또는 엇비슷한 다른 인물이 어떤 지역을 공식적으로 방문할 때 쓰던 특수용어입니다. 반면 그리스도교 계통의 문헌들에서는 이 낱말이 항상 종말에 심판관으로 나타날 예수님의 재림을 뜻합니다. 그리스 교부 중의 하나인 안티오키아의 이냐시오(Ignatius von Antiochien, 110년경)는 하나님의 강림을 두 가지로 나누었는데, 하나는 예수님의 육화이고, 다른 하나는 그의 재림입니다. 구

---

193 Sauer, Val J, *The Eschatology handbook*, 정홍열 역, 『평신도를 위한 종말론』, (서울: 나눔, 1992), 81-82.

태여 구분하자면 예수님은 이 땅에 두 번 오는 것이고 특히 두 번째 오는 것을 '파루시아' 혹은 재림이라 할 수 있습니다.[194]

예수 그리스도의 재림은 다음의 성경 구절에서 분명하게 나타납니다. 고린도전서 1장 7절, 데살로니가후서 1장 7절, 베드로전서 1장 7절, 13절, 4장 13절(이상은 헬라어 아포칼룹시스, 열어 보이다), 데살로니가후서 2장 8절, 디모데전서 6장 14절, 디모데후서 4장 1절, 8절, 디도서 2장 13절(이상은 헬라어 에피파네아, 나타나심), 마태복음 24장 3절, 27절, 37절, 고린도전서 15장 23절, 데살로니가전서 2장 19절, 3장 13절, 4장 15절, 5장 23절, 데살로니가후서 2장 1절~9절, 야고보서 5장 7절~8절, 베드로후서 1장 16절, 3장 4절, 요한일서 2장 28절(이상은 헬라어 파루시아, 임하심, 강림), 히브리서 9장 28절 등.[195]

성자 하나님은 어떤 방식으로 세상에 다시 오실까요? 성경은 재림 방식이 승천과 동일하다고 명쾌하게 말합니다. "이 말씀을 마치시고 그들이 보는데 올려져 가시니 구름이 그를 가리어 보이지 않게 하더라 올라가실 때 제자들이 자세히 하늘을 쳐다보고 있는데 흰옷 입은 두 사람이 그들 곁에 서서 이르되 갈릴리 사람들아 어찌하여 서서 하늘을 쳐다보느냐 너희 가운데서 하늘로 올려지신 이 예수는 하늘로 가심을 본 그대로 오시리라 하였느니

---

194 Alfons Kemmer, 『복음서를 통해 본 사도신경』, 104-105.
195 정홍열, 『사도신경 연구』, 192-193.

라"(행 1:9-11). 예수님은 하늘로 가신 그대로 다시 오십니다.[196]

전능하신 하나님 아버지의 오른쪽에 앉아 계시는 성자 하나님
이 굳이 세상에 왜 다시 오실까요? 재림의 목적이 무엇입니까?
성경과 사도신경은 명확히 '심판'하러 오신다고 증언합니다. 예
수님은 하나님 보좌 우편에서 직임을 감당하시다가 살아 있는
자와 죽은 자를 심판하러 오실 것입니다. 예수님의 재림 날은
전 인류의 마지막 때입니다. 모든 만물의 마지막 날입니다(벧후
3:8-9). 예수님의 재림은 성경에 1,518번이나 약속되었습니다.
요한계시록에는 "내가 진실로 속히 오리라"고 약속했습니다. 사
도 요한은 "마라나타, 아멘 주 예수여, 어서 오시옵소서"라고 대
답했습니다. 재림하실 날에 예수님은 이 땅에 오셔서 살아 있는
자와 죽은 자를 심판합니다. 예수님이 성육신하셔서 이 땅에 오
심은 죄인들을 구원하기 위함이었습니다. 그래서 죽기까지 죄인
들을 섬겼습니다. 전 인류의 죄를 홀로 짊어졌습니다. 하지만 하
나님 우편에 앉아 계시다가 다시 이 땅에 오시는 재림의 날은 심
판주로 오십니다.

마지막 날 심판 받는 자들은 '살아 있는 자'와 '죽은 자'입니
다. 재림 때에 성자 하나님은 살아있는 사람만 심판하지 않고 이
미 죽은 사람들도 모두 즉 인류 전체를 포괄하여 심판합니다.[197]

그날은 살아 있는 자와 죽은 자 모두를 심판합니다. 즉 재림 때에 산 자나, 그 전에 죽은 자나 한결같이 심판의 대상입니다. 많은 사람이 '죽으면 끝이다. 죽음 자체가 심판이다.'라고 생각하지만 죽음은 최종적인 심판이 아닙니다. 종말에 있을 하나님의 심판으로부터 제외되는 인류는 없습니다.[198] 성경은 예수님의 재림 때 곧 세상 끝날에 심판이 있다고 말하고 있습니다(시 96:13; 전 3:17; 마 11:22; 25:31-46; 계 20:11-14). 재림의 날에 심판은 각 사람이 행한 대로 받습니다(마 25:31-46; 계 20:13). 그러므로 우리는 살아 있을 사람과 이미 죽은 사람까지 심판하러 오실 예수님을 믿고 그분 앞에서 합당한 삶을 살아야 합니다(히 9:27). 남녀노소 누구든지 죽음과 심판이 있습니다. 사도신경은 우리 주 예수님이 재림하실 때 심판이 있음을 고백의 결론으로 삼고 있습니다.

한편 심판은 성자 하나님만 하시는 것일까요? 성부와 성령께서 심판에 전혀 관여하지 않으신다고 생각해서는 안 됩니다. 성부와 성령도 이 심판에 관여하십니다. 그리스도의 심판 권위는 삼위 하나님 모두에게 속한 일입니다. 다만 보이는 측면에서 그리스도께서 선고를 내리시고 집행하실 뿐입니다.[199]

예수님에 대한 이 마지막 고백, 재림이 의미하는 바는 다음과

후 4:1.
198 이상원, 『21세기 사도신경 해설』, 90.
199 손재익, 『사도신경: 12문장에 담긴 기독교 신앙』, 232.

같습니다.

첫째, 예수님은 승천하신 분으로 초림했을 때는 감추어진 가운데 그분의 통치를 수행합니다. 하지만 재림하실 때에는 감춤 없이 만주의 주로 자신을 드러낼 것입니다. 부활하신 예수님은 몇몇 제자들과 주변 사람들에게 나타났습니다. 하지만 재림의 날에는 모든 사람 앞에 나타날 것입니다. 아무도 그때에는 예수님을 모른다고 할 수 없습니다.

둘째, 예수님의 재림으로 세상 역사는 종말을 맞게 됩니다. 재림은 오래 참으심이 끝난 동시에 은혜의 때도 끝난 것입니다. 하나님께서는 오래 참으심으로 보존했습니다. 죄인의 심판을 참았습니다. 인간이 타락했을지라도 심판하지 않았습니다. 하지만 재림의 날에는 오래 참으심이 끝납니다. 재림 때에는 하나님을 대적하는 인간의 반역도 끝이 납니다.

셋째, 예수님의 재림 때에는 살아 있는 자나 죽은 자나 하나님 앞에서 책임 있는 자로 서게 될 것입니다(롬 2:5이하; 고후 5:10). 재림하실 예수님은 각 사람이 행한 그대로 심판합니다. 여기에 선과 악, 알곡과 가라지가 구분됩니다(마 25:34이하; 13:24-30,36-43). 이때 그리스도를 시인하는 자와 부인하는 자가 구분될 것입니다. 그리스도를 시인한 자는 그날이 기쁨의 날입니다. 하지만 그리스도를 부인한 자는 재앙의 날이 될 것입니다.

넷째, 예수님이 재림하셔서 심판하심은 구원의 완성을 위한 것입니다. 예수님의 재림은 십자가에 죽으시고 무덤에 장사 되었다가 다시 사신 분이 이미 이룬 구원 사건을 최종적으로 완성하기 위한 것입니다. 예수님의 재림은 시간과 공간, 인간과 우주, 개인과 사회, 역사와 자연 모두를 포괄하는 구원의 완성 사건입니다. 이것은 최후의 심판에 의하여 이루어집니다.

다섯째, 예수님의 재림은 하나님이 역사의 주인이심을 보여줍니다. 예수 그리스도께서 재림하실 때에는 개인뿐만 아니라 역사도 종말을 고하게 됩니다. 즉, 재림은 하나님께서 인간의 역사를 시작하셨고 주관하심을 마무리하는 것입니다.

여섯째, 예수님이 재림하시는 때는 우리가 알 수 없습니다. 그러므로 우리는 항상 예수님의 재림을 대망해야 합니다. 항상 잠들지 말고 깨어 예수님의 오심을 준비해야 합니다. 매일 성결한 삶을 살아야 합니다(벧후 3:1). 땅 끝까지 복음을 전파해야 합니다(행 1:8). 현재의 일에 충실해야 합니다(마 25:19). 예수님이 재림하시기 전에 죽을 수 있으니 항상 자기의 죽음을 준비해야 합니다. 새 하늘 그리고 새 땅에 대한 소망을 가져야 합니다(벧후 3:13; 계 21:1-7).

d. 5. 성령

참고 성구 - 창세기 1장 2절, 이사야 61장 1절, 시편 139편 7절~13절, 마태복음 12장 28절, 누가복음 1장 35절, 사도행전 2장 1절~4절, 고린도전서 2장 10절, 11절, 히브리서 9장 14절

Credo in SPIRITUM SANCTUM

I believe in the Holy Ghost

"성령을 믿사오며"

(나는 성령을 믿으며)

사도신경의 여덟 번째 고백은 '성령님을 믿는다', '성령님께 내 심장을 드린다'라는 표현입니다. 성령에 대한 고백이 여덟 번째 문장에만 제한되어 짧은 것처럼 보이지만 사실 열두 번째 문장까지 모두 성령 하나님에 대한 고백입니다.[200] 교회, 속죄, 몸의 부활, 영생 모두가 성령 하나님에 대한 고백입니다. 개혁주의 교의학은 철저히 사도신경에 근거하여 성령론 아래 교회론, 구원론, 종말론을 다룹니다.[201] 종교 개혁자 칼빈은 모두 네 권으로 구성된 『기독교 강요』의 제3권에서 성령의 내적 사역(구원론)을, 그리고 제4권에서 성령의 외적 사역(교회론)을 설명합니다.[202]

성령님과 관련해서는 공인원문에 '(나는 믿기를)'이 첨가되었습니다. 다른 사람이 아니라 나 자신이 믿는다는 것을 재 강조한 것입니다.[203] 사도신경의 세 번째 단락은 성령님에 대한 신앙고백입니다. "Credo in Spiritum Sanctum"(끄레도 인 스삐리뚬 상뚬)으로 시작합니다. 여기서 Credo in은 믿는다이고 성령님을 뜻하는 SPIRITUM SANCTUM은 대문자로 쓰여 있습니다. 즉

---

200 황원하, 『하이델베르크 요리 문답 해설』, 263.
201 손재익, 『사도신경: 12문장에 담긴 기독교 신앙』, 237. 교회론, 구원론, 종말론이 곧 개혁교회의 성령론이다.
202 최영인, 『사도신경: 역사 속에 숨겨진 보물』, 239-240.
203 이재철, 『성숙자반』, 274-275.

라틴어 원문에는 성자 하나님, 성부 하나님, 성령 하나님이 모두 대문자로 기록되어 있습니다.

성령님은 누구십니까?

첫째, 성경은 성령의 존재에 대하여 하나님이라고 강조합니다. 성령님은 하나님입니다. 그분은 '성부와 성자와 함께' 영원한 하나님입니다. 성령님은 성부와 성자와 동질, 동등, 동격자입니다. 성령님께서는 성부 하나님과 함께 창조와 섭리 사역에 참여했습니다(창 1:2-3; 2:7; 욥 26:13; 33:4; 시 33:6-7; 104:24-29). 창조는 성부 하나님 한 분 만의 사역이 아니라 성부, 성자, 성령 하나님의 삼위 일체적 사역입니다. 성령님은 성부의 창조와 예정과 섭리에 참여하며, 성자의 성육신과 구원 사역에 참여합니다. 성령이 동일한 하나님이라는 사실은 성경을 통해 확인할 수 있습니다.[204] ① 예수 그리스도의 대위임령(大委任令)에 성부, 성자, 성령이 나란히 등장합니다(마 28:19). 아버지, 아들, 성령님은 분명히 세 분인데 '이름'이란 단어는 단수로 되어있습니다. 세 분이지만 하나의 이름을 씁니다. 분명히 한 하나님입니다.[205] ② 하나님과 성령은 교호적(交互的)으로 성경에 나타납니다. 사도행전 5장 3~4절 아나니아와 삽비라 부부의 헌금에 대하여 '너는 성령님을 속였다. 사람에게 거짓말한 것이 아니라 하나님께 거짓말했다.' 성령님과 하나님이 교호적으로 나타납니다. 그러므로 성

---

204 Cornelis Neil Pronk, 『(하이델베르크 교리문답으로 보는) 사도신경』, 195.
205 이운연, 『성경으로 풀어낸 사도신경』, 155-156.

령이 곧 하나님입니다.[206]

둘째, 성령 하나님은 인격입니다. 삼위 하나님의 관계 속에서도, 우리와의 관계 속에서도 성령님은 인격입니다. 우리는 성령이 성부, 성자와 동일하게 작정과 창조와 섭리에 참여하였고 성도들의 구원에 영원히 중요한 일을 하시는 인격이라는 사실을 알아야 합니다.[207] 사도들이 전한 복음 위에 세워진 교회는 신앙의 빛에 비추어 역사하는 성령님이 비인격적인 능력이 아님을 깨달았습니다. 성령님은 비물질적인 분이시며, 정지된 정적인 분도 아니시며, 일정한 목적(성화와 구원)을 가지고 항구적인 가치를 형성하고 구축하시고, 사역하시는 역동적인 분입니다. 그리스도인들은 예수 그리스도 안에 성육신하신 하나님의 로고스를 한 인격으로 이해하였습니다. 동일한 방식으로 하나님의 영 역시 하나의 신적인 인격이라는 사실을 고백합니다. 따라서 성령님은 성부와 성자와 더불어 구원 역사(the Economy of Salvation)에 참여하시는 신적 하나님의 위격으로 인식했습니다(시 33:6; 겔 37:1-4; 롬 1:3-5; 8:14-17). 패커(J. I. Packer)는 성령에 대한 바른 믿음을 이렇게 정의합니다.[208] '성령을 통해 알게 된 살아계신 신약의 그리스도와 시공을 뛰어넘는 인격적인 교제를 믿는다'. 신약성경은 성령님이 거룩하시고 지성이 있기에 '우리를 가르치고, 통달하게 하시는 인격'이라는 사실을 분명하게 가르칩

---

206 윤석준, 『하이델베르크 요리문답 설교 1』, 102-103.
207 정요석, 『하이델베르크 교리문답 (상)』(서울: 새물결플러스, 2017), 438.
208 J. I. Packer, 『(제임스 패커의 기독교 기본 진리) 사도신경』, 110.

니다.[209] 요한복음 14장 16절에 보면 성령을 진리의 영이라고 했습니다. 성령님은 우리에게 진리를 가르쳐 줍니다. 그것을 확신시켜 줍니다. 성령님은 어떤 영적인 힘이나 감화력이 아닙니다. 성령님은 성부와 성자와 다를 바 없습니다. 인격적인 하나님으로 지성과 감정과 의지를 갖추고 활동합니다. 바울은 "오직 하나님이 성령으로 이것을 우리에게 보이셨으니 성령님은 모든 것 곧 하나님의 깊은 것이라도 통달하시느니라."(고전 2:10) "이와 같이 성령도 우리의 연약함을 도우시나니 우리가 마땅히 빌 바를 알지 못하나 오직 성령이 말할 수 없는 탄식으로 우리를 위하여 친히 간구하시느니라"(롬 8:26) "이 모든 일은 같은 한 성령이 행하사 그 뜻대로 각 사람에게 나눠 주시느니라"(고전 12:11)고 했습니다. 이와 같이 지성과 감정과 의지를 가진 성령님은 인격적인 존재입니다.

셋째, 성령 하나님은 성부와 성자로부터 '나오시는 분'입니다.[210] 성경은 다양하게 성령 하나님을 소개합니다. '하나님의 영', '그리스도의 영'(갈 4:6; 롬 8:9; 빌 1:19)으로 표현합니다.

---

209 Cornelis Neil Pronk, 『(하이델베르크 교리문답으로 보는) 사도신경』, 194.
210 손재익, 『사도신경: 12문장에 담긴 기독교 신앙』, 241. 성령께서 성부와 성자에게서 나오셨다는 표현을 가리켜 '필리오케'(Filioque)라고 한다. 원래 하나였던 교회가 1054년 동방교회와 서방교회로 나뉜다. 그 계기는 '필리오케 논쟁'이다. 성령께서 성부로부터만 나오시느냐 아니면 성부와 성자로부터 나오시느냐 하는 논쟁이다. 동방교회(러시아 정교회, 그리스 정교회)는 성령이 성부로부터 성자를 통하여 나오신 했다. 서방교회(로마 가톨릭, 개신교)는 성령께서 성부와 성자로부터 나오신다고 했다. 성경(요14:16,26;15:26;롬 8:9)과 신앙고백(BC 제11조; WCF 제2장 제3절; WLC 제10문답)은 성령께서 성부와 성자로부터 나오신다고 가르친다.

그런데도 성령은 성부나 성자에게 종속되는 존재가 아닙니다. 성령님은 피조 된 영이 아니며, 성부와 성자에게서 나오신 분입니다. 교회는 성경을 통하여 성부와 성자로부터 나오신 성령 하나님을 고백합니다. 성부와 성자의 관계에서는 '낳다'라는 표현이 사용되지만, 성령에 대해서는 그렇지 않습니다. '발출'이라는 표현도 사용하지 않습니다. 성령님은 성부, 성자 하나님께 제2 원인자가 아니라 원인자입니다.[211]

넷째, 성령님은 예수 그리스도 이외의 다른 보혜사입니다(요 14:16). 마지막 때에 바로 이 성령님께서 하나님의 영광 중에 새 하늘과 새 땅을 완성할 것입니다(계 2:17).

성령의 사역은 무엇입니까?

하이델베르크 요리 문답 제53 문답에서는 성령 하나님의 사역을 크게 네 가지로 정리합니다.[212]

첫째, 성령은 나에게 주어졌습니다. 성령은 우리에게 선물이 됩니다. 성령의 사역에 대해서 우리는 전적으로 수동적인 존재입니다. 우리가 불러온 것도 아니고 초청한 것도 아니고 조작해서 데려온 것도 아닙니다. '나로 하여금'이라는 표현은 독특합니다.

---

211 윤석준, 『하이델베르크 요리문답 설교 1』, 105-106.
212 최영인, 『사도신경: 역사 속에 숨겨진 보물』, 245-251. 하이델베르크 요리 문답 제53문, 성령께 관하여 당신은 무엇을 믿습니까? 답, 첫째, 성령은 성부와 성자와 함께 참되고 영원한 하나님이십니다. 둘째, 그분은 또한, 나에게도 주어져서 나로 하여금 참된 믿음으로 그리스도와 그의 모든 은덕에 참여하게 하며 나를 위로하고 영원히 나와 함께하십니다.

성령은 누군가에게 독점되거나 특별히 주어지지 않았습니다. 성령은 모든 사람에게 차별 없이 임하셔서 다양한 표징들을 보였습니다. 구약시대 하나님은 특별한 사람들에게만 주셨지만 신약시대에는 거듭난 모든 사람들에게 주어졌습니다.

둘째, 성령은 나를 그리스도의 모든 은덕에 참여하게 합니다. 성령은 복음서의 예수, 신약의 그리스도가 실제로 살아계시며 '우리를 위해, 우리의 구원을 위해 존재하는 분'이심을 믿게 해 줍니다.[213] 그리스도는 무려 2천 년 전에 세상에 계셨고 지금은 하나님 보좌 우편에 계시기에 너무 멀리 떨어져 있습니다. 하지만 성령님은 놀라운 능력으로 우리를 그리스도와 하나 되게 합니다. 그뿐 아니라 그리스도께서 우리를 위해 행하신 모든 유익에 하나도 빠지지 않고 우리를 참여하게 합니다.[214] 인격이신 성령님은 그리스도의 구속을 내 삶에 적용합니다. 성령님은 삼위 하나님 가운데 제3위입니다. 성령님은 하나님이 계획하시고 예수님께서 이루어 놓은 구원을 각자의 구원이 되도록 적용하는 역할을 합니다. 성령님께서는 인류 구원을 위한 구속 사업을 주체적으로 수행합니다. 여기에는 먼저 성령님의 선행적 사역이 있습니다. 의인과 성화에 있어서 성령님의 선행적 사건은 가) 죄인을 의인으로 부르심, 나) 회개하게 하심, 다) 중생하게 하심, 라) 의롭다고 인정하심 등의 순서를 가집니다. 다음으로, 성령님의 응답적 사역이 있습니다. 성령님의 선행적 사역에 대하여 성령님

---

213 J. I. Packer, 『(제임스 패커의 기독교 기본 진리) 사도신경』, 108.
214 이성호, 『특강 하이델베르크 요리문답 (상)』, 201.

은 인간이 다음과 같이 응답하게 합니다. 가) 믿음을 일으켜 주신다. 나) 거룩하게 하신다. 다) 사랑하게 하신다. 라) 소망을 갖게 하신다. 마) 기도하게 하신다. 바) 성령님께서는 성도들에게 은사를 줍니다. 은사는 고린도 전서 12장 4절~11절, 로마서 12장 3절~8절 등에 소개된 여러 가지가 있는데, 이 모든 은사는 예수 그리스도의 몸을 세우고 신앙생활에 유익을 더하는 목적으로 줍니다. 성령님이 성부와 성자와 같은 하나님이 아니시라면 우리는 결코 구원받지 못했습니다.[215] 우리가 하나님의 백성이 되게 하시는 분은 성령님입니다.

셋째, 성령은 나를 위로합니다. 사도행전과 서신서를 보면 사도들과 신실한 제자들이 커다란 두려움에 직면했습니다. 그들은 간혹 위험한 것이 아니라 항상 위험했습니다. 제자들은 예수님이 세상을 떠나신다는 소식을 듣고 마음에 심히 근심했습니다. 그러나 성경은 성령이 오시면 그들이 예수님을 다시 보는 것처럼 기쁠 것이며 그 기쁨을 빼앗을 자가 없다고 합니다.

넷째, 성령은 영원히 나와 함께합니다. 아무리 나를 아껴주고 사랑하고 신뢰해 주던 이들도 언젠가는 나를 떠납니다. 그러나 우리를 떠나지 않는 유일한 분이 있습니다. 바로 우리 안에 계신 성령님입니다. 우리 구원에 대한 보증은 우리 자신의 의지와 행실과 신실함에 있지 않습니다. 그것은 오로지 성령의 변하지 않는 언약에 있습니다. 비록 우리가 타락하고 믿음의 많은 부분

---

215 Cornelis Neil Pronk, 『(하이델베르크 교리문답으로 보는) 사도신경』, 196.

을 상실할 수는 있지만, 완전히 타락하고 믿음을 완전히 잃어버리지 않습니다. 왜냐하면, 성령께서 우리를 보존하시고 지키시기 때문입니다.[216] 성령님은 하나님의 현존으로 체험되는 분입니다. 시간과 공간을 넘어서서 초자연적인 능력으로 체험되는 분이시며, 우리 실생활과 가장 밀접한 관계를 맺으시는 분입니다.

다섯째, 성령은 성자 하나님의 전 생애에 함께했습니다. 성령님께서는 성자 하나님의 구속 사역에 동참했습니다. 성령님께서 동정녀 마리아의 몸에 예수님을 잉태케 했습니다. 그리고 마리아의 몸에서 태어나게 했습니다(눅 1:35). 성령님께서는 예수님이 세례 받고 물 위로 올라올 때 그를 메시아라 했습니다(마 5:16; 막 1:10; 행 10:38). 성령 하나님께서는 예수 그리스도의 십자가 사건에 참여했습니다. 성령님께서는 예수님을 죽은 자들로부터 부활시켰습니다(고전 15:45). 성령님께서는 예수님 안에 계시면서 예수님의 전 지상 사역을 수행했습니다(마 12:28; 눅 4:14; 요 1:32).

여섯째, 초대 교회 신자들이 확신한 것은 예수님에게 역사한 동일한 성령님께서 천지 창조 시 수면에 운행했습니다(창 1:2). 성령님은 구약의 예언자들을 통하여 말씀했습니다. 택하신 왕들에게 기름을 부었습니다. 하나님을 믿는 사람들에게 기도의 영감을 불어넣으신 것을 확신했습니다. 오순절 마가 다락방에 성령님이 강림하신 사건은 이미 구약의 예언자들을 통해 말씀하신

---

216 황원하, 『하이델베르크 요리문답 해설』, 271.

것을 마지막 때에 같은 성령님이 선물을 주었다고 이해하며 선포했습니다(행 2:1-21). 신약은 오순절 때 주어진 성령님이 교회 생명의 근원이라고 합니다. 복음의 설교를 통하여 성령님은 신앙을 일깨웁니다. 세례를 통하여 성령님은 새 가족들을 예수 그리스도의 몸 된 교회의 일원이 되도록 합니다. 성령님께서는 신앙의 불을 댕깁니다(고전 12:3). 신자와 공동체, 그리고 주의 몸 된 교회를 위하여 꼭 필요한 은사들을 공급합니다. 성령님은 기도를 불러일으키고(롬 8:15-16), 하나님의 자녀들에게 자유를 불러일으킵니다(롬 8:12-16).

일곱째, 성령님의 가장 중요한 사역은 우리 죄, 그리고 의뿐만 아니라 심판에 대해서 세상을 책망하는 것입니다(요 16:8). "죄에 대하여라 함은 저희가 나를 믿지 아니함이요, 의에 대하여라 함은 내가 아버지께로 가니 너희가 다시 나를 보지 못함이요, 심판에 대하여라 함은 이 세상 임금이 심판을 받았음이니라."(요 16:9-11)

여덟째, 성령님은 사랑과 기쁨과 평화와 오래 참음과 자비와 착함과 성실과 온유와 절제의 열매를 맺게 합니다(갈 5:22). 성령님께서는 다양하고 풍요로운 은사들을 베풉니다. 이 같은 은사들은 교회를 세웁니다. 그뿐 아니라 사회봉사를 위해서 존재합니다. 은사들에는 예언, 가르침, 치유, 방언 및 영 분별, 기적 등이 있습니다(고전 12:4-11,17-20). 이 모든 은사들은 공동체를 세우기 위하여 각 개인들에게 주어진 것입니다(고전 12:7). 이 은사들이 부여된 목적대로 바르게만 사용되면 우리들이 부름을 받은 한 몸의 통일성을 강화하는 데 도움이 됩니다(엡 4:4-5).

d. 6. 거룩한 교회

참고 성구 – 마태복음 16장 18절, 사도행전 2장 42절~47절, 고린도전서 12장 27절, 에베소서 1장 23절, 4장 4절~6절, 5장 23절

sanctam Ecclesiam catholicam
The Holy Catholic Church
"거룩한 공회와"
(거룩한 공교회와)

사도신경의 아홉째 항목에서 우리는 '교회'를 꾸미는 '거룩한'과 '보편 된'이라는 두 형용사를 만나게 됩니다. 특히 '거룩한'은 바로 앞에서 '성령'을 언급한 여덟째 항목과 깊은 관계를 맺습니다.

우리가 성령님과 관련하여 신앙고백 할 내용 가운데 첫째는 "sanctam Ecclesiam catholicam"(상땀 에클레시암 카톨리캄) 즉 거룩한 공회를 믿어야 합니다. 우리는 거룩한 공교회를 믿습니다. 거룩의 반대말은 죄나 더러움을 생각할 수 있습니다. 하지만 성경이 거룩하다 할 때 일차적인 의미는 '~과 다르다, ~과 구별되었다'라는 뜻입니다. 이것이 거룩의 핵심적인 개념입

니다.[217] 에베소서는 우리의 거룩함이 하나님의 거룩함에 기인한다고 말합니다(엡 5:25-27). 신부인 교회의 거룩은 신랑이신 예수 그리스도의 거룩함에 달려 있습니다. 그리스도께서 교회를 사랑하시고 깨끗하고 거룩하게 하셔서 주님의 교회가 되었습니다.[218] 우리는 하나님께 구별되어 선택을 받은 이들이기에 마찬가지로 '거룩하다' 칭할 수 있습니다. 한편 사도신경의 옛 번역이 '공회'(公會)라고 한 것을 새 번역은 '공교회'(公敎會)로 번역했습니다. 공회는 공교회의 줄임말입니다. 너무 줄여서 사람들이 말의 본뜻을 잘 알지 못합니다. 좀 더 이해하기 쉬우려면 공교회라는 표현이 낫습니다.[219] 우리는 성도가 상호 간에 교제하는 것을 믿습니다.

거룩한 공회를 믿는다는 것은 모든 교회가 가톨릭 교회여야 함을 믿는 것입니다. 거룩한 공회란 보편적인 교회입니다. 교회는 하나의 교회, 거룩한 교회, 보편적인 교회, 사도적인 교회로 정의합니다. 이 교회는 속성상으로 보편적이고 우주적인 교회입니다. 여기서 보편적인 교회가 바로 Catholic Church입니다. 그런데 Catholic이라는 말을 천주교가 처음부터 사용해 왔기 때문에 개신교에서는 이 용어를 쓰지 않기 위해 Universal Church

---

217 최영인, 『사도신경: 역사 속에 숨겨진 보물』, 267. 하나님의 속성으로서의 거룩함을 논할 때, ① 구별 : 하나님은 창조주로서 모든 피조물과 구별되는 분이시다. ② 순결 : 하나님은 도덕적으로 완전하며 탁월한 분이시다 라는 이중적인 의미를 지닌다.

218 이운연, 『성경으로 풀어낸 사도신경』, 171.

219 손재익, 『사도신경: 12문장에 담긴 기독교 신앙』, 249.

라고 합니다. Catholic Church든 Universal Church든 의미는 같습니다. 보편적인 교회라는 뜻입니다. 교회는 남녀노소, 빈부귀천을 막론하고 한데 어울릴 수 있어야 합니다. 따라서 이 고백은 우리가 성령님의 도움 속에 있을 때만 보편적인 인간으로 보편적인 교회를 이룰 수 있음을 믿는 것입니다.[220] 종교는 고대 사회의 장벽을 세우는 것이었습니다. 헬라와 로마의 공식적인 종교는 하나 같이 국가 종교였습니다. 그들의 신들이 하는 일은 그들 나라의 국가적인 이익을 돌봐주는 것들이었습니다. 그 결과 그들의 종교는 국수주의적인 특징을 가졌습니다. 하지만 기독교는 장벽이 없었습니다. 유대인과 헬라인, 종과 자유자 사이에 구분이 존재하지 않습니다(골 3:11).

교회란 에클레시아라는 말로서 첫째, 구약성경에서 이스라엘의 회중을 말합니다. 곧 교회란 하나님의 말씀을 받기 위해 기다리는 백성들의 모임입니다. 둘째, 에클레시아라는 말은 헬라적 배경으로 예수 그리스도를 통하여 하나님의 초대를 받아들인 사람들로 구성된 모임입니다. 신약 성경은 예배를 위하여 그리스도인들이 모일 때 이 모임을 교회라 합니다.[221] 교회(Church)는 쿠리아콘(Kuriakon)이라는 말에서 유래되었습니다. 이는 주님께 속한다는 뜻입니다. 하지만 본질적인 면을 살펴보면 주님께

---

220 이재철, 『성숙자반』, 300-301.
221 Alan F. Johnson & Robert E. Webber, *What Christians Believe: A Biblical & Historical Summary*, 김일우 역, 『기독교 신앙 개요』(서울: 고려서원, 2000), 451; 이문선, 『(4권) 그리스도의 교회』(서울: 엔크리스토, 2006), 8.

속한 것은 건물이 아니라 사람들의 사귐입니다. 오늘날 교회는 흔히 건물을 지칭하는 데 사용하고 있습니다. 신약 성경에는 단 한 번도 이런 용법이 나타나지 않습니다. 언제나 교회는 예수 그리스도에게 충성을, 서로에게 헌신을 서약한 사람들을 의미합니다. 그리스도인은 예수 그리스도의 추종자를 뜻합니다. 성도는 거룩한 무리입니다. 제자와 상통합니다. 선생님에게 배우는 사람입니다. 믿는 자 즉 신자입니다. 사도신경에서 '거룩한 공회'라고 하는 말은 '거룩한 교회'를 지칭하는 말로 보고 있습니다.[222] 기독교는 한 마디로 예수님을 믿는 종교로 그 이상도 그 이하도 아닙니다. 교회는 예수님을 그리스도로 믿는 이 신앙에 근거하고 있습니다.[223]

교회는 다음과 같은 본질과 특징과 사명을 가지고 있습니다.

첫째, 교회의 본질 즉 교회의 본래의 모습이란 무엇인가를 살펴봅니다. 교회는 '예수 그리스도를 믿는 사람들이 모인 공동체'를 말합니다. 교회의 모든 회원은 성도(聖徒)입니다. 말 그대로 거룩한 무리라는 뜻입니다. 예수 믿는 사람을 성도라고 부르는 이유는 우리의 조건이나 어떤 유능함에 있지 않습니다. 우리가 '거룩해진다'라고 말할 때 이는 철저히 성령님의 힘에 기댄다는 뜻입니다. '교회는 거룩하다'라고 말할 때는 교회가 본래 거룩한 본질을 나누어 가진 것도 아니고, 거룩해지게 하는 요소가 그 속에 존재하기 때문도 아니고, 오로지 성령님의 능력으로 거룩하

---

222 이는 일반적인 견해이다. 원뜻을 말하는 것은 아니다.
223 이문선, 『(7권) 그리스도인의 확신』(서울: 엔크리스토, 2006), 18.

게 됩니다. 우리의 거룩함을 결정하시는 분은 거룩한 성령님입니다.[224] 구약 성경에서 '거룩한'이란 하나님 한 분 즉 지존하시며 모든 피조물을 사랑하시는 그분에게만 붙여지는 형용사입니다. 신약 성경은 예수님을 '거룩한 분' 하나님 한 분이라 하며 그가 갖는 신성을 표현합니다. 예수님은 거룩한 성령과 지극히 높은 분의 힘에 의지하여 잉태되었기 때문에, 마리아는 그 아기를 거룩한 하나님의 아들이라 부르게 됩니다(눅 1:35). 우리가 신앙으로 고백하는 '거룩한' 교회는 하나님이 선택한 백성이고, 예수님의 죽음과 성령에 힘입어 거룩해집니다. 그러므로 교회의 생명력과 능력과 정당성은 성령님의 역사 속에서 예수 그리스도에게 얼마나 일치되느냐에 달려 있습니다. 교회는 예수 그리스도에 일치되어, 삼위일체 하나님의 카리스마적 은혜 속에서 예수 그리스도의 재림을 기다리는 종말론적 공동체입니다.

둘째, 교회는 니케아 콘스탄티노플 신조(381년)에서 고백하는 것처럼, 4가지의 특성이 있습니다. "우리는 하나의 거룩한 보편적인 사도적 교회를 믿습니다." 이러한 고백에 근거하여 우리는 교회의 4가지 특성을 다음과 같이 이야기할 수 있습니다.[225]

---

224 이성호,『특강 하이델베르크 요리문답 (상)』, 210. 로마 가톨릭 교회는 여기서 말하는 성도를 성인으로 해석한다. 순교자와 같이 탁월한 공을 쌓아서 하늘에 있는 성도들과 사귀는 것을 진정한 의미에서 성도의 교제라고 한다. 그러나 이는 완전히 잘못된 해석이다. 왜냐하면, 성도의 거룩은 그가 행한 업적이나 공로에 의해 결정되는 게 아니다.
225 윤석준,『하이델베르크 요리문답 설교 1』, 114; 하문호,『교의신학 6: 교회론』 (서울: 그리심, 2014), 65-66.

1) '하나의 교회'입니다. 교회의 단일성(통일성)입니다. 사도신경은 이를 직접 표현하지 않지만, 사도신경에 대한 하이델베르크 요리 문답 제54 문답의 해설은 "참된 믿음으로 하나가 되도록"이라고 표현합니다. 교회는 참된 믿음으로 하나가 되도록 부르심을 받았다는 고백입니다. 예수 그리스도를 주로 고백하는 믿음에서 교회는 하나라는 것입니다. 예수 그리스도에 대한 근본적인 신앙의 동일성 가운데서 교회는 하나로 존재합니다. 여기에 교회의 일치와 연합의 근거가 있습니다. 그러므로 그리스도가 교회의 머리가 아니라면 모든 종류의 연합은 '거짓 연합'입니다.[226]

2) '거룩한 교회'입니다. 많은 교회가 부정과 부패, 말씀에서 이탈, 악한 행위들과 타락한 생활을 보여줍니다. 하지만 우리의 경험으로 교회는 거룩하지 않다고 말할 수 없습니다. 교회의 본질은 거룩입니다. '거룩'이란 히브리어로 '카도쉬', 헬라어로 '하기오스'입니다. 이 단어가 하나님께 사용될 때는 '죄가 하나도 없으심, 하나님이 행한 장엄하심, 하나님의 순결하심, 완전하심, 훌륭하심, 존경받기에 합당하심'의 의미로 사용됩니다. 한편 사람에게 사용될 때는 '~에 구별되다, 도덕적으로 순결하다, 하나님께 바쳐진 인간, 하나님과 그분께 드리는 예배를 위해 마련된, 예배를 드리기 위해 바쳐진 시간'의 의미로 사용됩니다.[227] 다음과

---

226 윤석준, 『하이델베르크 요리문답 설교 1』, 119. 역사적으로 수많은 거짓 교사들과 혼합주의자들이 있었다. 자신들의 순결만을 내세운 부류들이 많았는데 몬타누스, 노비타아누스, 재세례파 등이 그 예이다.
227 박성규, 『사도신경이 알고 싶다』, 146-147.

같은 4가지 의미에서 교회는 거룩한 모임이라고 할 수 있습니다.

가. 교회는 하나님에 의해 선택되고 구별된 그리스도인들의 모임이라는 점에서 거룩합니다(고전 1:2; 벧전 2:9). 교회가 거룩한 것은 참된 거룩함이신 그리스도 때문입니다. 주 예수님은 자신의 의지로 선택하신 자들을 타락한 세상으로부터 불러내어 교회를 이루게 했습니다.[228]

나. 교회는 또한 하나님의 속죄와 칭의를 받은 사람들의 모임이라는 점에서 거룩합니다(고전 1:2).

다. 교회의 머리가 예수 그리스도라는 점에서 거룩합니다.

라. 교회를 거룩하게 만드는 성령님의 능력에 의하여 교회는 거룩합니다. 이상과 같이 교회는 그 구성원들이 거룩하므로 거룩한 것이 아니고 예수 그리스도의 구원 사역으로 의롭게 하시는 하나님과 성화시키는 성령님의 감화 때문에 거룩한 모임이라고 할 수 있습니다.

3) '보편적 교회'입니다. 교회의 보편성은 두 가지 측면이 있습니다. 하나는 믿음의 동일성이고 다른 하나는 시간의 보편성입니다.[229] 하이델베르크 요리 문답 제54 문답은 '모든 인류 가운데서'라는 표현을 통해 믿음의 동일성을 강조합니다. 우리가 고백하는 내용은 시공간과 상관없이 항상 같아야 합니다. 또한, '세상에서의 마지막 날까지'라는 표현을 통해 시간의 보편성을 강조합니다. 교회가 보편적이라는 말은 교회가 모든 장소와 모든 사람,

---

228 황원하, 『하이델베르크 요리문답 해설』, 275.
229 최영인, 『사도신경 : 역사 속에 숨겨진 보물』, 274.

남녀노소와 빈부귀천을 막론하고 모든 시대에 걸쳐 있다는 의미입니다. 이것은 계급, 인종, 성별, 지역의 차이가 없는 교회, 즉 누구나 교회의 구성원이 될 수 있다는 것을 뜻합니다. 그 이유는

가. 구원의 보편성 때문입니다. 누구든지 예수 그리스도를 믿고 하나님의 백성이 될 수 있기 때문입니다(히 2:9; 고전 15:21; 요 3:16).

나. 만민을 향한 선교의 요청 때문입니다(막 15:16; 마 28:19; 행 1:8). 특정한 사람이 아니라, 만민을 향하여 복음을 전파하라고 하신 예수 그리스도의 명령 때문에 교회는 보편적이라고 할 수 있습니다.

다. 교회는 모든 지역, 종족, 시대를 넘어서 같은 본질과 목적을 가지기 때문입니다.

4) '사도적 교회'입니다.[230] 이 말은 교회가 사도와 선지자들의 터 위에, 즉 말씀 위에 서 있다는 의미입니다. 사도들이 전한 복음의 기초 위에 있는 교회가 사도적인 교회입니다. 머리이신 그리스도께서 교회를 부르실 때 방편을 '말씀과 성령'이라고 말합니다. 그리스도께서 교회에 찾아오셔서 속한 모든 자들에게 구원을 주며 그들을 다스리고 보호하시며 보존합니다. 그리스도께서 교회 안에서 일하는 방식이 '성령과 말씀'입니다.[231] 교회는 예수 그리스도로 말미암아 사도들에게 전해진 복음의 내용을 가져야

---

230 Edmund P. Clowney, *The Church*, 황영철 역, 『교회』(서울: IVP, 1998), 83-94.
231 황원하, 『하이델베르크 요리문답 해설』, 276.

합니다. 여기에서 사도의 권위는 본질적인 권위가 아니라 예수 그리스도에 의존하는 이차적인 권위입니다.

주님의 교회는 하나님이 세운 신적 기관으로 단일성, 거룩성, 보편성, 사도성이 분명한 교회로 나아가야 합니다. 하지만 여기에 그쳐서는 안 됩니다. '나도 지금 이 교회의 살아 있는 지체이며 영원히 그러할 것을 믿는다'[232]라고 고백합니다. 우리는 교회에 대해서 말할 때 자신이 깊이 개입되어 있다는 사실을 기억해야 합니다. 나는 구경꾼이 아니며 그 속에 포함되어 있습니다. 교회의 속성들이 내 안에 있으며, 나도 함께 공동체를 세우며 살아갑니다.

우리는 오직 믿음으로만 교회의 살아 있는 지체가 됩니다. 교회는 믿음의 공동체입니다. 웨스트민스터 신앙고백과 벨직 신앙고백도 "교회 밖에는 구원이 없다"는 언급을 합니다.[233] 보이는 교회 즉 사람들 눈에 보이는 교회를 떠나 그 밖에서는 구원받을 가능성은 없습니다. 교회는 신적 기관이지만 그곳에 모인 자들

---

232 최영인, 『사도신경 : 역사 속에 숨겨진 보물』, 276-277. 하이델베르크 요리문답 제54 문답. 여기에서 말하는 '살아 있는 지체'라는 표현은 로마 가톨릭의 교회론에 대한 반박이다. 그들은 교회의 권위, 혹은 교황의 권위에만 복종하면 교회의 회원이 된다. 세례를 받고 성찬에 참여하며 고해성사를 하는 것으로 회원이 된다.

233 Michael Scott Horton, 『(사도신경의 렌즈를 통해서 보는) 기독교의 핵심』, 253. 웨스트민스터 신앙고백 제25장 교회. 2. 유형 교회 또한 복음 시대에는 보편적이요 일반적인 교회이다. 이 유형 교회는 전 세계적으로 참 종교를 신봉하는 모든 사람과 그들의 자녀로 구성되어 있다. 그리고 이 교회는 주 예수 그리스도의 왕국이며, 하나님의 집이며 권속이다. 이 교회를 떠나서는 즉 교회 밖에는 통상적으로 결코 구원받을 수 없다.

은 타락한 죄인들입니다. 그러므로 우리는 교회를 무시하거나 떠나지 말아야 합니다.[234]

고대교회 교부 키프리아누스(Cyprianus)와 아우구스티누스(Augustinus), 종교개혁자 칼빈(John Calvin)은 "하나님이 아버지가 되는 사람에게는 교회가 어머니가 되어야 한다."고 말합니다.[235] 하나님은 갓 태어난 당신의 자녀들을 교회라는 어머니 품에서 자라게 합니다. 자란 아이는 다시 교회를 섬기게 됩니다. 그 관계를 '성도의 교제'라는 고백에 담았습니다.[236]

셋째, 교회는 그 자체가 아니라 예수 그리스도에게 존재 이유와 사명이 달려 있습니다. 따라서 교회의 사명은 다음과 같습니다. ① 교회는 예수 그리스도로 말미암는 구원의 복음을 성령님의 능력에 따라 선포해야 할 사명을 가지고 있습니다. 이것은 교회의 핵심적 사명이며, 교회가 세상을 섬김과 나눔으로서 선교하는 원초적인 모습입니다. ② 예수 그리스도께서 은혜의 방편으로 교회에 위탁하신 성례전의 정당한 집행은 교회의 중요한 사명입니다. 교회의 성례전은 세례와 성만찬입니다. ③ 믿음의 성장과 교회의 성화를 가져오는 가르침과 치리도 교회의 중요한 사

---

234 최영인, 『사도신경 : 역사 속에 숨겨진 보물』, 278. 그리스도께서는 목숨을 지불하셔서 교회를 세우셨고 지금도 교회 안에서 구원을 베풀며 교회를 통하여 은혜를 부어주신다. 어떤 경우에도 교회 자체를 파괴하거나 무시해서는 안 된다. 그것은 주님의 몸을 찢고 짓밟는 것이나 마찬가지이다.

235 손재익, 『사도신경: 12문장에 담긴 기독교 신앙』, 252. 각주 209 재인용.

236 최영인, 『사도신경 : 역사 속에 숨겨진 보물』, 278.

명입니다.

d. 7. 성도

d. 7. 1. 성도의 교제

참고 성구 – 고린도전서 12장 27절, 에베소서 1장 23절, 4장 4절~6절

sanctorum communionem
The Communion of Saints
"성도가 서로 교통하는 것과"
(성도의 교제와)

"거룩한 교회와"는 4세기에는 동일하다가 공인원문에서 "거룩한 공교회와 성도가 서로 교통하는 것과"로 보완되었습니다.[237] 우리가 성령님과 관련하여 신앙고백 할 내용 가운데 둘째는 "sanctorum communionem"(상또룸 꼬무니오넴) 즉 "성도가 서로 교통하는 것"을 믿는 것입니다. sanctorum communionem은 성도가 함께 행하는 것을 의미합니다. 성도의 교통은 또

---

237 이재철, 『성숙자반』, 275. 교회는 공교회여야 함을 강조해야 했고 또 성도 간 교제의 중요성을 고백해야 할 필요가 있었다.

한 함께 사귀는 것입니다. 이것이 성도의 교제입니다.[238]

성도 교제의 본질이 무엇입니까? 이것은 여행, 식사, 친목과 같은 것이 아닙니다. 성도의 교제에는 진정한 의미가 있기 때문입니다.[239]

---

238 위의 책, 301-302. 참고. 가톨릭은 성도의 교통을 '성인의 통공'이라 한다. 이것은 『가톨릭 교리사전』, 101에서 발췌한 것임. 성인의 통공, 그리스도를 머리로 하여 교회는 크게 세 가지로 구분된다. 첫째, 이 세상에 있는 신전 교회 – 이 세상은 주님의 나라를 위해서 악마와 싸우고 세속과 싸우고 자신의 사욕과 싸우는 현장이다. 그래서 이 전쟁에서 승리하면 영생의 월계관을 받게 되고 이 전쟁에서 패배하면 영원한 죽음을 면할 수 없게 된다. 둘째, 연옥에서 단련을 받는 단련 교회 – 이 세상에 살다가 죽은 다음 심판을 통해서 하늘 나라에 가기까지 연옥에서 단련을 받는다. – 이것은 연옥에 속한 전체 신자들의 모임이다. 이들은 자신들에게 주어진 벌을 다 받고 나면 곧바로 하늘나라에 가게 된다. 셋째, 천국의 개선교회 – 이 세상에서 열심히 산 영혼들이 죽은 다음 개선가를 부르는 교회로, 바로 천주교회이다. 이상의 세 가지 교회는 그리스도를 머리로 해서 서로가 서로를 돕고 기도하며 서로의 공을 나눈다. 이것을 성인의 통공이라고 한다. 예컨대 연옥에 있는 영혼들을 위해서 지상교회가 기도와 희생을 바치면 그 공으로 빨리 승천하게 되고 이러한 공으로 승천한 영혼은 천국에서 이 지상교회를 위해 하나님께 기도한다. 이와 같이 세 가지 교회는 한 유기적인 몸처럼 생명을 나누는 신비스러운 교회들이다. 그래서 이것을 학자들은 '교회의 신비체'라고도 한다. 그런데 지옥에 떨어진 영혼은 영영 생명을 잃어버린 영혼들이기 때문에 신비체의 일원이 될 수도 없고 성인들의 통공에 참여할 수도 없다. 이것은 최형락, 『가톨릭 교리 용어집』 (서울: 계성출판사, 1987), 375에서 발췌한 것임. 통공은 기도나 선행의 대가가 당사자에게만이 아니라 그리스도를 머리로 하는 교회 공동체 즉 신전교회, 단련교회, 개선교회에 속한 다른 이에게도 그 대가를 줄 수 있어 다른 이를 위해 서로 돕고 기도할 수 있고 서로 공을 나눌 수 있다. 이를 통공이라고 말한다. 예를 들어 성인 성녀께 자기를 위해 하나님에게 기도해 달라고 할 수 있으며, 특히 연옥 영혼을 위한 우리의 기도는 하나님께 전달되는 것이다. 이와 같이 기도나 선행의 대가가 당사자에게만이 아니라 천국이나 연옥의 다른 이들과도 통한다고 해서 이를 통공 혹은 모든 성인의 통공이라고 일컫는다.

239 최영인, 『사도신경 : 역사 속에 숨겨진 보물』, 279. 하이델베르크 요리 문답 제55문. 성도의 교제를 어떻게 이해합니까? 답. 첫째, 신자는 모두 또한 각각 그리스도의 지체로서 주 그리스도와 교제하며 그의 모든 부요와 은사에 참여한다. 둘째, 각 신자는 자기의 은사를 다른 지체의 유익과 복을 위하여 기꺼이

첫째, 성도의 교제는 그리스도와 교제하는 것입니다. 성도의 교제는 '너와 나'가 아니라 '주님과 나', '주님과 우리'입니다. 너와 내가 사귀는 것이 아니라 너와 내가 함께 그리스도 안으로 들어가는 것입니다(요일 1:3). 성도는 하나님이 세상에서 구별하여 끄집어내셨을 뿐만 아니라 삼위 하나님 안으로 불러들인 사람입니다. 성도라 부르는 순간 이미 거룩하신 예수님 안으로 들어갔기 때문에 주님과 사랑의 교제가 있는 사람입니다. 주님과 교제하는 일이 성도 교제의 본질입니다. 주님과 교제할 때 세상이 줄 수 없는 그리스도의 모든 부요와 은사는 신적인 선물로 주어집니다.

둘째, 성도의 교제는 받은 은사를 자원하는 마음으로 기쁘게 사용하는 것입니다. 우리는 모든 은사 즉 선물을 그리스도 안에서 한 몸 된 다른 성도들의 유익과 복을 위해 사용해야 합니다. 성경에 은사는 항상 교회를 세우기 위해 혹은 봉사를 위해 주어졌다고 합니다(엡 4:12). 우리 각자는 자신의 은사를 다른 지체의 유익과 복을 위하여 기꺼이 그리고 즐거이 사용해야 합니다. 우리는 우리 존재와 우리의 은사를 다 함께 교회를 이루고 있는 이들을 위해서 사용해야 하고 나눠주어야 합니다. 신자는 개인으로 존재하지 않고 반드시 한 몸 된 교회의 한 지체로 존재합니다.[240] 우리는 하나님이 각자에게 주신 은사들을 잘 살려서 다른 지체들과 교회를 세웁니다. 하이델베르크 요리 문답은 이것을 성

그리고 즐거이 사용할 의무가 있다.
240 손재익, 『사도신경: 12문장에 담긴 기독교 신앙』, 267.

도의 의무라고 가르칩니다. 우리가 얻은 모든 것은 그리스도와의 교제를 통해 받은 것이기 때문입니다.

교회는 연약한 자들이 모인 공동체이며 그들을 아우르고 품어 주면서 강한 자가 연약한 자를 용납하는 공동체입니다(롬 15장). "거룩한 공회와 성도가 서로 교통하는 것을 믿는다." 우리는 이 신앙고백 위에 함께 서 있습니다. 우리가 그리스도의 유익을 누리는 교제를 했다면 이제부터 기꺼이, 즐거운 마음으로 그 보화와 선물과 은사를 서로 나누며 섬겨야 합니다.

교회는 한 마디로 살아 있는 유기체입니다. 성도들이 교제를 통하여 새 계명인 사랑을 실천합니다. 성도는 '거룩한 자'란 뜻입니다. 결과적으로 성도는 죄에서 벗어나 죄를 용서받은 사람입니다. 성도는 교회 지체들과 교제를 통하여 서로 격려하고 배웁니다. "가르침을 받아 서로 교제하며"(행 2:42)라는 말씀처럼 성도 상호 간에 교제를 통하여 서로 가르침을 받습니다. 성도가 교제를 이루는 가장 신비하고 거룩한 교제는 성만찬입니다. 성만찬을 통해 하나님은 자신의 자녀와 교회가 세상으로부터 성별된 자들의 모임임을 분명하게 드러냅니다. 성만찬을 통해 하나님은 하나님의 자녀와 멸망 받을 자를 구분합니다. 이들을 성별하는 예식이 성찬 예식입니다. 성도 간에 이루어지는 교제의 극치가 성만찬입니다. 그 이유는 성찬 예식을 통해 문화와 인종과 역사를 뛰어넘어 전 세계의 교회가 하나가 되기 때문입니다. 그리스도 안에서 나누는 친교가 성도의 교제에 핵심입니다. 성도 상호 간에 이루어지는 교제의 내용은 말씀, 기도, 찬양, 봉사, 권면, 간증 등 여러 가지입니다. 마태복음 5장 24절을 보면 성도 간에 불편한 관계일 때 "예물을 드리며 예배드리는 것보다 먼저 가서 형제와 화목하라"고 합니다.

d. 7. 2. 성도의 사죄

참고 성구 - 요한복음 1장 29절, 에베소서 1장 7절, 요한일서 1장 9절

remissionem peccatorum
The forgiveness of sins;
"죄를 사하여 주시는 것과"
(죄를 용서받는 것과)

사도신경에서 "죄를 사하여 주신다"는 고백은 성령 하나님에 대한 5개의 문장 속에 포함되어 있습니다. 즉 죄의 용서를 성령 하나님의 사역 중 하나로 다룹니다. 그러므로 '죄를 용서받는 것'보다는 성령 하나님을 주체로 '죄를 용서해 주시는 것'으로 번역하는 것이 자연스럽습니다.[241] 우리가 성령님과 관련하여 신앙고백 할 내용 가운데 셋째는"remissionem peccatorum"(레미시

---

241 위의 책, 269.

오넴 빼까또룸) 즉 죄를 사하여 주시는 것을 믿어야 합니다. 보이지 않는 하나님께서 우리의 죄를 용서하여 주심을 믿어야 합니다. 이것 역시 성령님의 역사 속에서만 가능한 일입니다. 성령님의 역사 속에서 내 죄가 사해졌음을 믿는다는 것은 내가 죽은 죄인이라는 자각이 전제되어야 합니다.[242]

사도신경이 성령의 은총 속에서 죄가 사하여졌음을 믿는다고 고백하는 것은 우리가 죽을 수밖에 없는 죄인이라는 사실을 전제합니다.[243] 인간이 죄인이라는 사실을 증명하기 위해 우리를 다른 사람들과 비교하여 평가하면 안 됩니다. 오직 하나님의 말씀과 비교해야 합니다.[244] 성경은 인간을 하나님의 형상으로 창조된 피조물인 동시에 죄인이라고 선포합니다. 하나님의 형상으로 창조된 인간은 하나님과의 소외로 인하여 죄의 상태에 빠지게 되었습니다. 로마서 3장 10절 이하에서 사도 바울은 죄 가운데 있는 인간을 다음과 같이 묘사하고 있습니다. "의인은 없나니 하나도 없으며 깨달은 자도 없고 하나님을 찾는 자도 없고 다 치우쳐 한 가지로 무익하게 되고 선을 행하는 자는 없나니 하나도 없도다."

성경이 말하는 죄(Sin)는 우리가 흔히 말하는 범죄(Crime)와

---

242 이재철, 『성숙자반』, 303. 자신이 의인이라 생각하는 사람은 하나님의 용서도 예수 그리스도의 복음도 필요 없다. 성령님의 거울 앞에서만 나의 죄인 됨을 깨닫고 나의 죄를 대속해 주신 그리스도께 나를 의탁하고 그리스도 안에서 거룩한 삶을 살아가게 된다. 성령님의 거울 속에서만 나의 죄인 됨과 그리스도 안에서 믿음으로 의인 된 나를 동시에 볼 수 있다.

243 이상원, 『21세기 사도신경 해설』, 160. 자신이 죄인이 아니라고 생각하는 사람은 예수 그리스도의 복음이 필요 없다. 죄의 비참함을 인식하지 않는 사람은 굳이 죄 용서를 필요로 하지 않는다.

244 이운연, 『성경으로 풀어낸 사도신경』, 188.

는 다릅니다. 하나님을 모르는 사람들은 죄를 단지 다른 사람과의 관계 속에서만 정의합니다. 죄는 단지 사람들 사이에 정해 놓은 강제 규범인 법률을 어기는 것으로만 생각합니다.

그러면 인간의 죄란 도대체 어떤 것입니까?[245] 첫째로, 성경에서 죄는 근본적으로 하나님께 대한 인간의 교만으로 보고 있습니다. 인간의 죄는 단순히 자신의 양심을 어기는 행위나, 법과 질서를 어기는 행위를 뜻하지 않습니다. 창세기 3장 5절에서 나타나는 바와 같이 '하나님과 같이 되고자 하는 인간의 교만이 인간의 죄'입니다. 둘째로, 죄란 하나님이 있어야 할 자리에 인간 자신을 세우는 것을 말합니다. 모든 것의 중심이신 하나님을 부인하고 자기 자신을 하나님의 자리에 세우는 것, 이것이 인간의 죄입니다. 이러한 인간은 하나님과 이웃과 함께 그들을 위해서 사는 것이 아니라 자기 자신만을 위하여 살아가는 죄 된 인간입니다. 즉 인간의 자기 중심성, 또는 이기주의를 죄라고 할 수 있습니다. 셋째로, 죄란 인간이 하나님을 떠나서 그의 모든 행위와 삶에 아무런 규범도 가지지 않는 것(아노미)을 뜻합니다. 자기 생각과 판단이 모든 것의 규범이 되는 것 바로 이것이 인간의 죄입니다. 넷째, 죄란 하나님과 이웃과 참된 자기 자신 즉 하나님의 형상으로

---

245 하문호, 『교의신학 3: 인간론』(서울: 그리심, 2014), 74-76. 웨스트민스터 소요리 문답 제14문, 죄가 무엇인가? 죄는 하나님의 율법을 순종함에 부족한 것이나 어기는 것이다.

서의 자기와의 관계가 단절된 것을 뜻합니다.[246] 죄의 본질은 바로 하나님과의 관계의 단절이라고 볼 수 있으며 그것은 곧 이웃과 참된 자기와의 관계 단절을 초래합니다. 죄인으로서의 인간은 무관계성 속에서 고독하게 살아가는 것입니다.

이러한 죄는 어떠한 결과를 초래합니까? 죄인으로서의 인간은 자기모순과 자기 상실, 그리고 자유의 상실을 맛보게 됩니다. 동시에 그는 고독과 불안과 죄책감을 느끼게 되며 삶에서 무의미, 무희망, 절망을 경험하며 마침내 죽음에 이르게 됩니다. 여기에서 죽음이란 죄 된 세계 속에서 일어나는 희망 없는 인간의 죽음과 하나님 없는 인간의 삶 전체를 뜻합니다. 이처럼 죄 가운데 있는 인간, 소외된 인간은 바로 죽음의 상황 가운데 있습니다. 죄 가운데, 죽음 가운데 있는 인간, 하나님과 소외된 인간, 하나님이 없는 인간에게는 죄 용서를 통한 하나님과의 화해가 필요합니다. 그 화해는 하나님께서 예수 그리스도를 통하여 이루실 때 가능합니다. 즉 의로우신 하나님께서 자기를 낮추어 죄 된 인간의 모습을 취하는 대신, 죄 된 인간은 하나님으로 인하여 죄 사함을 받은 존재가 되며, 의로운 존재로 높이 들리움을 받게 됩니다. 인간은 자신의 죄에 대하여 무력합니다. 인간은 자신의 죄를 어떤 방법으로도 벗어버릴 수 없습니다. 하나님만이 인간의 죄를 제거하실 수 있습니다.

---

246 하문호, 『교의신학 5: 구원론』(서울: 그리심, 2014), 22-29.

'죄를 사해 주시는 것과'라고 했는데 사실은 '죄를 사함 받는 것과'라고 번역해야 합니다. 우리 그리스도인들은 죄 사함 받은 것을 믿습니다. 우리는 다른 어떤 것이 아니라 오직 믿음으로 죄 사함 받은 사람들입니다. 예레미야 31장 34절에 의하면 "내가 그들의 죄를 사하고 다시는 그 죄를 기억치 아니하리라"고 했습니다. 시편 103편 12절에는 "동이 서에서 먼 것처럼 그분은 우리로부터 죄를 멀리 치우셨습니다." 요한일서 1장 9절에는 "우리가 우리 죄를 자백하면 저는 미쁘시고 의로우사 우리 죄를 사하시고, 모든 불의에서 우리를 깨끗하게 하신다"고 약속했습니다. 우리는 근본적으로 죄 사함을 받았습니다. 하지만 매일의 삶 속에서 많은 죄를 지으며 살고 있습니다. 그러므로 매일 매 순간 죄를 자백하는 것이 필요합니다. 죄를 자백하는 것과 동시에 우리의 죄가 용서함 받은 것을 믿어야 합니다. 우리는 이 사실을 믿음으로 하나님의 보좌 앞으로 담대하게 나가야 합니다. "우리가 긍휼하심을 받고, 때를 따라 돕는 은혜를 받기 위해, 은혜의 보좌 앞에 담대히 나아갈 것"(히 4:16)이라고 했습니다.

그런데 이 용서는 예수 그리스도의 대리적 희생을 통하여 이루어집니다. 눈에 보이지 않는 하나님이 나의 죄를 용서해 주신다는 사실을 믿는 것은 전적으로 말씀과 성령의 역사를 통해서만 가능합니다. 성령의 거울 앞에서만 내가 죄인이라는 사실을 깨닫고 그리스도께 나를 의탁하고 거룩한 삶을 살아갈 수 있습니다.[247] 더불어 궁극적으로 육적, 영적으로 죽음에 이르게 하는 죄의 문제가 해결되고 죄 용서함을 받아야 몸의 부활과 영생의 문제가 논리적으로 해결됩니다.[248] 죄에 대한 생각이 얕으면 용서에 대한 생각도 얕게 됩니다. 죄를 참되고 깊게 깨달으면 용서도 참되고 깊게 깨닫습니다.[249]

사랑과 공의의 하나님은 인간의 죄악에 대한 그의 철저한 분노와 심판을 예수 그리스도에게 돌림으로 죄를 용서하시고 우리와 화해합니다(막 10:45; 고후 5:21; 갈 3:13; 요일 2:1; 4:8). 하나님께서는 예수 그리스도 안에서 인간의 죄악을 묵인하거나 무마하신 것이 아니라 철저히 심판하심으로 우리의 죄를 용서하시고 우리와 화해했습니다.

우리는 복음주의 영향으로 "교회 없는 죄의 용서"에 익숙합니다. 하나님 말씀을 듣고 나 자신이 그리스도와 독단적으로 주고받는 은혜로 죄 용서를 받으니 교회와는 관련이 없다고 생각합니다. 그래서 우리에게는 "죄를 용서하는 공동체로서의 교회"라는 개념이 희박합니다. 죄의 용서는 주님 특히 거룩한 영이신 성령께서 그리스도의 몸된 지체들에게 베푸시는 영적 실체입니다.[250] 교회는 하나님이 죄를 소멸하시기 위해 세우신 능력의 공동체입

---

247 이재철. 『성숙자반』, 322.
248 손재익, 『사도신경: 12문장에 담긴 기독교 신앙』, 272.
249 Cornelis Neil Pronk, 『(하이델베르크 교리문답으로 보는) 사도신경』, 238.
250 이성호, 『특강 하이델베르크 요리문답 (상)』, 235.

니다. 교회는 죄의 용서에 결정적인 역할을 합니다. 성령께서 교회에 말씀을 주시고 선포되는 말씀을 매개로 사용하여 역사합니다. 그렇게 할 때 사람들은 죄를 깨닫고 자백하며 주님께 죄의 용서를 받습니다.[251] 루터는 대 교리 문답에서 "교회는 용서의 장소다"라는 제목과 함께 상세히 기술합니다.[252] 우리가 죄 용서를 받는 것은 근본적으로 개인적인 경건의 노력이나 그리스도와의 내밀한 만남을 통해 주어지는 것이 아닙니다. 우리는 교회 안에서 말씀과 성례를 통해 죄의 용서를 받습니다. 그리고 죄의 용서는 그리스도께서 세우신 교회를 통하여 우리에게 흘러내립니다. 우리는 교회의 일원이 되어 그 구성원으로서 죄의 용서를 받습니다.[253] 칼빈도 제네바 교리문답 제104문에서 교회와 사죄의 관계를 정리합니다.[254] 성령 하나님은 교회라는 공적 기관을 중심으로 일합니다. 성령께서 교회를 세우신 사역에 기초하여 죄를 깨닫게 해주신다는 점에서 '죄 사함'이란 교회와 관련하여 생각해야 합니다.[255]

우리는 죄의 용서에 대해 구체적으로 무엇을 믿습니까? 첫째,

---

251 황원하, 『하이델베르크 요리문답 해설』, 280.

252 Martin Luther, Deudsch Catechismus : *Deudsch Deudscher Kat-echismus Grobe Katechismus*, 최주훈 역, 『(마르틴 루터) 대 교리 문답반』(서울: 복 있는 사람, 2017), 222-223. 루터의 대 교리 문답 2부 신조, 3조 54-56항.

253 윤석준, 『하이델베르크 요리문답 설교 1』, 148-149.

254 John Calvin, *Catechismus ecclesiae Genevensis*, 조용석, 박위근 역, 『(요한네스 칼빈의) 제네바 교회의 교리문답』(서울: 한들출판사, 2010), 90-91.

255 황원하, 『하이델베르크 요리문답 해설』, 280.

하나님은 그리스도로 인해 나의 모든 죄를 더 이상 기억하지 않습니다(렘 31:34). 여기서 말하는 '기억'이라는 단어는 '신인동형론적인 표현'입니다. 하나님은 우리의 죄를 더 이상 문제 삼지 아니하시고 간과합니다(롬 3:25). 완전하신 하나님은 기억의 찌꺼기를 갖고 계시지 않습니다. 하나님은 그리스도를 보시고 우리의 죄를 없는 것으로 여깁니다. 이런 의미에서 하나님은 우리의 과거 죄악들을 기억하지 않습니다.[256] 우리가 죄 용서를 구할 때 하나님은 우리의 모든 죄뿐만 아니라 우리가 일평생 싸워야 할 죄의 성향까지 더 이상 기억하기를 원하지 않습니다. 그러므로 그리스도인들의 죄 자백은 놀라운 결과를 가져옵니다(히 10:15-18).[257] 우리가 죄의 형벌, 하나님의 진노하심에서 벗어나게 된 것은 전적으로 그분의 기억하지 않으심 때문입니다. 하나님이 우리의 죄를 속속들이 기억하신다면 우리는 그 죄에 대한 형벌을 피할 수 없습니다. 하지만 하나님이 우리의 죄를 기억하지 않으실 때 우리는 하나님과 참된 화목과 평강을 얻을 수 있습니다.[258] 하나님이 죄를 기억하지 않는 근거는 언약입니다. 이 언약은 새로운 언약이고 영원한 언약입니다. 돌에 새긴 것이 아니라 마음속에 새겨졌습니다. 그 누구도 이 언약을 지울 수 없습니다. 성경이 전하는 용서는 예수 그리스도의 십자가와 뗄 수 없는 관계가 있습니다. 하나님이 사람의 죄를 용서하는 것은 하나님의

256 윤석준, 『하이델베르크 요리문답 설교 1』, 158.
257 황원하, 『하이델베르크 요리문답 해설』, 281.
258 윤석준, 『하이델베르크 요리문답 설교 1』, 156.

아들이 사람의 죗값을 치렀기 때문입니다. 죄를 용서하려면 반드시 먼저 죄를 처벌해야 합니다(롬 3:24; 엡 1:7).[259]

둘째, 죄 용서는 그리스도의 의를 우리에게 선물로 입혀 줍니다. 그 결과 우리가 결코 정죄함에 빠지지 않도록 합니다. 죄 용서는 그리스도의 의를 선물로 받는 일입니다. 우리의 죄가 그리스도께 전가되고 그의 의가 우리에게 전가되는 것이 바로 죄의 용서입니다. 이 이중 전가(Double Imputation)에 의해 우리는 어떤 정죄도 받지 않습니다.[260] 하나님께서 우리의 죄를 기억하지 않는 상태는 단지 죄의 사함을 받은 상태가 아닙니다.[261] 주님은 우리를 벌거벗은 상태로 두시지 않고 '의의 옷'을 입혀 줍니다. 따라서 우리는 하나님이 보실 때 의로운 자가 되었습니다. 용서의 가능성은 하나님의 본성에 견고하게 뿌리를 내리고 있습니다(시 86:5; 103:8-13; 미 7:18-19). 우리는 하나님의 용서하시는 성향을 기억하고 의지해야 합니다. 우리가 예수 믿고 누려야 할 축복 가운데 하나가 죄에 대한 용서입니다. 그 어떤 종교도 죄 문제를 해결할 수 있는 길이 없습니다. 오직 기독교에만 죄 문제를 해결 받고 용서받을 수 있는 길이 있습니다. 예수님을 통해서만 죄 용서함과 죄로부터의 자유와 해방이 있습니다. 우리는 죄 용서의 축복을 누리며 살아야 합니다. 죄 용서의 확신이란 하나

---

259 Cornelis Neil Pronk, 『(하이델베르크 교리문답으로 보는) 사도신경』, 236.
260 최영인, 『사도신경 : 역사 속에 숨겨진 보물』, 304.
261 윤석준, 『하이델베르크 요리문답 설교 1』, 157.

님께서 내 죄를 용서해 주셨다고 확실히 믿는 것을 말합니다.[262]

죄 용서를 위해 회개는 필수입니다. 죄 용서는 처음 예수 믿을 때 일어나는 일이지만 신자의 삶에서 계속 반복되는 일이기도 합니다. 예수 믿을 때 의롭다 하심을 받았지만, 죄의 본성과 부패는 여전히 남아 있습니다. 그러므로 성도는 계속 회개해야 합니다. 날마다 죄를 고백하고 용서를 구하며 믿음과 회개를 갱신해야 합니다. 그렇다고 회개가 사죄의 원인이 될 수는 없습니다. 회개를 가능하게 하는 일은 전적으로 성령 하나님의 사역이기 때문입니다.[263]

우리는 자신이 죄인이라는 사실을 아는데 머물러서는 안 됩니다. 죄인이었지만 그리스도께서 죄 사함을 주셨다는 사실에 기초를 두어야 합니다. 이것이 사도신경이 "죄의 용서를 믿는다."고 고백하는 이유입니다. 의의 옷을 당당히 입고 다른 사람들도 넉넉히 용서하는 믿음의 영역 안에서 살아야 합니다.[264]

d. 7. 3. 성도의 부활

참고 성구 - 요한복음 6장 40절, 54절, 11장 25절, 사도행전 24장 15절, 고린도 전서 15장 20절~22절, 고린도후서 4장 14

---

262 이문선, 『(7권) 그리스도인의 확신』, 38.
263 손재익, 『사도신경: 12문장에 담긴 기독교 신앙』, 285.
264 최영인, 『사도신경 : 역사 속에 숨겨진 보물』, 308.

절, 데살로니가전서 4장 16절

carnis resurrectionem
The resurrection of the body
"몸이 다시 사는 것과"
(몸의 부활과)

사도신경의 열한 번째 고백은 몸에 대하여 다룹니다. 이 고백은 죽음이 마지막이 아니라 부활이 있다는 사실을 통해 우리가 영원의 삶을 준비하도록 권면합니다. 이 세상의 삶이 끝이 아니라 다음 세상에서 영원히 살아야 합니다. 이 사실을 알고 그 삶을 준비해야 합니다.[265] "몸의 부활을 믿느뇨?"는 4세기에 "죄를 사하여 주시는 것과 몸의 부활을 믿사옵나이다."로 다시 공인원문에서는 "죄를 사하여 주시는 것과 몸이 부활하는 것과 영생을 믿사옵니다."로 보강되었습니다.[266] 우리가 성령님과 관련하여 신앙고백 할 내용 가운데 넷째는 "carnis resurrectionem"(까르니스 레수렉치오넴) 즉 몸의 부활을 믿는 것입니다. 몸의 부활은 본래 상태로 회복됨을 의미합니다. 주님께서 죄로 더럽혀진 우리

---

265 황원하, 『하이델베르크 요리문답 해설』, 289.
266 이재철, 『성숙자반』, 275. 죄 사함에 대한 확신을 강조할 필요가 있었다. 내가 죄인인데 죄사함 받았다. 그러므로 구원받은 그리스도인답게 살아가야 한다는 신앙의 핵심이 분명하지 않으면 기복주의로 빠지기 때문이다. 그래서 사도신경은 다시금 죄의 문제를 확실히 다루고 또 우리의 궁극적인 목표가 영원한 생명임을 분명히 밝히는 것으로 끝난다.

의 영혼을 깨끗하게 회복시켜 줍니다. 그런데 영적 회복만으로는 부족합니다. 구원은 하나님께서 본래 아담과 하와에게 입혀주신 영원히 죽지 않는 몸으로 우리 몸이 회복됨으로써 완성됩니다.[267]

'몸이 다시 사는 것과' 이 표현은 부활이 구체적으로 몸과 영혼을 가진 인간의 그 모습 그대로 부활한다는 뜻이 분명히 드러나는 말입니다. 부활은 막연한 기억 속에 남아 있는 추상적인 의미의 사건이 아닙니다. 보통 부활이라고 하면 영혼이 계속 살아남는 것을 생각합니다. 그러나 인간의 존재를 가늠하는 데 몸도 중요한 부분입니다.[268]

우리말에서 몸은 팔, 다리, 머리를 제외한 부분을 가리키는 표현입니다. 하지만 사도신경의 원래 언어인 라틴나 신약성경의 헬라어에서는 그 의미가 조금 다릅니다.[269] 헬라어의 육신, 육체, 육과 같은 단어들은 단순히 사람의 몸을 의미하지 않습니다. 하나님을 대항하는 성향을 가진 몸, 하나님의 율법에 순종하지 않고 순종할 수도 없는 육신, 언제나 죄로 기울어가는 경향을 가진 육체, 하나님과 원수 된 육을 의미합니다(롬 8:7-8; 갈 5:17). 성경에서 몸은 영혼과 반대의 뜻입니다. 따라서 사도신경에서 다

---

267 위의 책, 304.

268 위의 책, 몸의 부활을 믿는 사람은 육체의 소중함을 깨달아야 한다. 육체 자체를 위해 살 때 육체는 허망한 것이다. 육체는 썩어 없어지기 때문이다. 그러나 영혼을 담는 그릇이 육체임을 알아 육체를 소중히 다룰 때 우리는 비로소 전인적인 존재가 된다. 그러므로 우리 몸을 귀하게 가꾸어 영혼을 잘 담는다면 우리 몸은 영혼을 가두는 감옥이 아니라 우리 영의 옷이 된다.

269 백금산, 『만화 사도신경』, 272-273.

루는 몸은 단순한 몸이 아니라 하나님께 대항하는 성향을 지닌 육체입니다.

예수님 당시부터 주후 3세기경에 널리 퍼져 있던 영지주의는 영은 선하고 육은 악한 것으로 보았습니다. 하지만 몸에 대한 우리의 고백은 이것입니다. 육체는 썩어 없어지기에 허망합니다. 그러나 그것이 영혼을 담는 그릇이라는 사실을 안다면 육체를 소중하게 가꾸게 되고 그는 전인적인 존재가 됩니다. 내 몸을 정말 귀하게 사용하여 영혼을 잘 담는다면 내 몸은 영혼을 가두는 감옥이 아니라 내 영의 귀한 옷이 됩니다.[270]

예수님이 부활 후에도 살아생전의 모습을 그대로 지니신 것을 보면, 우리의 몸이란 결코 허무하게 사라지지 않을 것입니다. 이 항목은 원래 몸은 인간의 껍데기에 불과하고 영혼을 가두는 감옥인지라 언젠가는 영혼이 몸을 떨쳐 내고 자유롭게 되어야 한다고 주장하는, 그리스 철학자들의 견해를 반대하여 나온 것입니다. 성경은 성도들의 몸이 다시 사는 것, 즉 몸의 부활을 확실하게 선언하고 있습니다(사 26:19; 겔 37:10; 단 12:2; 시 49:15; 잠 23:14; 욥 19:25-27; 고전 15:13,20-22; 행 24:15; 요 11:25; 6:40; 고후 4:14; 살전 4:16).

신약성경에 나오는 사두개인들은 부활에 대해 오해했습니다(막 12:18-27). 이들은 부활 이후의 삶을 이 세상과 동일한 삶이 지

---

270 이재철, 『성숙자반』, 323.

속되는 것으로 보았습니다. 그들에게 부활 이후는 이 세상에서의 삶과 질적으로 동일합니다.[271] 그러나 성경이 가르치는 내세의 삶은 이 세상과 질적으로 같지 않습니다. 성경은 우리의 생명이 끝난 후 두 가지 일이 일어난다고 말합니다. 하나는, 영혼과 육신의 분리입니다. 사람이 죽은 후에 영혼과 육신이 분리되지만, 영원히 분리되지는 않습니다. 다른 하나는, 주님이 이 땅에 오시는 날 분리되었던 영혼과 육신이 결합합니다. 그리고 우리 영혼은 우리의 몸과 함께 영원히 삽니다. 이것을 육신의 부활과 영생이라고 부릅니다.[272] 그러나 성도들뿐만 아니라 지상에서 한번 생을 가졌던 모든 사람이 역사의 마지막에 다시 한 번 심판자이신 하나님과 그리스도 앞에 나타나게 됩니다(고후 5:10; 마 25:31-32). 그 심판을 받기 위하여 모든 사람은 부활할 것입니다. 사람 자신의 영생이나 영광을 위해서 사람 자신의 힘으로써 부활하는 것이 아니라, 하나님의 뜻과 섭리의 완성을 위하여 하나님이 그들을 부활하게 하시는 것입니다. 불의한 자들은 그리스도의 심판을 받아 죽임을 당하는 동시에 형벌을 받기 위해서 부활할 것이나 의로운 사람들은 그리스도의 의로운 심판에서 의롭다 인정되어 그리스도 자신의 영광을 받게 됩니다(행 24:13; 요 5:28-29; 고전 15:42; 빌 3:21). 그런데 이 몸은 지상에서의 몸과 완전히 다른 몸이 아니라 연속성을 가진 몸입니다. 그런데도

---

271 이상원, 『21세기 사도신경 해설』, 178.

272 황원하, 『하이델베르크 요리문답 해설』, 288. 몸의 부활은 철저히 기독교 용어이다. 오직 기독교만 몸의 부활에 대한 분명한 가르침이 있다.

그 몸은 부활하신 그리스도의 몸과 같은 '변화된 몸'입니다. 우리들은 이와 같은 사실에 근거하여 몸이 다시 사는 것, 즉 몸의 부활을 고백하는 것입니다.

한편 죽음 이후부터 몸이 부활할 때까지 기간을 중간상태라고 부릅니다. 중간상태는 개인의 종말(개인의 죽음)과 우주의 종말(예수의 재림) 사이에 사람이 존재하는 방식을 말합니다. 성경은 중간상태를 직접적으로 말하지 않기 때문에 우리가 이 부분을 자세히 알 수는 없습니다. 아직은 최종적 영광의 상태는 아니지만, 성도의 궁극적 영광은 모든 성도와 함께 동시에 누리게 될 것입니다. 그러므로 우리가 죽어 하늘의 영광을 누리는 것은 성도들이 궁극적으로 바라고 소망하는 상태가 아닙니다. 성도의 궁극적 소망은 우리 주님의 재림 때 입게 될 몸의 부활이며 그것이 영생의 온전한 모습입니다.[273]

몸의 부활은 죄 사함과 깊은 관련을 맺습니다. 죄 사함의 맥락에서 육신의 부활을 읽으면 육신의 부활은 죄를 이긴 결과입니다. 그리스도께서 죄를 이기셨기 때문에 그 결과로 우리의 육신이 부활합니다.[274] 그러므로 육신의 부활 고백은 완전한 사죄의

---

273 이승구, 『사도신경』, 350. 우리 주님이 재림하시면 우리의 영생에서 '아직 아니'라는 측면이 온전히 다 제거된다. 그러므로 우리는 죽어서 우리 영혼이 하늘에서 그리스도와 함께 있는 것보다 우리 몸의 부활을 소망해야 한다.
274 윤석준, 『하이델베르크 요리문답 설교 1』, 164.

다른 표현입니다. 죄를 짓는 성향과 악으로 기우는 마음마저 완전히 제거하시고 예수님처럼 깨끗하고 영광스러운 몸으로 바꿔줍니다. 예수님의 부활이 예수님의 무죄 증명인 것과 같은 이치입니다. 부활하면 우리 안에 죄가 없을 뿐만 아니라 죄를 짓고 싶은 마음조차 사라집니다. 하나님이 기뻐하시는 뜻대로 살 수 있는 영광스러운 몸으로 부활합니다. 이것이 육신의 부활의 의미입니다.[275] 사죄의 은혜가 교회를 통해서만 선포되듯이 사죄의 결과인 부활 역시 교회 없이는 불가능합니다.

초대 교회가 지켰던 신앙의 핵심은 부활 복음이었습니다. 고린도전서 15장 54절에는 "이 썩을 것이 썩지 아니함을 입고, 이 죽을 것이 죽지 아니함을 입을 때에는 사망이 이김의 삼킨 바 되리라고 기록된 말씀이 응하리라."고 했습니다. 몸의 부활에 대하여 성경이 다음과 같은 사실을 알려줍니다.

첫째, 죽음과 함께 즉시, 나의 영혼은 그리스도에게 올려집니다. 죄 사함을 받은 신자의 영혼은 죽음과 함께 즉시 하늘로 그리고 그리스도께 올려집니다. 여기에서 시간적인 중요성은 즉시이고, 요소적 중요성은 영혼입니다.

둘째, 장차 나의 이 육신도 영혼과 다시 결합하여 그리스도의 영광스러운 몸과 같이 됩니다. 이는 지금 당장 일어나는 일은 아닙니다. 하지만 장차 우리의 육신도 부활하여 그리스도와 결합

---

275 이운연, 『성경으로 풀어낸 사도신경』, 200.

하게 됩니다. 여기에서 시간적 중요성은 장차이고, 요소적 중요성은 육체입니다.

셋째, 그리스도의 부활은 우리의 영광스러운 부활에 대한 확실한 보증입니다. 우리가 부활할 때 어떤 모습으로 부활합니까? 우리의 육신은 그리스도의 능력으로 일으킴을 받아 우리 영혼과 다시 결합하여 그리스도의 영광스러운 몸과 같이 됩니다(빌 3:21; 요일 3:2).[276] 몸이 다시 산다는 것은 전 존재 곧 나의 일부가 아니라 전부가 하나님을 위해, 하나님과 함께 사는 생동하며 창조적이고 죽지 않는 생명으로 회복되는 것을 의미합니다.[277]

성경은 부활체의 정확한 모습을 가르쳐 주지 않습니다. 그러나 고린도전서 15장 42~44절에서 부활체의 성격을 유추할 수 있습니다.[278]

첫째, 부활한 몸은 썩지 아니할 몸입니다(고전 15:42).

둘째, 부활의 몸은 영광스러운 몸입니다(고전 15:43).

셋째, 부활한 몸은 강한 몸입니다(고전 15:43).

넷째, 부활한 몸은 신령한 몸입니다(고전 15:44).

몸이 다시 사는 것에 대한 고백은 그저 미래의 가능성이 아닙니다. 죽음과 마찬가지로 실제적인 사건입니다. 이 고백은 예수 그리스도와 전능하신 하나님에 대한 신앙의 고백입니다. 만

---

276 정요석, 『하이델베르크 교리문답 (상)』, 483. 이때 우리의 육체는 죽기 전의 상태가 아니라 예수님처럼 상상 이상의 영화로운 상태로 되살아난다.

277 J. I. Packer, 『(제임스 패커의 기독교 기본 진리) 사도신경』, 126-127.

278 이승구, 『사도신경』, 354-358.

일 부활이 없다면 모든 인생 중에 가장 불행한 인생이라고 바울은 말합니다.

d. 7. 4. 성도의 영생

참고 성구 - 요한복음 3장 16절, 로마서 6장 22절~23절, 요한일서 2장 25절, 요한 계시록 21장 1절~4절, 22장 1절~5절

et vitam aeternam
And the life everlasting.
"영원히 사는 것을 믿사옵나이다."
(영생을 믿습니다)

우리가 성령님과 관련하여 신앙고백 할 내용 가운데 다섯째는 "vitam aeternam"(비땀 에떼르남) 즉 영원히 사는 것을 믿는 것입니다. 한 마디로 영생을 믿는다는 말입니다. '아멘'을 빼면 사도신경은 '영원히 사는 것을 믿는다', '영생을 믿는다'는 고백으로 끝납니다. 사도신경을 고백할 때 영생이라는 안경을 쓰고 끝맺는 것입니다. 영생 다시 말해 영원이라는 안경을 쓰고 세상을 보면 무엇이 진정으로 큰 것이고 무엇이 진정으로 작은 것인지 금방 보입니다. 그러나 이 안경을 쓰지 않으면 모든 것이 오리무

중에 빠져 결국 우리는 자기 욕망의 노예로 전락하고 맙니다.[279]

영생이란 무엇입니까? 사람들은 영생을 어떻게 이해할까요? 영생의 삶은 이 세상의 삶과 동일하게 연장되는 것일까요? 이것은 사람들이 영생을 이해할 때 흔히 하는 오해입니다. 영생은 질적으로 완전히 새로운 삶입니다. 영원한 삶은 인간의 이성으로 쉽게 납득할 수 있는 것이 아닙니다. 그래서 부활만큼이나 영생에 대한 오해들이 있습니다.[280] 대표적인 오해들은 다음과 같습니다.

첫째, 영생을 인간의 노력으로 죽지 않고 오래 사는 것으로 생각하는 오해입니다. 인간이 노력하다 보면 언젠가 죽지 않고 영원히 사는 시대가 온다는 생각입니다.[281]

둘째, 영생은 죽음 이후에 영원히 사는 것이라는 오해입니다. 이들에게 영생은 죽고 난 후의 문제이므로 미리 땅에서 생각할

---

279 이재철, 『성숙자반』, 305. 사도 바울은 영원의 안경을 쓰고 있었기에 죽음마저 감수할 수 있었다. 당장은 육체의 목이 잘려 나가지만 그것이 끝이 아님을 알기에 또한 자신이 뿌린 씨앗이 영원 속에서 반드시 결실될 것을 영원의 안경을 통해 보았기에 주님께 자신을 온전히 드릴 수 있었다.

280 이상원, 『21세기 사도신경 해설』, 177-178. 영생에 대한 세 가지 대표적인 이론이 있다. ① 생물학적 불멸설 : 한 인간의 생명은 생물학적 번식을 통해서 연장된다. 예컨대 결혼하여 자녀를 낳으면 자녀는 부모의 생명을 부여받은 자들로 생명의 연장이다. ② 사회학적 불멸설 : 인간은 사회적 동물로서 살았을 때 대인 및 대사회적 관계를 맺는 가운데 알게 되고 사귐을 가졌던 친지나 동료들이나 제자들의 기억에 남게 된다. ③ 형이상학적 불멸설 : 인간이 향락이나 행복을 억제하고 국가, 민족, 주의, 이념, 사상 등 보다 큰 대의를 위하여 살다가 죽는다면 그 대의 안에 그의 정신이 계승되고 있으므로 불멸한다. 이런 이론들은 개인 사이의 독립성과 몸의 부활을 이야기하는 성경과는 전혀 다른 주장이다.

281 황원하, 『하이델베르크 요리문답 해설』, 291.

필요가 없습니다.[282]

셋째, 영생은 신자들에게만 해당한다고 보는 오해입니다. 신자와 불신자는 죽지 않고 영원히 산다는 점에서는 같지만 신자는 영원한 생명을 받고(마 25:46) 새 하늘과 새 땅에서 영원히 삽니다. 불신자는 영원한 형벌을 받고 불 못에서 영원히 살게 됩니다 (마 25:41,46; 막 9:34; 살후 1:8-9).[283]

성경에 보면 "영생은 곧 유일하신 참 하나님과 그의 보내신 자 예수 그리스도를 아는 것"(요 17:3)이라고 증거하고 있습니다. 영생은 다른 것이 아닙니다. 참 하나님과 예수 그리스도를 아는 것이 영생입니다.[284] 안다는 말은 인격적인 만남으로 아는 것입니다. 인격적으로 깊은 사귐을 통해서 아는 것입니다. 여기 아는 것은 곧 사랑의 관계성입니다. 우리가 믿는 하나님은 영생하시는 하나님입니다. 요한복음 3장 16절에서는 "영생은 하나님이 독생자를 세상에 보내신 목적"이며, 로마서 6장 22절~23절에서는 "하나님의 은사"이며, 요한일서 2장 25절에서는 그것을 "하나님의 약속"이라고 말합니다.

누가, 어떻게 영생을 줍니까? 독생자 예수 그리스도를 믿는 자

---

282 손재익, 『사도신경: 12문장에 담긴 기독교 신앙』, 308. 제7일 안식일 예수 재림교회는 영원한 멸망을 믿지 않는다. 죄의 양과 질에 따라 형벌의 고통기간이 있고 그 이후에는 소멸된다고 본다. 이러한 가르침은 성경적이지 않다.
283 백금산, 『만화 사도신경』, 276; 이승구, 『사도신경』, 357.
284 하문호, 『교의신학 7: 내세론』(서울: 그리심, 2014), 59-60.

에게 하나님이 영생을 줍니다(요 3:16; 11:25-26). 영생은 인간의 노력으로 단순히 '오래 사는 것'이 아니라 예수님을 믿고 구원받은 사람에게만 주어지는 특별한 선물입니다. 그러므로 우리는 살아 있는 동안에 예수 그리스도를 믿어야 합니다.[285]

영원한 생명은 두 가지 시제와 영역으로 나눕니다.[286] 첫째, 영원한 즐거움을 이미 지금 마음으로 누리고 있습니다. 영생은 우리가 지금 이미 누리고 있는 하나님 나라입니다. 영생은 먼 미래에 하늘에서 그리스도와 영원히 함께 사는 것으로 생각한다면 현재 나의 삶에 아무런 영향을 주지 못합니다. 성경은 영생에 대하여 믿는 자는 이미 지금 영원한 즐거움을 마음으로 누리기 시작했다 고백합니다(요 5:24). 영생과 현재의 삶은 밀접한 연관이 있습니다. 요한은 영원한 생명이 죽음 이후가 아니라 예수 그리스도를 믿고 하나님 나라에 참여하는 순간에 이미 시작되었다고 합니다. 지금 이것을 누리며 즐거워하는 이들이 마지막 날에도 누리게 될 것입니다. 영생을 선명히 누리는 것은 하나님 나라의 예배와 성찬을 의미합니다.[287] 영생을 맛보는 것은 오직 세례(히 6:4-5,

---

285 이승구, 『사도신경』, 347. 이미 구원함을 받았고 영생에 참여한 우리도 죽기까지 항상 우리의 죄를 자백하며 회개하여 계속해서 죄 용서함을 받아가야만 한다. 그러므로 우리는 이 세상에서 완전한 성결이나 온전한 성화에 이를 수 있다고 말하는 완전주의(Perfectionism)를 말할 수 없다.

286 윤석준. 『하이델베르크 요리문답 설교 1』, 172. 하이델베르크 요리 문답 제58문 영원한 생명은 당신에게 어떠한 위로를 줍니까? 답. 내가 이미 지금 영원한 즐거움을 마음으로 누리기 시작한 것처럼 이 생명이 끝나면 눈으로 보지 못하고 귀로도 듣지 못하고 사람의 마음으로도 생각지 못한 완전한 복락을 얻어 하나님을 영원히 찬양할 것이다.

287 최영인, 『사도신경 : 역사 속에 숨겨진 보물』, 352. 우리는 매번 공 예배를 통

한 번 비침)와 성찬(하늘의 은사를 맛보고), 그리고 성령에 참예한 바 됨과 선포된 말씀(선한 말씀을 맛봄)을 통해서만 가능합니다. 공 예배로 모일 때마다 초대교회 성도들은 말씀과 성례를 통해 예수 그리스도를 먹고 마시고 누렸습니다.[288] 둘째, 이 생명이 끝나면 눈과 귀 그리고 마음으로 생각할 수 없던 완전한 복락을 얻고 누릴 것입니다. 우리가 이 땅에서 누리는 영원한 생명의 조각은 아주 작은 것에 불과합니다.[289] 세상에서는 영원한 즐거움을 누리면서 살고 이 생명이 끝나면 완전한 복락 속에서 삽니다(롬 8:18).[290] 우리가 그 세계에 들어갈 때 비로소 우리는 그 세계가 얼마나 거룩하고 아름다우며 풍성하며 무한한지 알게 됩니다.[291] 마침내 우리는 "뜻이 하늘에서 이룬 것 같이 땅에서도 이루어지이다"라는 예수님의 기도가 무슨 의미인지 깨닫게 됩니다.[292]

우리는 이 영생을 어떻게 얻을 수 있습니까? 영생은 예수 그리스도 안에서만 가능합니다. 그분은 생명을 주는 살아 있는 떡이며(요 6:51-55) 살아 있는 물(요 4:14)이며, 생명 자체(요

해 하나님 나라의 영생을 누린다. 우리는 땅에 있지만 오히려 위에 있는 것을 따라 예배하도록 부름을 받았다(골 3:1-4).

288 Michael Scott Horton, 『(사도신경의 렌즈를 통해서 보는) 기독교의 핵심』, 306-307.

289 윤석준, 『하이델베르크 요리문답 설교 1』, 173.

290 이성호, 『특강 하이델베르크 요리문답 (상)』, 277.

291 이상원, 『21세기 사도신경 해설』, 180.

292 Michael Scott Horton, 『(사도신경의 렌즈를 통해서 보는) 기독교의 핵심』, 297.

11:25)입니다. 예수 그리스도 안의 생명을 갖는 자는 영원히 살 것이며 멸망치 않게 됩니다(요 6:51; 10:28). 요한은 그리스도 안에 있는 것이 영생이라고 증언합니다(요일 5:11-12). 요한은 영생과 생명을 교호적으로 사용합니다. 그리고 다른 복음서에서 하나님 나라를 대신하여 영생으로 표현합니다.[293] 영생에는 몸의 부활이 포함되며, 예수 그리스도는 마지막 날에 그가 생명을 준 자들을 다시 일으키게 할 것입니다(요 6:40,54). 이 영원한 나라의 생명은 하나님 나라의 생명으로서 하나님의 나라가 예수 그리스도와 함께 현재적으로 임한 것처럼(마 12:28; 눅 17:21), 영생도 미래뿐만 아니라 현재에도 임합니다(요 5:24). 영생을 소유하기 위해서는 그리스도에 대한 체험적인 깨달음(요 17:3)과 그리스도에 대한 믿음이 요구됩니다(요 3:16; 5:24).

사도신경에서 영원히 사는 것을 믿는다는 고백은 성령 하나님의 마지막 사역입니다. 사죄, 몸의 부활과 마찬가지로 영생은 사람이 노력한 결과가 아니라 성령 하나님이 역사하신 결과입니다. 그리고 이러한 모든 은혜는 교회를 통해 이루어집니다.[294]

사도신경은 아멘(Amen)으로 끝맺음 합니다. 우리의 고백이 입에 발린 소리로 한 번 하는 것이 아닙니다. 심장을 드릴 만큼 믿으며 이 고백이 삶 속에 열매로 연결될 것을 믿는 것입니다.[295]

---

293 이승구, 『사도신경』, 344.
294 최영인, 『사도신경 : 역사 속에 숨겨진 보물』, 350-351.
295 D. Bruce Lockerbie, *The Apostles, Creed*, 문석호 역, 『사도신경 강해』

(서울: 생명의 말씀사, 1985), 153. 아멘은 세 가지 뜻을 갖고 있다. ① '진실로, 확실히'라는 뜻으로 지나간 것을 확신하는 것이다. ② '그와 같이 되게 하소서' 혹은 '그렇습니다' 그리고 '모두 참되다.' ③ '아멘'이란 말은 주 예수 그리스도께서 자신의 신분을 밝히신 이름 중 하나이다.

5장

연구 방법과 설문지 분석 결과

이 장에서는 사도신경에 대한 개 교회 목회자들의 현황 파악을 위해 설문조사 결과를 분석하고 논의하려고 합니다.

a. 연구 내용

설문조사를 위하여 설문지 작성을 하였는데 사도신경에 관한 질적 연구는 미비하기에 독창적으로 문항을 작성하였습니다. 설문의 질문은 연구 목적에 맞추어 적절하게 구성하였으며 목회자 설문을 단일 종류로 하였습니다. 문항을 구성하되 응답자 개인의 인적 사항을 포함하였습니다. 응답자의 목회 경력과 연령대가 어떠한지를 포함하였습니다.

사도신경이 사용된 시대가 언제부터인가 하는 여부, 현재 우리가 사용하고 있는 사도신경의 내용에 대하여 어떤 생각을 가졌는지 여부, 현재 우리가 사용하고 있는 사도신경의 신앙고백에 대하여 어떻게 생각하는지 여부, 사도신경은 왜 고백하는지 여부, 사도신경 중 '본디오 빌라도에게 고난을 받으사'에 대하여 어떤 의미인지 파악 여부, 예수님의 고난은 누구에 의한 것으로 생각하는지, 사도신경 중 '성도가 서로 교통하는 것'이 의미하는 것은 무엇이라고 생각하는지, 사도신경 중 '거룩한 교회'가 말하는 것은 무엇이라고 생각하는지, 개신교회(종교개혁)의 뿌리가 어디에 있는지, 가톨릭의 정체에 대한 생각이 무엇인지, 사도신경의 한글 번역에는 없으나 영문에 있는 음부에 내려가셨으며 (He descended into hell)의 뜻은 어떻게 해야 한다고 생각하는지, 동정녀 마리아에게 어떤 대우를 해야 하는지에 관한 질문을 하였습니다.

참여자의 경험이나 의견을 묻는 질문은 리커드 척도(Likert Scale) 5를 사용하였습니다.

b. 연구 방법

본 설문지는 대전 충청권에서 개신교 교단에서 목회하고 있는 목회자 중 세미나에 참석한 목회자를 대상으로 132명이 응답하였습니다.

<표 5> 조사대상 및 표집 방법

번호	차원	내용
1	모집단	개신교 목회자 세미나 참석자
2	조사 기간	2018년 10월 25일
3	표본 크기	목회자 132명
4	표본 추출 방법	유층 표집
5	자료 수집 방법	자기 기입식 설문 지법

c. 표본의 구성 및 설문 분석 결과

1. 목회의 경력은 얼마나 되십니까?

1) 5년 이하, 41명(31.1%)   2) 5~10년, 23명(17.4%)

3) 10~20년, 32명(24.2%)   4) 20~30년, 21명(15.9%)

5) 30년 이상, 14명(10.6%)   6) 무응답, 1명(0.8%)

<표 6> 목회 경력

내용	5년 이하	5~10년	10~20년	20~30년	30년 이상	무응답
빈도 (계=132)	41	23	32	21	14	1
백분율 (100%)	31.1	17.4	24.2	15.9	10.6	0.8

2. 본 설문지의 응답자의 나이는 얼마입니까?

1) 20대, 10명(7.6%)   2) 30대, 53명(40.1%)

3) 40대, 29명(22.0%)   4) 50대, 26명(19.7%)

5) 60대, 14명(10.6%)

<표 7> 응답자의 나이

내용	20대	30대	40대	50대	60대	무응답
빈도 (계=132)	10	53	29	26	14	0
백분율 (100%)	7.6	40.1	22.0	19.7	10.6	0

위 두 문항을 토대로 설문지를 분석할 내용을 살펴보면 다음과 같습니다. 20대 목회자 10명, 목회경력이 5년 이하인 30대 목회자 28명, 5년 이상인 30대 목회자 28명, 10년 이하인 40대 목회자 5명, 10년 이상 20년 이하인 40대 목회자 19명, 20년 이상인 40대 목회자 5명, 20년 이하인 50대 목회자 6명, 20년 이상인 50대 목회자 19명, 60대 목회자 12명입니다.

3. 사도신경은 어느 때부터 시작되었다고 생각하십니까?

1) 사도들로부터   2) 초대교회가 시작된 얼마 후부터
3) 가톨릭 시대부터   4) 모르겠다.   5) 관심 없다.

<표 8> 사도신경의 시작

내용	사도들	초대교회	가톨릭 시대	모름	무관심	무응답
빈도 (계=132)	33	55	32	6	2	4
백분율 (100%)	25.0	41.6	24.2	4.5	1.5	3.0

사도신경의 시작에 대한 질문에 초대교회가 시작된 얼마 후부터라는 응답이 55명으로 가장 많았고, 이어 사도들로부터가 33

명으로 그리고 가톨릭 시대부터라는 응답이 32명 순으로 나타났습니다. 이 설문 결과에서 사도신경이 사도들로부터 시작되었다고 하는 로마 가톨릭의 견해에 주장하는 응답은 33명에 불과했고, 반대로 사도들로부터가 아니라는 응답이 87명으로 배가 넘고 있습니다. 그리고 특이할 내용은 사도신경이 사도들로부터 시작되었다고 하는 응답(33명)과 가톨릭 시대부터라는 응답(32명)이 거의 비슷하게 나타나고 있습니다.

4. 현재 우리가 사용하고 있는 사도신경의 내용에 대하여 어떻게 생각하십니까? (1명 중복응답)

1) 사도들의 전통에 따른 것이다(전적으로).
2) 사도들의 전통에 근거는 하였으나 일부가 변질되어 있다.
3) 사도들의 전통을 빙자한 가톨릭의 산물이다.
4) 모르겠다.   5) 관심 없다.

〈표 9〉 사도신경의 내용

내용	사도의 전통	사도 일부변질	가톨릭 산물	모름	무관심	무응답
빈도 (계=133)	54	52	15	7	1	4
백분율 (100%)	40.6	39.0	11.3	5.3	0.7	3.0

현재 사용하고 있는 사도신경의 내용에 관한 생각에 1명의 복수 응답이 있었고 그 결과로 전적으로 사도들의 전통에 따른 것이라는 응답이 54명이고, 사도들의 전통에 근거는 하였으나 일

부가 변질되어 있다는 응답이 52명이며 다음으로 사도들의 전통을 빙자한 가톨릭의 산물이라는 응답이 15명으로 나타나고 있습니다. 일반적으로 사도들의 전통을 이어받아 사도신경이라고 불렸으나 그렇지 않다는 응답이 67명으로 사도신경의 내용에 동의하는 목회자들의 응답(54명)보다 더 많이 나타나고 있습니다. 특이할 대목은 사도신경이 사도들의 전통을 빙자한 가톨릭의 산물로 보고 있는 수가 10%를 넘고 있습니다.

5. 현재 우리가 사용하고 있는 사도신경의 암송에 대하여 어떻게 생각하십니까?
1) 반드시 암송하여야 한다. 2) 반드시 암송하지 않아도 된다.
3) 암송하든 말든 관심 없다. 4) 모르겠다.

<표 10> 사도신경의 암송

내용	반드시 암송	암송 불필요	무관심	모름	무응답
빈도 (계=132)	57	68	5	1	1
백분율 (100%)	43.2	51.5	3.8	0.8	0.8

오늘날 한국교회의 예배에서 사도신경의 암송이 없으면 이상하게 여기는 사람들이 있는 실정에서 사도신경의 암송에 대한 질문에 반드시 암송하지 않아도 된다는 응답이 68명, 반드시 암송하여야 한다는 응답이 57명이었습니다. 이는 사도신경의 암송 여부에 대하여 상당히 도전적인 내용으로 받아들일 수 있습니다.

6. 사도신경의 암송은 왜 하십니까? (1명 중복응답)

1) 신앙 고백적 의미에서

2) 습관적으로

3) 모르겠다.

4) 관심 없다.

〈표 11〉 사도신경 암송 이유

내용	신앙고백	습관	모름	무관심	무응답
빈도 (계=132)	110	17	1	1	4
백분율 (100%)	82.7	12.8	0.8	0.8	3.0

　　사도신경을 암송하는 이유에 대하여 신앙 고백적 의미라는 응답이 110명이고 습관적이라는 응답이 17명으로 나타나고 있습니다. 이 응답에 대해 본인은 충격을 받을 수밖에 없었습니다. 위 문항에서 반드시 암송하지 않아도 된다는 응답이 많았음에도 불구하고 사도신경을 신앙 고백적 이유에서 암송하고 있다는 응답(110명)이 지배적이었기 때문입니다. 더구나 사도신경이 사도들의 전통을 근거로 일부가 변질되어 있고(52명), 심지어 사도들의 전통을 빙자한 가톨릭의 산물(15명)이라고 응답한 수(67명)도 만만치 않음에도 위와 같은 결과가 나왔기 때문입니다.

7. 사도신경 중 '본디오 빌라도에게 고난을 받으사'라는 대목이 있습니다. 이에 대하여 어떻게 생각하십니까?

1) 전적으로 맞는 말이다. 2) 관점에 따라 맞는 말이다.

3) 전적으로 틀린 말이다. 4) 모르겠다. 5) 관심 없다.

〈표 12〉 빌라도에게 고난 받음

내용	전적으로 맞다	관점 따라 맞다	전적으로 틀리다	모름	무관심	무응답
빈도 (계=132)	29	91	9	1	2	0
백분율 (100%)	22.0	69.0	6.8	0.8	1.5	0

사도신경을 살펴볼 때 예수님의 고난이 본디오 빌라도에 의해서라는 데 의문이 생기는 것은 당연합니다. 성경을 볼 때 예수님의 고난을 본디오 빌라도에게만 책임을 지우는 것은 왜곡하는 것이기 때문입니다. 이에 대하여 본디오 빌라도에게 고난을 받은 구절에 대한 생각을 물은 결과 관점에 따라 맞는 말이라는 응답이 91명이고 전적으로 맞는다는 응답이 29명, 전적으로 틀린 말이라는 응답이 9명 순으로 나타나고 있습니다. 여기에 대한 의문은 나만의 것임이 아닌 것으로 나타나고 있습니다. 물론 로마 가톨릭의 주장대로 이 문구는 본디오 빌라도가 예수님의 고난 주체가 아니라 본디오 빌라도 치하에서 고난을 받았다고 해석한다면 나름대로 의미는 있는 것입니다. 그러나 그들의 해설이 올바르다면 예수님의 고난 주체에 대해서 분명히 밝히는 문구가 포함되어야 할 것입니다.

8. 예수님의 고난은 누구에 의한 것이라고 생각하십니까? (2명 중복응답)

1) 일반백성(유대백성들)

2) 기득권층(제사장들, 바리새인, 서기관 등)

3) 예수님과 그 제자들   4) 모르겠다.   5) 관심 없다.

〈표 13〉 예수님의 고난

내용	일반백성	기득권층	예수님과 그 제자들	모름	무관심	무응답
빈도 (계=134)	34	94	2	2	0	2
백분율 (100%)	25.4	70.1	1.5	1.5	0	1.5

위의 문항에서 예수님의 고난이 본디오 빌라도에게 고난을 받았다는 문구에 대한 의문으로 그러면 누구에게 고난을 받았다고 생각하는가에 대한 질문에 제사장들과 바리새인 그리고 서기관 등의 기득권층이라는 응답이 94명으로 압도적으로 나타나고 있고, 유대 백성들 즉 일반 백성들에 의한 것이라는 응답이 34명으로 나타났습니다. 여기서 로마 가톨릭은 유대 기득권층과의 충돌을 피하고자 예수님의 고난을 그들의 책임이라고 하기보다는 역사적인 이유로 본디오 빌라도에게라고 책임을 떠넘기고 있는 것을 발견하게 됩니다. 위의 7번 설문 분석에서도 밝혔듯이 예수님의 고난 주체에 대한 문구가 본디오 빌라도외에는 없는 것은 역사의 진실성을 왜곡하고자 하는 의도가 분명하다는 것을 발견할 수 있습니다.

9. 사도신경 중 '성도가 서로 교통하는 것(The Communion of Saints)'이 의미하는 것은 무엇이라고 생각하십니까? (2명 중 복응답)

1) 성도들과의 통공 즉 가톨릭의 성인(죽어 인증된 자)들과의 교제를 말한다.

2) 성도들의 친교를 말한다.

3) 별 의미를 부여하지는 않는다.

4) 모르겠다.

5) 관심 없다.

<표 14> 성도가 서로 교통

내용	성인과 교제	성도의 친교	무의미	모름	무관심	무응답
빈도 (계=134)	26	91	0	2	1	14
백분율 (100%)	19.4	67.9	0	1.5	0.8	10.4

사도신경의 최대의 의문점 중 하나인 성도가 서로 교통하는 것에 관한 질문에 성도들의 친교를 말한다는 응답이 압도적인 91명으로 나타났고, 성도들과의 통공 즉 가톨릭의 성인들과의 교제를 말한다는 응답이 26명에 불과했습니다. 이것으로 보아 오늘날 우리에게 전해지고 있는 한글로 번역된 사도신경이 얼마나 큰 영향력을 행사하고 있는가를 느낄 수 있습니다.

10. 사도신경 중 '거룩한 교회(The Holy Catholic Church)'
가 말하는 것은 무엇이라고 생각하십니까? (1명 중복응답)

1) 가톨릭(천주교회)을 말한다.

2) 일반적인 즉 보편적인 교회를 말한다(천주교 개신교 모두
포함).

3) 개신교회를 말한다.

4) 모르겠다.   5) 관심 없다.

〈표 15〉 거룩한 교회

내용	천주교회	보편교회	개신교회	모름	무관심	무응답
빈도 (계=134)	25	81	11	2	2	12
백분율 (100%)	18.8	60.9	8.3	1.5	1.5	9.0

사도신경의 의문 중 또 하나인 거룩한 공회에 대하여 일반적인
즉 보편적인 교회를 말한다는 응답이 81명이고, 가톨릭 즉 천주
교회를 말한다는 응답이 25명이었으며 개신교회를 말하는 것이
라는 응답이 11명에 이르고 있습니다. 여기서 분명히 The Holy
Catholic Church에서 첫 글자가 대문자로 쓰인 것인 Catholic
과 소문자로 쓰인 것인 catholic과 구분이 되어야 합니다. 일반
적으로 대문자로 시작된 Catholic은 로마 가톨릭을 의미하는 것
이고 소문자로 시작된 catholic은 보편적이라는 의미가 있습니
다.

11. 개신교회의 뿌리(종교개혁의 뿌리)는 어디에 있다고 생각하십니까? (1명 중복응답)

1) 복음을 간직한 초대교회에 있다.   2) 초대교회의 전통을 이어온 가톨릭에 있다.   3) 종교 통합을 목적한 변질된 가톨릭에 있다.   4) 모르겠다.   5) 관심 없다.

〈표 16〉 개신교회의 뿌리

내용	초대교회	전통 가톨릭	변질한 가톨릭	모름	무관심	무응답
빈도 (계=133)	94	17	5	3	0	14
백분율 (100%)	70.7	12.8	3.8	2.3	0	10.5

일반적으로 개신교회를 로마 가톨릭에서 분파된 것처럼 생각하는 사람들이 있는 것에 관한 확인으로서 개신교회의 뿌리는 어디에 있는가? 라는 질문에 복음을 간직한 초대교회에 있다는 응답이 압도적으로 94명에 이르고 초대교회의 전통을 이어온 가톨릭에 있다는 응답이 17명이며 종교 통합을 목적한 변질한 가톨릭에 있다는 응답이 5명입니다. 여기서 개신교회는 로마 가톨릭에서 생겨난 분파가 아니라 초대교회의 전통을 이어온 것이라는 주장이 압도적이며 특히 로마 가톨릭의 정체가 종교 통합을 목적으로 한 변질한 집단이라고 보는 생각이 비록 적은 수이지만 응답으로 나타나고 있습니다. 이번의 설문 결과에서 개신교회의 뿌리는 로마 가톨릭에 있는 것이 아니라 복음을 간직한 초대교회에 있음을 다시금 확인하는 계기가 되었습니다.

12. 가톨릭의 정체에 대하여 어떻게 생각하십니까?

1) 정통적인 기독교이다.

2) 변질한 기독교 즉 이단이다.

3) 적그리스도이다.

4) 모르겠다.

5) 관심 없다.

〈표 17〉 가톨릭의 정체

내용	정통 기독교	변질 기독교	적 그리 스 도	모름	무관심	무응답
빈도 (계=132)	24	68	9	9	5	17
백분율 (100%)	18.2	51.5	6.8	6.8	3.8	12.9

오늘날 우리에게 나타나 있는 로마 가톨릭의 정체에 대한 질문에 변질한 기독교 즉 이단이라는 응답이 68명이고, 정통적인 기독교라는 응답이 24명이며 적그리스도라는 응답도 9명에 이르고 있습니다. 로마 가톨릭이 이단이라는 응답과 적그리스도라는 응답이 77명이나 된다는 사실은 매우 고무적인 응답입니다. 특히 로마 가톨릭이 이단이라는 주장은 20대에서 60대에 이르기까지 골고루 알고 있다는 현실이 매우 흡족할 뿐입니다. 그러나 아직도 일부의 목회자들이 로마 가톨릭을 개신교회의 뿌리요, 개신교회의 큰집이라고 보는 견해가 안타까울 뿐입니다.

13. 사도신경의 한글 번역에는 없으나 영문에 있는 He de-scended into hell의 뜻은 어떻게 해야 한다고 생각하십니까?

1) 고성소(음부)에 내려 가셨다는 뜻으로 잘못된 것이다

2) 그냥 지금처럼 번역하지 않고 무시한다.

3) 관심 없다.

4) 모르겠다.

〈표 18〉 예수님의 음부 강하

내용	음부 내려감	무시함	무관심	모름	무응답
빈도 (계=132)	55	25	5	25	22
백분율 (100%)	41.7	18.9	3.8	18.9	16.7

사도신경의 내용 중에서 가장 큰 문제점으로 나타나고 있는 내용이 본 설문입니다. 특히 이 대목을 한글 번역서에는 슬쩍 빼놓고 있어 문제의 소지를 비껴가고 있습니다. 이러한 현실 속에서 He descended into hell을 어떻게 해야 하느냐는 질문에 '고성소(음부)에 내려가셨다'라는 뜻으로 잘못되었다는 응답이 55명으로 지금처럼 그냥 번역하지 않고 무시한다가 25명으로 나타났고 모르겠다는 응답과 무응답이 25명과 22명으로 나타나고 있습니다. 예민한 질문일수록 응답자들의 회피성 대답이 많아지고 있는 것을 볼 수 있습니다. 어쩌면 정확한 공부 없이 그저 막연하게 믿던 것에 대한 충격적인 질문일 수 있기에 충분히 이해되고 있습니다.

14. 동정녀 마리아(the Virgin Mary)에게 어떤 대우를 하여야 합니까?

1) 일반적인 처녀로(the virgin Mary)

2) 거룩한 처녀로(the Virgin Mary)

3) 관심 없다.   4) 모르겠다.

〈표 19〉 동정녀 마리아 대우

내용	일반 처녀	거룩한 처녀	무관심	모름	무응답
빈도 (계=132)	48	63	4	2	15
백분율 (100%)	36.4	47.7	3.0	1.5	11.4

로마 가톨릭에 의해 매우 존중되고 있는 동정녀 마리아에 대해 어떻게 대우하여야 하는가?에 대한 질문에 거룩한 처녀로 대우하여야 한다는 로마 가톨릭적인 입장에 63명이 응답하였고, 일반적인 처녀로 대우하여야 한다는 응답이 48명으로 나타나고 있습니다. 오늘날 성탄절에도 우리의 구세주 되신 예수 그리스도의 모습이 아기 예수로 대접받는 이유가 로마 가톨릭에 의해 예수님보다 마리아를 나타내려는 방편이라고 생각하는 사람은 과히 많지 않은 것 같습니다.

6장

결론과 제언

a. 결론

　예수님의 부활과 승천으로 용기를 갖게 된 제자들은 마가의 다락방에 함께 모여 기도하던 중 성령님의 체험을 받고 예수 그리스도의 복음을 증거하기에 이르렀습니다. 처음 사도들의 시대에서는 예수님에 대한 기억들이 생생하기에 별 잡음 없이 복음이 증거되고 예수님의 가르침들이 변함없이 전해지게 되었습니다. 그러나 사도들이 이 세상을 떠나 하나님의 나라에 가면서, 그리고 하나님의 아들 예수 그리스도를 구세주로 믿고 고백하는 성도들의 수가 많아지면서 예수님의 경고대로 조심하라던 누룩이 생겨났습니다. 이로 인하여 교회에는 나름의 예수 믿는 자들의 증거가 필요했습니다. 즉 예수님을 구세주로 고백하고자 하는 사람들이 먼저 믿은 자들 앞에서 공개적인 고백이 필요했습니다. 이것이 처음에는 세례를 주기 위한 조건으로 하나의 신앙고백이 었습니다. 그런데 이 신앙고백은 사람에 따라 지역에 따라 다르게 나타날 수밖에 없었습니다. 이것을 획일화된 하나의 양식으로 만들 필요가 있었습니다. 이것이 오늘 교회들이 가지고 있는 사도들의 신앙고백인 사도신경입니다.

본 저서에서 살펴본 바에 의하면 사도신경은 사도들이 다 떠나고 사도들의 제자인 속사도 시대나 교부의 시대에 세례를 위한 간단한 문답서 같은 안내서가 필요하여 약 150년경에 나온 고대 로마 신조를 최초의 자료로 볼 수 있습니다. 그러나 여기서 한 가지 생각해 볼 것은 역사적으로 나타난 최초의 신조로 니케아 신조를 들고 있는데, 이것은 325년에 나타난 것입니다. 이때까지도 사도신경은 공인받지 못했던 것으로 볼 수 있습니다. 그후 사도신경은 6세기 내지 7세기에 이르러서야 현재의 형태를 갖추게 되었습니다.

사도신경에는 긍정적인 면과 부정적인 면이 있습니다.

먼저 긍정적인 것을 살펴보면 1) 입교지망자를 교육하는데 필요한 요리 문답의 기능을 하고 있습니다. 2) 하나님의 몸인 교회의 구성원으로 자격이 있는가를 가늠하는 입교의 증거로서 고백하고 있습니다. 3) 교회의 진리를 표명하는 간명한 진술로서 즉 교리의 기준으로서 필요했습니다. 4) 실제적인 교회의 예배 의식으로서 구체적인 예전으로서 표현되었습니다. 5) 예수님을 영접한 개인의 신앙적 체험에 도움을 주고 있습니다. 6) 구원에 필요한 기독교 신앙의 모든 기본항목이 사건의 형식으로, 간단한 성경적 언어로, 그리고 아주 자연스러운 순서를 따라 즉 하나님과 창조로부터 부활과 영원한 생명까지 이르는 계시의 순서를 따라 포함된 것입니다.

그리고 부정적인 면에서는 1) 사도신경은 사도들이 만든 것이 아니라는 것입니다. 그 이유로는 사도신경은 360년경에 아리안 고백에서 '음부에 내려가사'가 첨가되었고 650년경에 가톨릭교회를 뜻하는 '거룩한 공회'가 삽입되었으며 650년 이후에 '성도가 서로 교통하는 것'이 삽입되었고 이후 700년경까지 손질하여 900년경에야 동방교회를 제외한 교회들이 공식적으로 사용하여 오늘에까지 전해지고 있습니다. 2) 주기도문과 십계명은 성경에 기록된 말씀이지만 사도신경은 그렇지 아니합니다. 근거적인 면에서 주기도문과 십계명보다 떨어지는 것이 사실입니다.

b. 저자의 제언

본 저서를 마무리하며 몇 가지의 제언을 하고자 합니다.

첫째, 신조는 우리가 무엇을 신앙하는지를 제공하기 위한 목적이 있습니다.

둘째, 이단에 대처하기 위한 목적이 있습니다. 사도신경에 예수 그리스도에 대한 고백이 길게 나오는 것은 기독론에 대한 이단에 대처하기 위함입니다. 역사상 이단은 대부분 기독론에서 나왔습니다. 시대마다 이단에 대처하기 위하여 새로운 신조가 작성됐습니다. 이단이 극성을 부리는 이때 사도신경의 정례적인 교육으로 이단에 대처해야 합니다.

셋째, 신조는 기독교의 핵심 진리를 간략하게 만든 교육적인 목적이 있습니다. 신조는 기독교 교리의 축소판입니다. 교리를 체계화한 것이 조직신학이고 조직신학을 요약한 것이 교리라면 교리를 요약한 것이 신조입니다. 신조는 기독교의 핵심을 간략하게 표현한 신앙고백입니다.

넷째, 사도신경을 예배에 사용할 때에는 성례식 앞에 넣거나 성경 교리의 요약이므로 성경 봉독 다음에 넣는 것이 바람직합니다.

다섯째, 사도신경은 세례 문답의 기념행사로 재연하면 좋을 것입니다.

여섯째, 사도신경은 기도가 아니므로 눈을 감지 않아도 됩니다. 다양한 개혁교회의 신조들을 ppt 또는 주보에 넣어 신앙고백하게 합니다.

참고 문헌

I. 한서

1. 단행본

권율.『올인원 사도신경』. 서울: 세움북스, 2018.

김균진.『기독교 조직신학 1』. 서울: 연세대학교 출판부, l984.

김남준.『그리스도는 누구이신가』. 서울: 생명의 말씀사, 2018.

김민호.『사도신경 강해: 참된 성도의 신앙고백』. 서울: 푸른섬, 2010.

김선운.『기독교 신조 해설』. 서울: 도서출판 양서각, 1984.

김승욱.『나는 믿습니다』. 서울: 규장, 2015.

김영규.『기독교강요 강독1』. 서울: 안양대학교신학대학원, 1999.

김영재.『교회와 신앙고백』. 서울: 성광문화사, 1994.

_____.『기독교 신앙고백』. 서울: 영음사, 2011.

김의환 편역.『개혁주의 신앙 고백집』. 서울: 생명의말씀사, 1991.

김중기.『우리들의 신앙고백 사도신경』. 서울: 두란노, 2010.

김진흥.『교리문답으로 배우는 장로교 신앙』. 서울: 생명의 양식, 2017.

김헌수.『하이델베르크 요리문답 강해 II: 높아지신 그리스도와 성신 하나님의 위로』. 서울: 성약출판사, 2010.

김호진.『사도신경 행복한 믿음의 고백』. 서울: 쿰란출판사, 2018.

라은성.『이것이 교회사다』. 서울: 페텔, 2012.

박성규.『사도신경이 알고 싶다』. 서울: 넥서스, 2019.

박일민.『개혁교회의 신조』. 서울: 성광문화사, 2002.

박해경.『성경과 신조』. 서울: 아가페문화사, 1991.

백금산.『만화 사도신경』. 서울: 부흥과 개혁사, 2008.

서영환.『신약 구조 분석 (상)』. 서울: 경향문화사, 2007.

_____. 『신약 구조 분석 (중)』. 서울: 경향문화사, 2007.

_____. 『신약 구조 분석 (하)』. 서울: 경향문화사, 2007.

_____. 『신약의 문학적 구조』. 서울: 크리스챤, 2008.

손봉호. 『사도신경 강해설교』. 서울: 한국성서유니온, 1982.

손재익. 『(사도신경) 12문장에 담긴 기독교 신앙』. 서울: 디다스코, 2017.

송용조. 『사도신경 해설』. 서울: 고려서원, 2019.

오메가 편집부. 『성경의 진리냐 사람의 유전이냐. - 성경으로 돌아가 자』. 서울: 오메가출판사, 1993.

유해무. 『개혁교의학』. 서울: 크리스챤다이제스트, 1998.

윤석준. 『하이델베르크 요리문답 설교 1』. 서울: 부흥과 개혁사, 2016.

이노균. 『사도신경 십계명 주기도문 해설』. 서울: 비전북, 2013.

이문선. 『(1권) 그리스도의 복음』. 서울: 엔크리스토, 2006.

_____. 『(4권) 그리스도의 교회』. 서울: 엔크리스토, 2006.

_____. 『(5권) 그리스도인의 예배』. 서울: 엔크리스토, 2006.

_____. 『(6권) 그리스도인의 새 생명』. 서울: 엔크리스토, 2006.

_____. 『(7권) 그리스도인의 확신』. 서울: 엔크리스토, 2006.

_____. 『(9권) 그리스도의 교리』. 서울: 엔크리스토, 2006.

이상원. 『21세기 사도신경 해설』. 서울: 솔로몬, 2004.

이성호. 『특강 하이델베르크 요리문답 (상)』. 서울: 흑곰북스, 2011.

이승구. 『사도신경』. 서울: SFC출판부, 2004.

이운연. 『성경으로 풀어낸 사도신경』. 서울: 그라티아, 2016.

이장식. 『기독교 신조사』. 서울: 컨콜디아사, 1987.

이재철. 『성숙자반』. 서울: 홍성사, 2007.

이형기. 『세계 개혁교회의 신앙고백서』. 서울: 한국장로교출판사, 1996.

임영수. 『(2주 동안 배우는) 사도신경 학교』. 서울: 홍성사, 2001.

정요석. 『하이델베르크 교리문답 (상)』. 서울: 새물결플러스, 2017.

정홍열. 『사도신경 연구』. 서울: 대한기독교서회, 2005.

조석만. 『조직신학』. 서울: 한국기독교교육연구원, 1984.

조종남. 『쉽게 풀어 쓴 사도신경』. 서울: 선교횃불, 2006.

차영배. 『개혁 교의학(삼위일체론)』. 서울: 총신대학출판부, 1990.

최영인. 『사도신경, 역사 속에 숨겨진 보물』. 서울: 예사람, 2019.

최형락. 『가톨릭 교리 용어집』. 서울: 계성출판사, 1987.

하문호. 『교의신학 2: 신론』. 서울: 그리심, 2014.

_____. 『교의신학 3: 인간론』. 서울: 그리심, 2014.

_____. 『교의신학 4: 기독론』. 서울: 그리심, 2014.

_____. 『교의신학 5: 구원론』. 서울: 그리심, 2014.

_____. 『교의신학 6: 교회론』. 서울: 그리심, 2014.

_____. 『교의신학 7: 내세론』. 서울: 그리심, 2014.

황명환. 『나의 신앙고백』. 서울: 두란노, 2019.

황원하. 『응답하라 신약성경』. 서울: 세움북스, 2016.

_____. 『하이델베르크 요리문답 해설』. 서울: CNB, 2015.

2. 전집 및 사전류

강병도 편. 『카리스 종합주석, 신약 24번, 야고보서, 베드로전후서』. 서울: 기독 지혜사, 2003.

_____. 『카리스 종합 주석. 22번, 여호수아 13-24장』. 서울: 기독 지혜사, 2003.

_____. 『카리스 종합주석. 9번, 출애굽기 16-22』. 서울: 기독 지혜사, 2003.

_____. 『카리스 종합 주석. 신약 2번, 마태복음 10-19장』. 서울: 기독 지혜사, 2003.

_____. 『카리스 종합주석, 신약 16번, 로마서 9-16장』. 서울:

기독 지혜사, 2003.

박도식. 『가톨릭 교리사전』. 서울: 가톨릭 출판사, 1989.

브리태니커. 『세계대백과사전 13권』. 서울, 브리태니커, 1993.

이병철 편. 『주제별 성서대전 제 7권』. 서울: 기독교 장안문화사, 1987.

정인찬 편. 『성서 백과대사전 제4권』. 서울: 기독지혜사, 1987.

_____. 『성서 백과대사전 제7권』. 서울: 기독지혜사, 1987.

편집부. 『엣센스 국어사전』. 서울: 민중서림, 2006.

한성천 외 4인. 『옥스퍼드 원어성경 대전, 구약 14번, 신명기 12-26
　　　　장』. 서울: 제자원 성서교재주식회사, 2006.

_____. 『옥스퍼드 원어성경 대전, 109번, 요한복음 1-6
　　　　장』. 서울: 제자원 성서교재주식회사, 2006.

Walter. Bauer. A Greek-English Lexicon of the New Testament,
　　　　tr. by F. Arndt William and Wilbur Gingrich F. Chicago:
　　　　The University of Chicago Press, 1979.

3. 논문류

김영규. "17세기 개혁신학," 미간행 논문, 서울: 안양대학교 신학대학
　　　　원, 1996. http://blog.daum.net/7gnak/15718136.

신원균. "초대 교부시대의 삼위일체에 대한 고찰," 청교도신학회 소논문,
　　　　1999. http://blog.naver.com/makesoul1/220921768851

오덕교. "웨스트민스터 총회에서의 안소니 터크니의 역할과 대, 소 요
　　　　리 문답 작성에 미친 그의 영향," 『신학정론』, 1987년 5월.

용환규. "한국장로교회 신앙고백 연구," 박사학위 논문, 백석대학교 기
　　　　독교전문대학원, 2010.

장성우. "그리스도의 교회와 신앙고백에 대한 고찰," http://www.
　　　　kccs.pe.kr/thesis050.htm

정일웅. "칼빈의 교리교육과 교육교회," 『신학지남』, 1990 봄호223권.

최성헌. "한국장로교회 신앙고백서 연구," 박사학위 논문, 총신대학교 대학원, 2010.

II. 외서

1. 번역서

Aquino Sancti Thomae de. Sancti Thomae de Aquino Expositio in Symbolum Apostolorum, 손은실 역, 『토마스 아퀴나스 사도신경 강해설교』(서울: 새물결플러스, 2015),

Bavinck Herman. Magnalia Dei. 김영규 역. 『하나님의 큰일』. 서울: 기독교문서선교회, 1984.

_____. The Doctrine of God. 이승구 역. 『개혁주의 신론』. 서울: 기독교문서선교회, 2015.

Berkhof Louis. Intriduction to systematic theology; systematic theology. 권수경, 이상원 역. 『조직신학 개론』. 서울: 크리스챤 다이제스트, 2001.

_____. The History of Christian Docteines. 신복윤 역.『기독교 교리사』. 서울: 성광문화사, 1998.

_____. Systematic Theology (II). 『조직신학 下』. 서울: 기독교문사, 1999.

Broadbent E. H. The Pilgrim church. 편집부 역. 『순례하는 교회』. 서울 : 전도출판사, 1995.

Calvin John. Les Catechismes de L'Eglise de Geneve. 한인수 역. 『깔뱅의 요리문답』. (서울: 경건, 1995.

_____. Catechismus ecclesiae Genevensis. 조용석, 박위근 역.『(요한네스 칼빈의) 제네바 교회의 교리문답』. 서울: 한들

출판사, 2010.

_____. The Christianae Religionis Institutio (I), 김종흡외 4인,『기독교 강요 上』(서울: 생명의말씀사, 1990)

_____, The Christianae Religionis Institutio. 양낙흥 역. 『기독교 강요』. 서울: 크리스챤 다이제스트, 1998.

Clowney Edmund P. The Church. 황영철 역. 『교회』. 서울: IVP, 1998.

Coll Donalde. I believe... living the Apostle's Creed. 오창윤 역.『사도신경 해설』. 서울: 기독교 문서선교회, 1984.

Cunningham William. Historical Theology 1. 서창원 역. 『역사신학 1』. 서울: 진리의 깃발, 2017.

Dorsy David A. The Literary structure of the Old testament. 류근상 역. 『구약의 문학적 구조』. 서울: 크리스챤, 2003.

Gruster F. A. A Mighty Comfort : The Christian Faith. 이승구 역.『하이델베르그 : 요리문답에 나타난 기독교 신앙』. 서울: 여수룬, 1993.

Hippolytus. Traditio Apostolica. 이형우 역. 『사도전승』. 서울: 분도출판사, 1992.

Hodge A. A. An Exposition of The Confession of Faith - Westminster Assembly of Divines. 김종흡 역. 『웨스트민스터 신앙 고백해설』. 서울: 크리스챤 다이제스트, 1998.

Holcomb Justin S. Know the Creeds and Councils. 이심주 역.『신조를 알면 교회사가 보인다』. 서울: 부흥과개혁사, 2014.

Horton Michael Scott. Core Christianity. 조계광 역. 『기독교 신앙의 핵심』. 서울: 지평서원, 2017.

_____, We believe: recoverring the essentials of the Apostles' Creed. 윤석인 역. 『(사도신경의 렌즈를 통해서 보는) 기독교의 핵심』. 서울: 부흥과 개혁사, 2005.

Johnson Alan F. & Webber, Robert E. What Christians Believe: A Biblical & Historical Summary. 김일우 역. 『기독교 신앙 개요』. 서울: 고려서원, 2000.

Kemmer Alfons. Das Glaubensbekenntnis in den Evangelien. 박태식 역. 『복음서를 통해본 사도신경』. 서울: 성서와 함께, 1996.

Lewis C. S. Mere Christianity. 장경철 역.『순전한 기독교』. 서울: 홍성사, 2005.

Lochmann J. M. Das Glaubensbekenntnis. 오영석 역 『사도신경 해설』. 서울: 대한기독교출판사, 1993.

Lockerbie D. Bruce. The Apostles, Creed. 문석호 역. 『사도신경 강해』. 서울: 생명의 말씀사, 1985.

Luther Martin. Deudsch Catechismus : Deudsch Deudscher Katechismus Grobe Katechismus. 최주훈 역. 『(마르틴 루터) 대교리 문답반』. 서울: 복 있는 사람, 2017.

Neil Pronk Cornelis. Apostles' Creed, 임정민 역,『(하이델베르크 교리문답으로 보는) 사도신경』(서울: 그 책의 사람들, 2013),

Martin Ralph P. Worship in the early church. 오창윤 역. 『초대교회 예배』. 서울: 은성출판사, 1986.

Mohler Jr Albert. The Apostles' Creed. 조계광 역. 『오늘 나에게 왜 사도신경인가?』. 서울: 생명의말씀사, 2019.

Nave J. L. A History of Christian Thought. 서남동 역.『기독교 교리사』. 서울 : 대한 기독교서회, 1988.

Packer J. I. Growing in Christ. 김진웅 역.『(제임스 패커의 기독교 기본 진리) 사도신경』. 서울: 아바서원, 2012.

Perkins William. An Exposition of the Symbol or Creed of the Apostles. 박홍규 역. 『사도신경 강해 I』. 서울: 개혁된 신앙사, 2004.

Pritchard Ray. Credo. 박세혁 역. 『내가 믿사오며』. 서울: 사랑플러스, 2014.

Rogers Jack. Presbyterian Creeds. 차종순 역. 『장로교 신조』. 서울: 한국장로교 출판사, 1995.

Schaff P. Creeds of Christendom. 박일민 역. 『신조학』. 서울: 기독교문서선교회, 1993.

Steele David N, Curtis C. Thomas. Five Points of Calvinism. 『칼빈주의의 5대 강령』. 서울: 생명의 말씀사, 1990.

Val J. Sauer. The Eschatology handbook. 정홍열 역. 『평신도를 위한 종말론』. 서울: 나눔, 1992.

Walker Williston. A History of the Christian Church. 강근환 외 3인 공역. 『세계 기독교회사』. 서울: 대한기독서회, 1998.

William Barclay. Das Glaubensbekenntnis. 서기산 역. 『사도신경 평해』. 서울: 기독교문사, 1974.

2. 원서

Benko Stephen. The Meaning of Sanctorum Communio. Naperville: Alec R. Allenson Inc., 1964.

Berkhof L. Systematic Theology (Grand Rapids: Wm. B. Eerdmans Pub. Co., 1976),

Brown Francis. Driver S. R. and Charles A Briggs. A Hebrew Lexicon of the Old Testament. Oxford: Clarendon Press, 1978.

Burkhart B. LeRoy. Intro to the Great Creeds of the Church by Paul T. Fuhrmann. Journal of Bible and Religion, 1962, 30권 1호.

Carims E. E. Chirstianity Throughout the Crnturies. Grand

Rapids: Zondervan Publ. House, 1981.

Carson J. L / Hall D. W [eds]. To Glorify and Enjoy God. A Commemoration of the 350th Anniversary of the Westminster Assembly. Edinburgh: Banner of Truth 1994.

Douglas J. D. The New Bible Dictionary. Grand Rapids: Wm. B. Eerdmans Publishing Co., 1978.

Hodge A. A. The Confession of Faith. Pennsylvania: the Banner of Truth Trust, 1992.

_____, Outline of Theology. New York: Robert Carter & Brothers, 1863.

Jaroslav Pelikan. The Emergence of the Catholic Tradigion. Chicago: Chicago University Press, 1971.

Jervell J. in der Gnosis und in den Paunlinischen Briefen. Berlin: Gotting, l960.

John T. McNeill. Calvin: Institutes of the Christian Religion. Vol. 1. Philadelphia: The Westminster Press, 1970.

Jungmann J. A. The Early Liturgy. Notre Dame: Univ of Notre Dame, 1959.

Kelly J. N. D. Altchristliche Glaubensbekenntnisse. S.

_____, Early Christian Creed. London: Longmans, 1950.

Lochman Jan Milic. The Faith We Confess. Philadelphia: Fortress Press, 1984.

Meuer E. Ursprung und Anfange des Christientums 3. Berlin: Christientums, l923.

Quick O. C. Doctrines of the Creed.

Theoloqical School. Creeds and Loyalty. New York: The MacMillan co, 1924.

부록

1. 목회의 경력은 얼마나 되십니까?
    1) 5년 이하   2) 5-10년
    3) 10-20년   4) 20-30년   5) 30년 이상

2. 본 설문지의 응답자의 나이는 얼마입니까?
    1) 20대   2) 30대   3) 40대   4) 50대   5) 60대

3. 사도신경은 어느 때부터 시작되었다고 생각하십니까?
    1) 사도들로부터   2) 초대교회가 시작된 얼마 후부터
    3) 가톨릭 시대부터   4) 모르겠다.   5) 관심 없다.

4. 현재 우리가 사용하고 있는 사도신경의 내용에 대하여 어떻게 생각
   하십니까?
    1) 사도들의 전통에 따른 것이다(전적으로)
    2) 사도들의 전통에 근거는 하였으나 일부가 변질되어 있다.
    3) 사도들의 전통을 빙자한 가톨릭의 산물이다.
    4) 모르겠다.   5) 관심 없다.

5. 현재 우리가 사용하고 있는 사도신경의 암송에 대하여 어떻게 생각
   하십니까?
    1) 반드시 암송하여야 한다.
    2) 반드시 암송하지 않아도 된다.
    3) 암송하든 말든 관심 없다.   4) 모르겠다.

6. 사도신경의 암송은 왜 하십니까?

　　1) 신앙 고백적 의미에서　2) 습관적으로

　　3) 모르겠다.　4) 관심 없다.

7. 사도신경 중 '본디오 빌라도에게 고난을 받으사'라는 대목이 있습니다. 이에 대하여 어떻게 생각하십니까?

　　1) 전적으로 맞는 말이다.

　　2) 관점에 따라 맞는 말이다.

　　3) 전적으로 틀린 말이다.　4) 모르겠다.　5) 관심 없다.

8. 예수님의 고난은 누구에 의한 것이라고 생각하십니까?

　　1) 일반 백성(유대 백성들)

　　2) 기득권 층(제사장들, 바리새인, 서기관 등)

　　3) 예수님과 그 제자들　4) 모르겠다.　5) 관심 없다.

9. 사도신경 중 '성도가 서로 교통하는 것(The Communion of Saints)'이 의미하는 것은 무엇이라고 생각하십니까?

　　1) 성도들과의 통공 즉 가톨릭의 성인(죽어 인증된 자)들과의 교제를 말한다.

　　2) 성도들의 친교를 말한다.

　　3) 별 의미를 부여하지는 않는다.

　　4) 모르겠다.　5) 관심 없다.

10. 사도신경 중 '거룩한 교회(The Holy Catholic Church)'가 말하는 것은 무엇이라고 생각하십니까??

　　1) 가톨릭(천주교회)을 말한다.

　　2) 일반적인 즉 보편적인 교회를 말한다(천주교 개신교 모두 포함).

　　3) 개신교회를 말한다.　4) 모르겠다.　5) 관심 없다.

11. 개신교회의 뿌리(종교개혁의 뿌리)는 어디에 있다고 생각하십니까?
    1) 복음을 간직한 초대교회에 있다.
    2) 초대교회의 전통을 이어온 가톨릭에 있다.
    3) 종교 통합을 목적한 변질된 가톨릭에 있다.
    4) 모르겠다.
    5) 관심 없다.

12. 가톨릭의 정체에 대하여 어떻게 생각하십니까?
    1) 정통적인 기독교이다.
    2) 변질된 기독교 즉 이단이다.
    3) 적그리스도이다.
    4) 모르겠다.
    5) 관심 없다.

13. 사도신경의 한글 번역에는 없으나 영문에 있는 He descended into hell 의 뜻은 어떻게 해야 한다고 생각하십니까?
    1) 고성소(음부)에 내려 가셨다는 뜻으로 잘못된 것이다.
    2) 그냥 지금처럼 번역 않고 무시한다.
    3) 관심 없다.
    4) 모르겠다.

14. 동정녀 마리아(the Virgin Mary)에게 어떤 대우를 하여야 합니까?
    1) 일반적인 처녀로(the virgin Mary)
    2) 거룩한 처녀로(the Virgin Mary)
    3) 관심 없다.
    4) 모르겠다.

b. 사도신경 헬라어 본

Πάτερ ἡμῶν ὁ ἐν τοῖς οὐρανοῖς·
ἁγιασθήτω τὸ ὄνομά σου·
ἐλθέτω ἡ βασιλεία σου·
γενηθήτω τὸ θέλημά σου, ὡς ἐν οὐρανῷ καὶ ἐπὶ τῆς γῆς·
τὸν ἄρτον ἡμῶν τὸν ἐπιούσιον δὸς ἡμῖν σήμερον·
καὶ ἄφες ἡμῖν τὰ ὀφειλήματα ἡμῶν,
ὡς καὶ ἡμεῖς ἀφίεμεν τοῖς ὀφειλέταις ἡμῶν·
καὶ μὴ εἰσενέγκῃς ἡμᾶς εἰς πειρασμόν,
ἀλλὰ ῥῦσαι ἡμᾶς ἀπὸ τοῦ πονηροῦ.
[Ὅτι σοῦ ἐστιν ἡ βασιλεία καὶ ἡ δύναμις καὶ ἡ δόξα εἰς τοὺς α
ἰῶνας. ἀμήν.]

c. 사도신경 라틴어 본

Credo in Deum Patrem omnipotentem,
Creatorem caeli et terrae.
Et in Iesum Christum,
Filium eius unicum, Dominum nostrum,
qui conceptus est de Spiritu Sancto,
natus ex Maria virgine,
passus sub Pontio Pilato,
crucifixus, mortuus, et sepultus,
descendit ad inferos, tertia die resurrexit a mortuis,
ascendit ad caelos,
sedet ad dexteram Dei Patris omnipotentis,
inde venturus est judicare vivos et mortuos.
Credo in Spiritum Sanctum,
sanctam Ecclesiam catholicam,
sanctorum communionem,
remissionem peccatorum,
carnis resurrectionem et vitam aeternam.
Amen.

d. 사도신경 영어 본

I believe in God the Father Almighty,
Maker of heaven and earth, and in Jesus Christ,
His Only Son our Lord, who was conceived
by the Holy Spirit, born of the Virgin Mary,
suffered under Pontius Pilate, was crucified, dead,
and buried;
He descended into hell; The third day
He rose again from the dead; He ascended
into heaven, and sitteth on the right hand of God
the Father Almighty;
from thence He shall come
to judge the quick and the dead.
I believe in The Holy Spirit, the Holy Universal Church,
The Communion of Saints, The forgiveness of sins,
The resurrection of the body. And the life everlasting. Amen.